웰컴 투 뉴스 비즈니스

Nederlands
letterenfonds
dutch foundation
for literature

The publishers gratefully acknowledge the support of the Dutch Foundation for Literature.
이 책은 네덜란드 문학 재단으로부터 네덜란드 도서의 번역 출간물에 대한 지원을 받았습니다.

HET ZIJN NET MENSEN:
Beelden Uit her Midden-Oosten by Joris Luyendijk
© Joris Luyendijk 2006

웰컴 투 뉴스 비즈니스

요리스 루엔데이크 지음 | 김병화 옮김

어크로스

차례

아랍에서 5년,
내가 이야기하고 싶었던 것들

"한 군데 더?"

국경없는의사회^{MSF}의 실무 책임자가 막사에서 나와 내게 물었다. 고개를 끄덕하면서 나는 무슨 수든 빨리 생각해내야겠구나 싶었다. 그러지 않으면 다음 막사에서는 내 뺨에 눈물이 줄줄 흘러내릴 텐데, 그런 상황은 전혀 바라지 않았다.

9월의 어느 비 오는 날이었다. 나는 수단 남부의 도시 와우를 돌아다니고 있었다. 지난 20년간 신문들이 '기근에 찌들고' '전쟁으로 갈가리 찢긴' 곳이라는 딱지를 붙여온 곳이었다. 우리 쪽에는 국경없는의사회가 '굶주리는 난민들'을 위해 설치한 캠프가 있었고, 강 저편 어디엔가는 반군이 있었다. 그리고 캠프가 존재하는 한 정전은 유효했다.

"정말로 보고 싶어요?" 하르툼(수단의 수도)에서 만난 경험 많은 어떤 기자는 이렇게 물었다. "기아난민 수용소에 가면 견디기 힘들 겁니다." 다른 기자도 조언했다. "자동 항법 기능을 써요. 오로지 '내가 이걸 기사로 쓸 수 있는가?'만 생각하세요."

글쎄……. 국경없는의사회의 실무 책임자가 막사 두 곳에서 보여준 것은 기사를 쓰기에 이상적인 재료이긴 했다. 초등학교 다닐 때부터 보아온 전형적인 기근의 희생자처럼, 배는 부풀어 오르고 뼈는 앙상하게 드러나, 어머니들이 고개를 받쳐주지 않으면 목뼈가 부러질 정도로 피골이 상접한 서너 살배기 아이들…….

우리는 웅덩이와 쓰레기를 비껴 길을 돌아 세 번째 막사로 향했다. 그 길목에는 약탈하는 병사와 무력한 민간인이 그려진 그림 위로 "민간인들과 싸우지 말라"라고 쓰인 포스터가 붙어 있었다. 캠프가 설치된 마을은 폐쇄되었다. '이슬람식 정결 커피 하우스', '현장 민원실', '요한 바오로 교황 중학교', '나자렛 야채 가게' 이런 건물에는 셔터가 내려져 있었고, 문은 판자로 막혀 있었으며, 베란다에는 난민들이 들어차 있었다. 출신이 다양한 사람들이 한데 수용되어 있었다. 난민, 마을 사람들, 예수나 알라를 믿는 사람들, 혼령이나 나무 신을 믿는 사람들까지.

세 번째 막사에 있는 50명가량은 다들 멍하니 허공을 바라보고 앉아 있었다. 비를 피하고 죽은 이를 애도하며, 다음번 식량 배급을 기다리는 중이었다. 마치 누군가가 그들의 눈에서 빛의 스위치를 꺼버린 것처럼 그들의 눈길은 나를 그냥 통과하여 지나갔다. 절망은 곧 무감각함이라 말하는 것은 이 때문이다. 나는 수첩에다 '불이 꺼진'이라고 써넣었다.

두 번째 막사까지 나는 어색함을 숨기고 눈물을 참기 위해 심각한 표정으로 머리를 약간 숙여 인사를 했다. 하지만 여기서는 자연스럽게 손을 들고 억지로라도 웃음을 지으며, 큰 소리로 말했다. "안녕하세요, 여러분!"

그러자 그 일이 일어났다. 갑자기 그들의 얼굴이 환해졌다. 여자아이들은 키득댔고 한 노인은 자리에서 몸을 움직였다. "저기 봐요, 엄마!" 아이들은 엄마를 쿡쿡 찔렀다. 두 살가량된 아기가 누이로부터 몸을 빼내더니, 양손으로 내 무릎을 쥐었다가 넘어졌다. 피골이 상접한 아기의 어머니들이 갑자기 웃음을 터뜨리더니 아기를 안고 있지 않은 손을 흔들었다.

이것이 1998년부터 5년 동안 계속된 중동 특파원 일의 시작이었다. 일을 그만둔 뒤 짐이 화물기에 실려 네덜란드로 돌아가고 있는 동안, 나는 연락책들을 만나고 작별 인사를 하러 돌아다녔다. 연락책이란 비자 발급에 도움을 얻고 개인적으로 사람들을 소개받는 등 여러 면에서 신세를 진 사람들을 말한다.

그들 중 마지막으로 한 아랍 국가의 대사를 찾았다. 네덜란드의 정치적 수도인 헤이그에 있는 그의 위엄 있는 관저에서 우리는 차를 마셨고, 나는 마지막으로 아랍어 실력을 뽐냈다. 대사는 미군이 이제 막 바그다드로 진격한 참인데 특파원 일을 그만두기에는 좀 이상한 시기가 아니냐고 물었다. 나는 전부터 그만두고 싶었지만 전쟁 때문에 몇 달 더 붙어 있었던 거라고 대답했다. 그때 보좌관이 들어와서 대사의 귀에 몇 마디 속삭이고는 CNN을 켰다. 바그다드의 피르도스 광장에서 사담 후세인의 거대한 조각상이 끌어내려지는 광경이 나왔다. 환호작약하는 이라크인들이 카메라 렌즈에 대고 소리를 질렀고, 발로 조각상을 걷어찼다. "미스터 부시, 고맙소!" 리포터는 그것을 '역사적 순간'이라고 엄숙하게 묘사했다. 전쟁이 끝난 것이다. 사담 후세인으로 인한 악몽은 이제 과거의 일이다. 한 서구 신문기자가 다음 날 말했듯이, 바그다드는 해방을 축하하고 있었다.

대사는 아랍 방송인 알자지라로 채널을 돌렸다. 그들도 피르도스 광장을 비추고 있었지만, 렌즈는 CNN과 다른 각도를 향하고 있었다. 같은 광장에서 미군들이 의기양양하게 사담의 조각상 위에다 성조기를 던지고 있었다. 그러고는 열띤 갑론을박이 벌어지고 미군들이 달려가서 성조기를 치우려고 하는 모습이 나왔다. 알자지라도 환호하는 이라크인들을 비추었지만, 더 먼 거리에서 촬영하여 그처럼 환호하는 군중이 광장 전체에서 보면 얼마나 소수에 불과한지 알게 해주었다. 다들 그저 안전하게, 거리를 두고 바라보고 있을 뿐이었다.

　그 뒤 몇 달 동안은 귀국한 기자가 흔히 하는 일을 했다. 내가 담당했던 지역에 대한 책을 쓰기 시작한 것이다. 하지만 시작하자마자 곧 펜이 걸려 나아가지 않았다. 신문이나 TV에서 근본주의가 이런저런 것들이며, 이스라엘이 점령 지구에서 철수하기만 하면, 혹은 미국이 독재자들에 대한 지원을 중단하기만 하면 중동에 평화가 올 것이라는 주장을 접하곤 했다. 그 주장을 지지하는 논리는 훌륭했다. 하지만 뒤따르는 반박도 그 논리가 타당했다. 이 두 가지 주장의 대립을 해소할 수 없으니 책이 제대로 진행될 리가 없었다.

　그러다가 기자 일을 시작하고 둘째 주 되던 날에 대해 다시 생각하게 되었다. 막 수단에서 돌아와서 카이로에 있는 정보국에서 서류에 인장을 찍으려고 기다리고 있을 때였다. 대기 시간이 길어졌고 함께 있던 한 기자와 이야기를 나누게 되었다. 그는 진짜 베테랑이었는데, 이야기를 나눈 지 5분도 안 되어 위스키에 찌든 목소리로 제일 가까운 친구가 이란-이라크 전쟁에서 죽었다는 이야기를 늘어놓았다. "레바논 내전 기간 동안 코모도 호텔 말이야, 아, 정말 굉장했지! 아니, 뭐, 코모도 호텔을 모른다고?"(코모도 호텔이 당시 미디어 센터 역할을 했다―옮긴이) 이런 식이었다. 나는 작가이고, 기자 노릇은 이제 막 시작한 참이라고 말해주자 그는 씩 웃었다. "중동에 대해 책을 쓰고 싶다면, 여기 온 첫째 주에 썼어야

지. 더 오래 어정거릴수록 이해하는 건 더 적어질걸.”

불친절한 충고였고 또 아마 불친절하게 굴고 싶기도 했겠지만, 네덜란드에 돌아온 뒤에야 그가 한 말의 뜻을 이해하기 시작했다. 가기 전에 나는 중동에 대한 어떤 선입견을 갖고 있었다. 대부분 미디어를 통해 얻은 것들이었다. 현지에 도착하자 선입견들은 서서히 현실로 대체되기 시작했다. 그 현실이란 미디어가 묘사한 것보다 일관성도 없고 이해되지도 않는 것들이었다. 그것을 내가 처음 직면한 것이 와우의 세 번째 막사였다.

와우에 가기 전 내 머릿속에 들어 있던 것은 뉴스에서 보아온 비참한 사람들의 이미지였다. 첫 두 막사에서는 그런 비참한 모습의 사람들을 보았다. 아마 내가 “안녕하세요, 여러분!”이라고 불쑥 말하지 않았더라면 세 번째 막사에서도 그런 모습만 확인한 채 떠났을 것이다. 물론 그들은 비참했다. 거의 굶어 죽어가고 있었으니까. 하지만 그게 다는 아니었다. 그 비참한 사람들은 으르렁거리는 파벌들 때문에 자기 땅에서 쫓겨나기 전까지는 제 힘으로 일해서 먹고살던 농부들이었다. 기아난민 캠프에 있는 사람들을 고생시키는 것은 주로 지독한 불운이었다.

당시 나는 기사에 세 번째 막사에 있는 외견상 비참하고 ‘생명의 빛이 꺼진 것 같은’ 사람들이 보인 놀라운 반응과, 캠프 보건소에서 일하는 의사와의 인터뷰를 실었다. 그가 상대해야 하는 상황은 최악이었다. 또 매일매일 ‘와우에서 매일 80명이 사망’이라는 통계와도 싸워야 했다. 그는 제일 큰 문제는 사람들의 위장이 쭈그러든 현상이라고 말했다. "너무 적게 먹으면 죽지만 너무 많이 먹으면 내장이 터집니다. 문자 그대로 굶어 죽어가는데도 식사량을 통제해야 하는 상황입니다. 의학적 기준으로 보면 이 사람들은 이미 죽은 지 오래된 사람들이에요."

이 마지막 문장은 편집자들이 '대단한 발언^{a great quote}'이라 부르는 종류이다. 보도국에서는 그것을 기사 제목으로 뽑았다. 그들은 이 기사에다 커다란 사진을 하나 추가하고, '수단 남부의 와우에서 멀지 않은 아지에프 인근의 난민 캠프에서 기아 상태의 한 가족이 누워 죽어가고 있다'라는 설명을 붙였다. 사진의 오른쪽에는 피골이 상접한 남자가 카메라의 찰칵하는 이상한 소리가 어디서 들리는지 알아내려는 듯한 표정으로 앉아 있었다. 중앙에는 어린 남자아이가, 왼쪽에는 불안한 표정이 역력한 막 해산하려는 산모와 산파 두 명이 있었다.

이런 사진이 효과는 강렬하겠지만, 편집자들은 세 번째 막사에서 웃음 짓는 사람들의 표정을 고를 수도 있었고, 기사 제목으로 다른 말을 인용할 수도 있었다. 캠프의 또 다른 의사는 이렇게 말하기도 했다. "이 사람들의 회복력이 어느 정도인지 상상도 못해요. 서구인이라면 이 상태에서 살아남지 못합니다. 하지만 여기서 이들은 평화를 기다리고, 다시 수백 킬로미터를 걸어 자기 마을로 돌아갑니다. 거기서 땅콩을 심고 자기들이 떠났던 자리에서 다시 시작하는 거지요."

  기자로서 나는 하나의 상황에 대해 여러 가지 이야기를 할 수 있다. 미디어는 그중 하나만 고를 수 있는데, 주로 통념을 확인해주는 이야기가 선택되는 경우가 많다. 엄청난 불운과 싸우는 상상할 수 없이 회복력이 강한 사람들의 이미지보다는 의학적 기준에서는 이미 죽은 상태인 비참한 모습의 사진이 선택되는 것처럼 말이다.

  그 5년 동안 나는 이런 경험을 수도 없이 했다. 그렇기 때문에 피르도스 광장에서 벌어진 일은 그런 경험을 매듭짓는 결론으로 아주 적절했다. 미국과 유럽의 기자들은 바그다드의 함락을 환영했다. 그들은 기쁨에 넘친 이라크인들이 독재자의 조각상을 무너뜨리는 이미지를 송출했고, 그런 이미지는 사람들의 기대에 부응했으니 임무는 완수되었다. 반면, 알자지라 방송은 바그다드 함락을 점령의 시작으로 보았다. 그들은 자신들의 관점을 대변하는 상징적 이미지를 찾아다녔고, 의기양양한 미국인들이 조각상 위에다 멋대로 성조기를 던지는 광경에서 그런 이미지를 찾아낸 것이다.

  이미지와 현실은 이런 식으로 갈라진다. 이 점을 깨달았을 때 나는 하고 싶은 이야기가 무엇인지 알게 되었다. 이 책은 아랍 세계가 어떻게 하면 민주사회가 될 수 있는지, 이슬람교가 어떤 면

에서 너그럽고 또 어떤 면에서 편협한지, 혹은 이스라엘과 팔레
스타인 사이의 분쟁에서 누가 옳고 누가 그른지를 설명하는 책이
아니다. 오히려 그 반대이다. 나는 중동 문제 같은 주요 이슈에
관해 뭔가 의미 있는 이야기를 한다는 것이 얼마나 힘든지 보여
주고 싶다. 그리고 "안녕하세요, 여러분"이라고 말하고 싶었던
모든 순간들도.

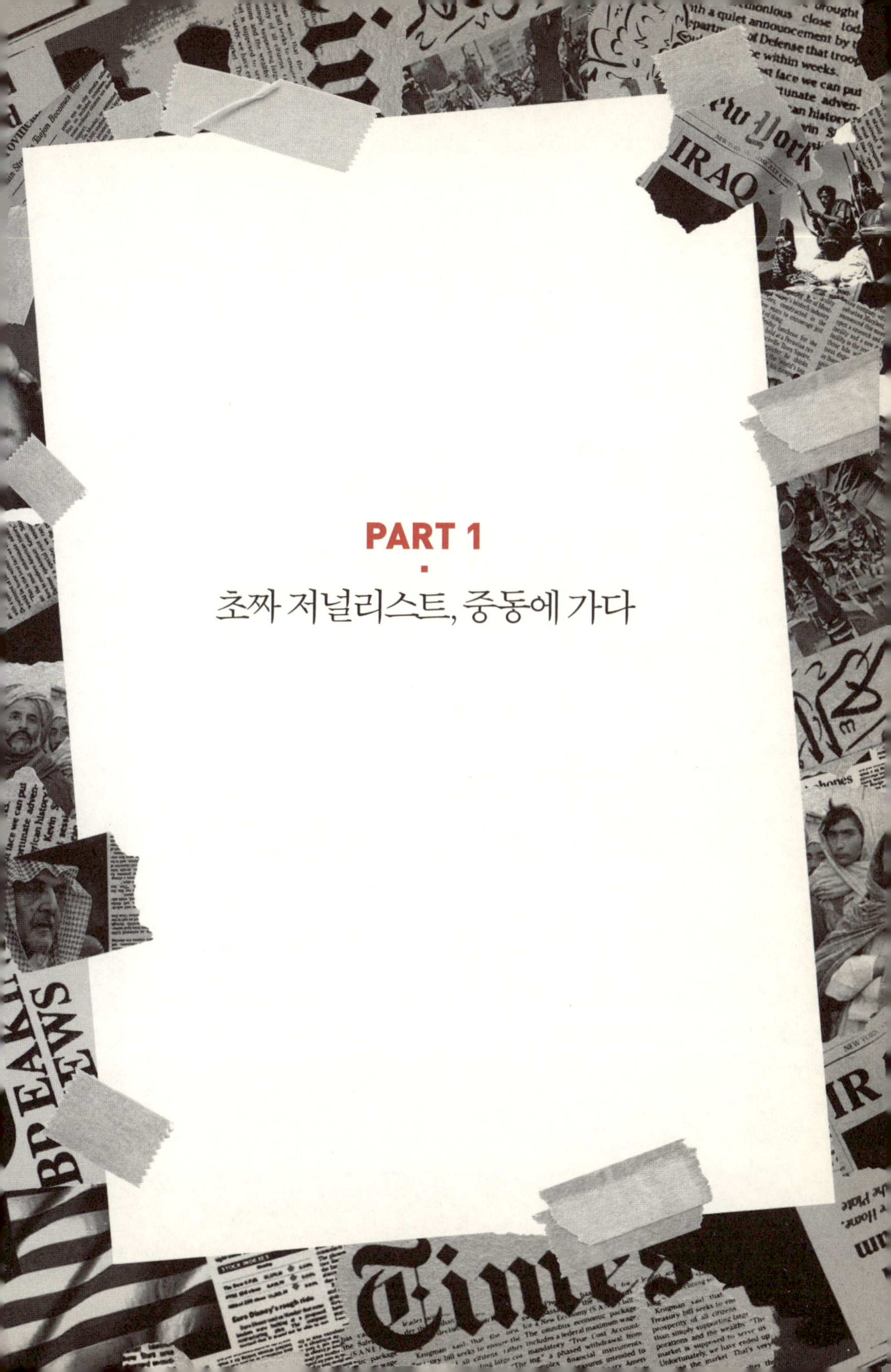

PART 1

초짜 저널리스트, 중동에 가다

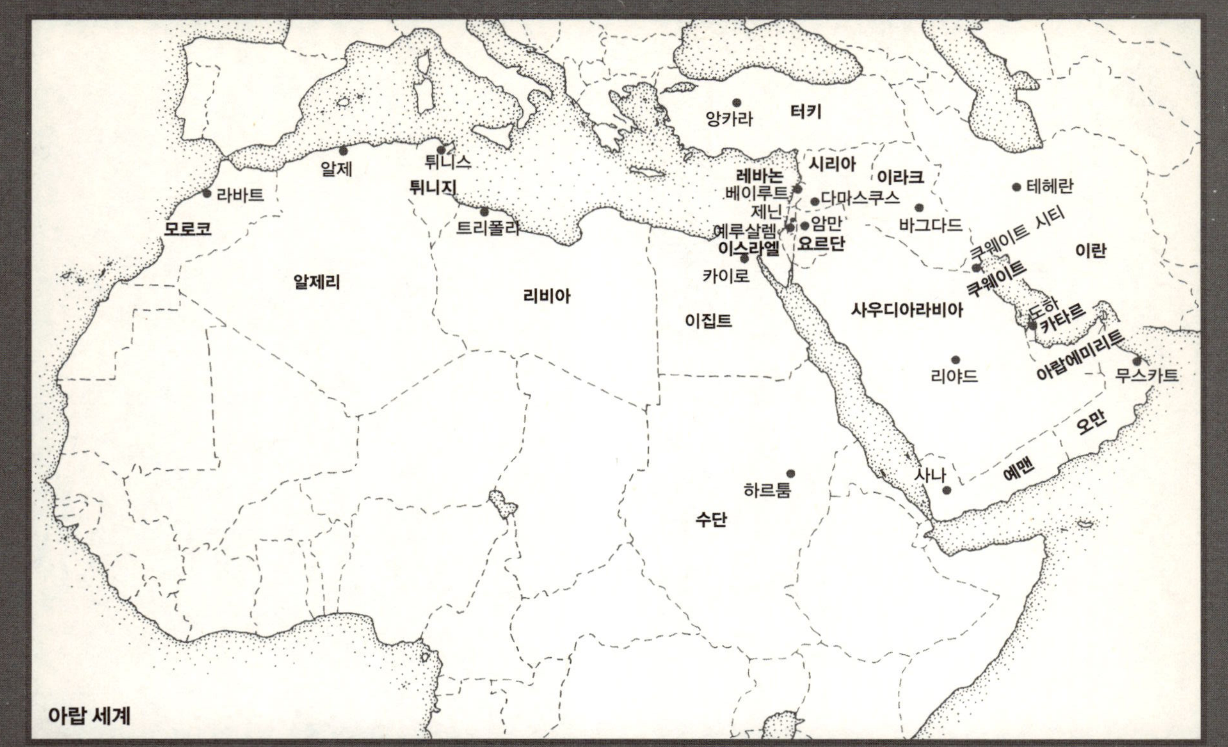

터키
앙카라
시리아
레바논
이라크
테헤란
베이루트
다마스쿠스
제닌
알제
튀니스
바그다드
튀니지
예루살렘
암만
쿠웨이트 시티
이란
라바트
이스라엘
요르단
트리폴리
모로코
쿠웨이트
카이로
사우디아라비아
도하
알제리
리비아
카타르
이집트
아랍에미리트
무스카트
리야드
오만
하르툼
사나
예맨
수단
아랍 세계

chapter 1

저널리즘 입문기

서구 관광객이 예멘에서 납치되거나, 정신적 지도자가 레바논에서 폭사하거나, 바그다드 정권이 분노의 시위를 벌이거나, 근본주의자 그룹이 바로 이 이집트 남부에 집결한다면 어찌 될까? 난 그런 일에 대해 어떻게 알게 될까? 뉴스를 켜보라고 말하겠지만, 이제는 내가 바로 그 뉴스였다.

특파원은 대부분 저널리즘을 공부하거나 그 분야에 종사하다가 다른 나라에 파견된 사람들이다. 내 경우는 좀 달랐다. 나는 대학에서 저널리즘이 아니라 사회학과 아랍어를 공부했고 그중 1년을 카이로 대학에서 보냈다. 그 뒤, 카이로에서의 경험에 대해 책을 한 권 썼는데, 〈폴크스크란트^{Volkskrant}〉(네덜란드의 대표적인 국영 일간지—옮긴이)와 라디오 1 뉴스가 내 이름을 알게 된 것은 그 책을 통해서였다. 그러니까 카이로에 있는 새 직장에 갔을 때 나는 아무 경험이 없었다는 뜻이다. 이집트로 떠나기 전에 신문사와 라디오 방송국에서 며칠간 업무 경험을 쌓기는 했지만, 나는 여전히 저널리즘이라는 것을 일반 독자나 시청자, 청취자의 관점에서 바라보고 있었다. 세상에서 무슨 일이 벌어지는지 알고 있는 사람이 저널리스트라고 생각했다는 말이다. 또 뉴스는 사건들을 포괄적으로 보여주면서도 전반적으로 객관적인 태도를 유지할 수 있다고 생각했다.

그 뒤 몇 년이 지나는 동안 이런 생각은 깡그리 사라졌다. 이스라엘과 팔레스타인을 '다루는 일'이 공정한 뉴스의 가능성에 대한 신뢰를 무너뜨렸다. 와우에서 보낸 첫 주에서부터 9·11 테러 및 그 후유증에 관한 보도가 있기 이전의 몇 년 동안 나는 '좋은 저널리즘^{good journalism}'이란 아랍 세계에서는 모순적 용어라는 사실을 알게 되었다. 이는 곧 그곳에서 무슨 일이 일어나는지 여러분은 알 수 없다는 뜻이다.

이런 것은 내가 서서히 알게 된 사실들이며, 일이 끝난 뒤 돌이켜 봤을 때에야 분명해진 것도 있었다. 어쨌든 어느 날 아침 나는 중동 특파원이 되었고, 그 사실을 자각하는 데서 생기는 온갖 스트레스와 함께 의혹은 초반부터 일기 시작했다.

삐걱거리는 출발 : 폭격 디스플레이와 기근의 이면

카이로에서 맞은 첫 주에, 짐도 풀지 않았는데 전화벨이 울렸다. "루옌데이크 씨, 수단에 가셔야겠습니다!" 신문사였다. 아니, 이제야 막 숙소를 구했는데, 한 번도 가본 적이 없는 나라로 즉시 떠나야 한다고? 어떻게 하라는 말이지? 그 나라에서 무슨 병이 돌고 있는지 내가 알고 있어야 하지 않나? 심장이 빨리 뛰기 시작했다. 그 시점에는 기아난민 캠프에 찾아갈 생각 같은 건 하지도 못했고 더 민망스러운 일이지만, 수단에 기아 사태가 만연해 있다는 것도 모르고 있었다.

신문사가 전화한 것은 알카에다의 한 지부가 아프리카의 미국 대사관 두 곳을 폭파했기 때문이었다(1998년 8월). 그에 대한 보복으로 워싱턴은 아프가니스탄에 있는 알카에다의 훈련 캠프와 수단의 한 공장에 폭격을 가했다. 미국은 그 공장이 알카에다의 지도자 오사마 빈라덴의 소유로, 화학무기를 제조하고 있다고 주장했다. 하지만 워싱턴은 어떤 증거도 제시하지 않았고, 하르툼 정부에 따르면 알-시파(Al-Shifa, 치유라는 뜻) 공장에서는 의약품을 제조하고 있었다고 한다.

카이로의 수단 대사관에서 줄을 서 있는 동안 동료 기자들은 사태가 어떻게 되어가는지 설명해주었다. 여러 해 동안 하르툼 정부는 서구 기자들을 될 수 있으면 입국시키지 않으려고 했다. 비효율적인 통치, 수탈, 전쟁 범죄에 대해서만 써댈 것이기 때문이었다. 하지만 이제 그 정부는 기자들에게 '빈곤에 찌든 수단의 유일한 의약품 공장을 미국이 파괴했다'라는 식의 기사를 기대할 수 있게 됐다. 비자는 금방 나왔다.

나는 항공편을 예약하고, 더 경험 많은 기자들 틈에 끼어 입국해, 다른 유럽인들과 마찬가지로 아크로폴리스 호텔에 묵었다. 여러 세대에 걸쳐 하르툼에 살아온 그리스 가족이 운영하는 비싸지 않은 작은 호텔이었다. 다들 함께 식사했고, 침실에는 국제 전화선이 없었으며, 중앙 로비에서만 TV를 볼 수 있었다. 미국인들은 모두 별 다섯 개짜리 힐튼 호텔에 묵었는데, 수단 정부의 임시 공보부도 그곳에 있었다.

무슨 일을 해야 하는지 아는 바가 전혀 없었으니, 다음 날 아침에는 그저 동료들을 따라다녔다. 그들은 모두 경쟁심을 내보이지 않고 내게 매우 친절하게 굴었는데, 왜 그런지는 이미 비행기를 타고 그곳에 갈 때부터 알 수 있었다. 왜 가는지, 어디 가는지에 대해 걱정할 필요가 없기 때문이었다. 모든 것은 이미 준비되어 있었다. 수단 사람들은 폭격당한 공장에 미국 로켓 포탄의 파편을 비롯해 충격적인 참사의 시각적 증거를 모아두었다. 녹아버린 약병 사이에 있는 키보드, 시커멓게 탄 전화기, 그해 가을의 목표량이 적힌 OHP 필름 등. 정보부는 우리를 인솔하여 부상자가 누워 있는 병원을 견학시켰고, 시내에서 벌어지고 있는 시위를 보여주었다. 시위대의 규모는 작았지만 가까이 가면 커 보인다. CNN이 "분노한 군중이 하르툼 폭격에 항의하여 시위하고 있습니다"라며 가까이서 본 시위대를 방송에 내보냈다.

새로운 소식이라곤 전혀 없는 기자회견이 매일 열렸다. 하기야 수단 정부가 무슨 말을 할 수 있었겠는가? 아프리카에서 가장 가난한 나라가 미국에게 경제 규제를 하겠다고 위협을 하겠는가 뭘 하겠는가? 그렇기는 해도 현장에서 가십이나 사소한 소식을 주워들을 수는 있었다. 공장의 수출 담당자는 여기저기 돌아다니면서 여러 무리의 기자들에게 지치지도 않고 이야기를 해대고 있었다. "미국 대통령은 사과해야 합니다."

사태는 이런 식으로 돌아갔다. 결과적으로 폭격은 사흘치 뉴스의 좋은 소재가 되어주었다. 사건('수단에 크루즈 미사일 공격')과 주민들의 반응('클린턴은 알-시파에 대해서도 거짓말을 한다')과 분석('하르툼은 미국의 공격을 이용하고 있다')이 갖춰진 것이다. 폭격은 이런 식으로 처리됐고, 수출 담당자는 공장을 떠나 새 일자리를 찾을 수 있었을 것이고, 미디어의 캐러밴은 다음 이야기로 굴러갔다.

다른 기자들에게 수단 남부에서는 매일 수백 명이 죽어가지만 기근 사태는 기삿거리가 아니라는 이야기를 들은 것은 이때였다. 나는 참상을 직접 보고 싶었고, 이에 신문사는 어디까지 갈 수 있는지 알아보라고 했다. 나는 여기저기 찾아보다가 하르툼이 매력 공세의 일환으로 남부를 잠시 기자들에게 열었다는 사실을 알았다. 네덜란드가 수단에 비교적 많은 액수의 개발 지원금을 주기 때문에 우리 대사관은 전쟁 지역으로 가는 여행 허가증을 구해줄 수 있었다. 활동을 홍보하고 싶어한 국경없는의사회가 자기들 비행기에 자리를 내주었다. 그 대가로 나는 기사에 그들 단체의 이름을 언급하면 됐다. 그렇게 하여 내가 와우에 닿았던 것이다.

고국의 편집진은 이 수단 여행을 기자로서의 굉장한 출발점이라 불렀다. 하지만 카이로로 돌아오는 나는 새 인상들에 짓눌려 혼란스러웠다. 나는 항상 난민들이란, 어쨌거나 희생자라고 생각해왔다. 하지만 국경없는의사회가 마주한 가장 큰 문제는 살인강도와 절도였다. 캠프 거주자들은 구호 요원과 다른 거주자들의 소지품을 훔치고, 보복하느라 싸움을 벌이고, 특별 대접을 해주지 않으면 식량 배급을 방해했다. 나는 이런 일이 일어나고 있으리라고 상상도 못했다. 하지만 실무 책임자가 이런 이야기를 해주었을 때, 하긴 그래, 달리 뭘 기대했어? 라는 생각이 들었다.

수단 관리와 공무원들에 대해서도 사정은 마찬가지였다. 나는 그들이 비참한 상황을 끝내고 싶어할 거라고 짐작했다. 하지만 아프리카의 최빈국에서 사태는 그런 방향으로 움직이지 않았다. 지역 공무원들은 서구의 구호 단체가 자기들이 약속한 물품을 전달하기를 원하며, 식량이 대상자들에게 제때 전달되지 않는다면 구호 활동가들의 경력에 흠집이 난다는 것을 알고 있다. 그래서 공무원들은 구호 활동가들을 중상모략하고, 남부에 식량 할당량을 분배하려면 통과료 1000달러를 내라고 요구한다. 돈을 주지 않으면 식량은 항구에서 썩어갈 것이다.

카이로에 돌아온 나는 24시간을 잤다. 아직 풀지 않은 짐이 몇

상자 있었다. 깨어보니 월요일 아침이었다. 책상에 앉아 '중동 특파원'이라 적힌 명함을 정리하고, 팩스나 인터넷 같은 것이 제대로 연결되었는지 점검하면서, 몇 가지 결정적인 문제를 발견했다. 서구 관광객이 예멘에서 납치되거나, 정신적 지도자가 레바논에서 폭사하거나, 바그다드 정권이 분노의 시위를 벌이거나, 근본주의자 그룹이 바로 이 이집트 남부에 집결한다면 어찌 될까? 난 그런 일에 대해 어떻게 알게 될까? 뉴스를 켜보라고 말하겠지만, 이제는 내가 바로 그 뉴스였다.

내가 특파원이 된 중요하고도 사소한 이유

그러나 알고 보니 업무는 이런 식으로 진행되었다. 신문, 라디오, TV 방송국들은 모두 로이터, 아장스 프랑스 프레스[AFP], 연합 통신[AP]이나 더 작은 규모의 경쟁 통신사에 등록한다. 이런 통신사들이 주요 사건지에 기자를 파견하고, 유급 정보책을 운영한다. 전 세계에서 가장 궁벽한 오지에도 이들이 있다. 가령 로이터의 기자나 정보책이 기사가 될 만한 소재를 만나게 되면, 그는 직속상관에게 연락한다. 직속상관은 상급자와 상의한다. 허락이 떨어지면 기자와 사진기자가 출동한다. 그들이 얻은 사진과 정보는 그 나라의 수도나 런던으로 송신되며, 그곳에서 기사로 만들어져 최단 시간 내에 전 세계의 수천 편집자들에게 전달된다. 하루 24시간, 일주일 내내. 기자회견, 장례식, 세계기록, 총격전, 선거 결과, 의학적 경이, 지진, 놀라운 구조 활동, 예상치 못한 폭설, 국경 분쟁…….

통신사들은 세계의 눈과 귀이며, 이 산업에서 그들이 쏟아 보내는 정보의 밀물을 언급할 때 '뉴스의 흐름news stream'이라거나 더 간단하게 '통신사들the agencies', 혹은 '소식통the wires'이란 말을 쓴다. 이런 식이다. "힐베르쉼(Hilversum, 암스테르담 남동부 교외 지역. 네덜란드 라디오와 TV 방송의 중심지—옮긴이) 스튜디오입니다. '소식통'에 따르면 일부 근본주의자들이 그쪽 지역에서 포착되었다는데요, 무슨 일인지 아시나요?" 처음에는 이렇게 소리치고 싶을 때가 있었다. "이 지역 언론이 소식을 며칠씩 깔아뭉개고 있는데 내가 어떻게 압니까?" 물론 그런 것은 표준적인 질문이다. 하지만 거기에는 거의 굴욕적이라 할 함의가 담겨 있다. 내가 담당하는 지역에서 벌어지는 일에 대해 나보다 힐베르쉼에 있는 그들이 더 잘, 더 빨리 알아낸다면, 난 도대체 무얼 하러 여기 왔는가?

모든 기자의 일차 임무는 '알리는' 것이다. 이 사실을 나는 약한 달 반 뒤 중동이 한동안 정말로 세계 뉴스를 지배할 때 알게되었다. 그때 사담 후세인은 아직 이라크의 권좌에 있었고, UN 무기사찰단을 국외로 추방했다(1998년 12월). 미국은 사찰단을 다시 입국시키라고 주장하면서, 그렇지 않으면 폭격하겠다고 그를 위협했다.

최후통첩이 시달되었고, 기자들은 서둘러 인근의 요르단으로 몰려갔다. 아직 업무를 보는 유일한 이라크 대사관이 그곳에 있었다. 그곳에서 수단에서 알게 된 기자들과 다시 만났지만, 새 얼굴도 너무 많아서 친밀한 재회라 부르기는 좀 힘들었다. 사실, 이처럼 전 세계에서 기자들이 몰려든 것은 미국이 이라크를 폭격한 것이 수단을 폭격한 것보다 기사 가치가 더 크기 때문이었다. 일주일 전만 해도 아시아에서 시위를 보도했던 기자들이 이제는 아프리카에 와 있었다.

암만(요르단의 수도)에 있는 별 다섯 개짜리 호텔에서는 상당한 구경거리가 벌어졌다. 이라크에서 일하고 있던 외교관과 서구 사업가들이 모조리 사륜 구동차를 타고 바그다드를 떠나 암만으로 몰려들었고, 기자들도 바그다드로 가기 위해 암만으로 몰려들었다. 호텔에는 아마 이라크의 비밀요원들도 있었던 것 같다. 그들은 자기 나라 사람들이 누구와 이야기하는지 알아두려고 애쓰고 있었다.

종군기자들끼리 모여 있는 것치고는 매우 아늑한 분위기였고, 우리 사이의 대화는 실제적인 문제에 사로잡혀 있었다. 연락책들과 모여 있거나 전화기에 대고 은밀하게 이야기하거나, 맥주를 마시면서 다른 사람들의 책략을 간파하려고 애쓰거나, BBC에 도와달라고 애걸하거나 했다. BBC의 유급 정보책이 이라크 정보부 직원이기 때문에 비자를 내줄 수 있다는 소문이 돌고 있었다. 모든 문제는 비자를 얻는 데 집중되었다. 얼마나 굴욕적인 악몽이 었는지 모른다. 서류를 갖추어 하루 두 번 이라크 대사관에 가서, 영광스럽게 기름 부음을 받은 자인 사담 후세인의 커다란 포스터 밑에 앉은 사둔Sadun 영사가 행운의 이름 몇을 부르는 소리를 듣는 다. 사둔에게 몰려드는 우리의 모습은 마치 사탕을 들고 있는 수 상한 남자 주위에 몰려가는 아이들 같았다. 최후통첩이 있기 전 의 마지막 날, 대사관 정문에서는 다 큰 어른들이 질질 울고 있었 다. 비자를 받을 수가 없어 울타리에서 엿보는 신세가 되었기 때 문이다. 이 모든 업무 스트레스 때문에 얼마 뒤 사둔 영사가 심장 마비로 쓰러졌다는 소식이 그들에게 좀 위로가 되었을까. 언론사 몇 군데는 사둔에게 과일 바구니를 보냈다.

호텔에서는 다들 술을 마시고 있었다. 집에서 담근 위스키를 마시고 혀가 꼬인 남자가 말했다. "아라파트 말이야, 아라파트. 클린턴이 가자 지구에 갔을 때 내가 그 사람과 인터뷰까지 했다 고!" "누구, 아라파트?!" "그래, 하지만 내가 그걸 어떻게 해냈는 지는 안 가르쳐주지." 할 말을 잃은 채 나도 그들과 함께 마셨다. 알코올 덕분에 내 여권에도 비자 도장이 찍혀 있지 않다는 사실 을, 또 암만에 있는 호텔 방에서 전쟁을 취재해야 한다는 사실을 잊을 수 있었는지도 모른다.

폭격은 시작되었다. 안도감이 기자들, 특히 프리랜서들을 휩쓸 고 지나갔다. 사담이 마지막 순간에 포기했을 수도 있는데, 그랬더라면 폭격이 없었을 것이다. 폭격이 없다면 일거리가 없어지는데, 암만에 오느라고 돈은 이미 들어갔으니…….

첫 폭격에 대한 통신사 보도문이 들어왔고, 이제 네덜란드 라디오 1 뉴스가 계속해서 방송을 내보낼 참이었다. 그런데 보도할 것이 뭐가 있지? 아직은 목표물들이 모두 맞았는지 아닌지도 확인할 수 없었다. 미공군이 모든 것이 계획에 따라 진행되고 있다고 말한 것이나, 폭격의 피해자들이 분노했다는 것은 너무 당연한 얘기였다. 그런 내용으로는 두어 차례 보도하면 끝이다. 그렇다면 다른 내용이 있는가? 호텔을 떠날 수도 없었다. 한밤중이고, 요르단 통신회사가 제공하는 통화 품질이 어찌나 불량한지 휴대전화로는 전화 대담을 할 수가 없었다.

한심하게도 결국엔 내가 묵고 있던 암만 인터콘티넨털 호텔의 룸서비스 웨이터에게 이번 폭격 사태에 대해 어떻게 생각하느냐고 물어보는 처지가 되었다. 그는 이게 아주 좋은 기회라고 생각했음이 분명하다. 그는 "알라신의 뜻에 따르면, 이 사태는 미국에 대한 분노를 더 키울 뿐입니다"라고 단호히 말했다. 10분 뒤 나는 라디오 쇼에 등장하여, 처음에는 고국의 스튜디오가 팩스로 보내준 통신사의 뉴스 속보에서 알게 된 사실 몇 마디를 말한 다음, 알자지라가 알려준 내용을 가지고 이야기했다. 그마저도 네덜란드에서 얻을 수 있는 내용이었다. 마지막으로는 일반적인 아랍인들이 어떻게 생각하는지를 이야기했다. 나는 전문가다운 목소리로 이렇게 말했다. "판단하기는 어렵지만, 사람들이 이런 사태는 근본주의자들의 손에 놀아나는 결과가 되리라고 말하는 것을 들을 수 있었습니다. 어쨌든 그들은 이런 공습으로 미국에 대한 분노가 커질 경우 가장 유리해질 입장일 테니 말입니다."

백악관은 이 공습을 '사막의 여우 작전'이라 불렀다. 나는 조금씩 깨달아갔다. 뉴스도 일종의 쇼비즈니스라는 것을. 힐베르쉼 스튜디오에서 바그다드 폭격 사태에 관해 통신사 기사를 받은 사람이 아니라 암만에 있는 내가 그 기사를 힐베르쉼으로부터 전달받아 요약하고 있는 이유는 그 때문이었다. "요르단 수도 암만에 있는 우리 특파원 나오십시오. 요리스, 그곳 분위기는 어떻습니까?"라거나 "암만에서 말씀드리겠습니다"라는 말이 더 근사하게 들린다는 것이다. 신문에서도 마찬가지다. 나는 저널리즘 용어 하나를 새로 배웠는데, 바로 '데이트라인dateline'이었다. 이는 기사를 작성한 날짜와 장소를 쓰는 행으로 예를 들면 이런 것이다.

"사랑하는 우리 국왕 만세!"

[암만=폴크스크란트] ㅇㅇㅇ특파원

요르단인들에게는 국왕 생일을 축하할 수 있는 마지막 기회가 될 수도 있는……[1]

편집장은 기자와 취재원들을 데이트라인에 입각하여 판단한다. '그것'을 얻었는가, '그곳'에 있었는가가 중요하다. 즉 통신사가 보내주는 중요한 소식을 하나도 놓치지 말아야 하고, 뉴스가 벌어지는 장소에 있어야 한다는 말이다. 그 장소에 있지 못하면 "훌륭한 분석입니다. 데이트라인에 대해서는 유감입니다" 이런 식이 되는 것이다. 암만의 이라크 대사관 정문에서 다 큰 어른들이 울었던 것은 그 때문이다. 물론 바그다드에 갔더라도 그들 역시 내가 암만에서 그랬던 것처럼 자기들 방 밖을 나가지 못했을 것이고, 똑같은 통신사의 속보를 사용할 수밖에 없었을 것이다(그것도 팩스가 작동한다고 가정하고). 하지만 적어도 '그곳'에 있었더라면 '점수를 땄을 것'이다.

폭격 첫날 밤, 라디오는 끝도 없이 계속 보도했으며, 나도 거의 매시간 등장했다("분노는 계속 고조되고 있습니다"). 나중에 한 친구가 물었다. 매시간 대담을 진행하면서 중간에 나오는 온갖 질문에 어떻게 모두, 망설이지도 않고 대답할 수 있었느냐고. TV 뉴스에서처럼 무슨 질문이 나올지 미리 다 알고 있었다고 말해주자, 그는 감탄사로 가득 찬 이메일 답장을 보냈다. 친구는 수십 년 동안 자신이 뉴스로 듣고 보아온 것들이 순전히 연극이었음을 깨달은 것이다.

〈폴크스크란트〉와 라디오 방송국이 내게 특파원 자리를 제안했을 때 나는 놀라기도 했고 으쓱해지기도 했다. 기자로서의 경험이나 그 지역 정치 지식이 부족했으면서도, 그저 단순하게 그들이 나를 신뢰한다고 믿고 싶었던 것이다. 하지만 진짜 이유는 그다지 으쓱해할 만한 것이 아니었다. 애당초 특파원이 해야 하는 기본 임무가 그리 어렵지 않기 때문이었다. 무슨 일이 생기면 네덜란드의 편집자들이 연락을 했으며, 뉴스 속보를 팩스나 이메일로 보내주었다. 나는 라디오에 나가 그 내용을 내가 하는 말로 바꾸어 전하거나, 신문 기사로 재구성하면 됐다. 편집자들은 내가 무슨 일이 벌어지는지 알아내는 것보다는 그 장소에 갈 수 있다는 사실이 더 중요하다고 보았다. 정상회담이나 심각한 사건이 있을 때 기사를 쓰거나 방송을 하는 데 필요한 정보는 통신사들이 충분히 제공하니까.

그런 일에 익숙해지는 데는 시간이 좀 걸렸고, 저널리즘이나 미디어에 대한 나의 생각은 첫 번째 타격을 입었다. 나는 특파원이란 그 순간을 기록하는 역사가라고 상상했던 것이다. 중요한 일이 터지면 사건을 추적하고, 무슨 일이 벌어지는지 알아내고, 그것을 보도하는 사람 말이다. 하지만 나는 무슨 일이 벌어지는지 추적하러 가지 않았다. 취재는 진작에 다 되어 있었다. 내가 현장에 가는 것은 단지 그 내용을 알리기 위해서였다. 이전에는 이런 식으로 일한다고는 상상도 못했다. 하지만 이편이 합리적이긴 했다. 기자회견, 정상회담, 장례식, 시위, 공격, 소요는 매일 수천 건씩 발생한다. 편집진인들 무슨 수로 그 모든 상황을 전반적으로 파악할 수 있겠는가? 게다가 전 세계에는 수천 개의 뉴스팀이 있다. 그들이 모두 참석한 기자회견이나 장례식을 생각해보라.

조금 지난 뒤, 내가 편집진과의 회의를 위해 처음 네덜란드로 돌아왔을 때, 나는 상관들이 왜 통신사의 인도를 맹목적으로 따라가며, '현장에 있기'와 '뉴스를 얻는' 일을 그토록 강조하는지 이해하게 되었다. 나는 해외 뉴스국이 세계를 두루 살피고, 진지하게 숙고한 뒤, 어떤 것을 뉴스로 할지 결정하는 이해력 있는 사람들로 구성되었다고 생각해왔다. 그런데 실상 그곳에 속한 이들은 이해력은 있지만 세계를 두루 살피지는 않았다. 그들은 통신사의 기사를 두루 살피고 국장은 그중에서 선택을 한다. 더 정확하게 말하자면 통신사들이 골라서 보내준 것들 가운데서 선택을 한다. 통신사가 자기들이 생각하는 중요도에 따라 모든 것을 이미 속보, 긴급 속보, 최신 소식 등으로 분류해둔 것들 중에서.

다시 말하지만 나는 이런 식의 상황은 전혀 예상하지 못했다. 하지만 상황을 파악하고 나니 다른 방도가 없겠다 싶었다. 국제면 담당 편집자는 아랍 세계를 직접 겪어본 적이 없었다. 마감 시간의 압박은 어마어마한데 다루어야 할 범위는 전 세계이고, 편집장이 어깨너머에서 지켜보고 있었다. 편집장은 아랍 세계에 대해 그보다도 더 몰랐고, 점점 더 커지는 경영 업무의 부담을 감당하면서 모든 부서(국내, 스포츠, 경제, 예술 등)를 총괄해야 했다. 국장이나 편집장이 무슨 일을 할 수 있겠는가? 그저 통신사와 바로 곁의 경쟁 언론사들을 지켜보면서 "우리에게는 이게 왜 없지?"라고 묻는 수밖에 없다. 그러니 두어 가지 신문을 훑어보거나 뉴스 채널을 돌려보면 같은 사진과 기사 내용을 만나게 되는 것이다. 편집자들은 모두 동일한 출처에서 사진과 정보를 받아오고 보도 자료를 번역하고 재구성한다. 이들이 자신을 기자가 아니라 편집자라고 부르는 것도 그 때문이다. 이들은 직접 여행하지 않고도 메시지를 전달하거나 기자들에게 그것을 재구성하도록 시킨다.

취재와 인터뷰를 시작하다

다행히 내 업무는 그저 뉴스를 소개하는 것에만 그치지 않았다. 현장을 취재하고 분석도 해야 했다. 그렇다면 룸서비스 웨이터에게 의존하지 않고 이를 해낼 수 있는 방법은? 다른 기자들이 중동에 관한 전문 잡지와 웹사이트, UN이나 IMF 같은 싱크탱크가 발행하는 출판물들을 소개해주었다. 아랍의 각국에 있는 UN 외교관, 지역 전문가, 인권운동가들에게 특정한 이슈에 대해 질문하고, 그들의 발언으로 이런 기사를 쓸 수도 있었다. "카이로 대학의 정치학 교수인 라스 무타칼림 씨는 많은 아랍인들이 미국에 반대하는 것이 아니라 미국의 특정 정책에 반대한다는 사실을 사람들은 깨닫지 못하는 것 같다고 말한다." 이런 부류의 사람은 '발언자talking head'라 불린다. 동료 기자들은 그런 사람들의 명단과 전화번호를 갖고 있었다. 또 '주선자fixer'를 고용할 수도 있다. 주선자란 대략 100~200달러의 일당을 받고 사람들을 만나게 해주고 필요하면 통역도 해주는 지역 주민을 말한다.

동료들은 내 첫 분석 기사를 도와주었고, 첫 보도를 할 때도 도와주었다. 가장 유용했던 것은 그들이 갖고 있는 예전 기사 목록이었다. "예멘에서의 마약 남용, 요르단에서의 명예 살해, 시리아 대통령의 개인 숭배, 이집트에서의 AIDS 인식 수준에 대한 기사를 썼다고요? 내일 전화하세요. 만나볼 사람들의 연락처가 내게 모두 있습니다."

렉시스넥시스LexisNexis라는 자료은행도 있었다. 거기서는 최근 몇 년 동안 발행된 서구의 거의 모든 대형 신문사의 기사를 구입할 수 있다. 이곳은 온갖 아이디어와 배경 정보를 구할 수 있는 금광이었는데, 다음과 같은 방식으로 운영된다. 우선 로이터나 〈뉴욕 타임스〉에서 카이로의 2200만 시민을 위해 쓰레기를 수집하는 미성년 고아들에 관한 UN 보고서를 읽는다고 하자. 그러면 나는 렉시스넥시스에 쓰레기 수집자들에 관한 기사 스무 편을 메일로 보내달라고 한다. 그러고는 이런 기사를 뒤져 관련 사실과 수치들을 찾아낸다. 아이들의 수, 유독성 연기 때문에 생기는 질병과 사망자 수, 대안으로 내놓을 수 있는 쓰레기 수집 방안에 필요한 예상 비용 같은 수치들이다. 그다음에는 기사에 인용된 UN 활동가나 발언자의 이름을 적어두고, 다른 기자나 인터넷을 통해 그들의 전화번호를 알아낸 다음 전화한다. 직접 취재하기 전 며칠 동안 나는 이 게임에서 다른 기자들이 나보다 앞서 있음을 알게 된다. 이때쯤이면 그들은 기자들을 워낙 많이 만나다 보니 기사에 실릴 발언을 잠꼬대로도 할 수 있는 지경이다. 마지막으로, 인간적 시각을 갖추기 위해 쓰레기장으로 가서 아이들을 만난다. 아이들은 놀고 싶지만 먹고살아야 하니 일을 한다고 말한다. 찌는 듯이 더운 과밀 학급에서 글자도 제대로 몰라 수업 진도를 따라가지 못해 선생들에게 얻어맞으면서 하루를 보내느니 생계비를 버는, 그리고 거기에서 자부심을 느끼는 소년을 만나는 것이다.

카이로에 가기 전에 나는 군대의 구호가 "세상을 보고, 흥미로운 사람들을 만나고, 그들을 죽이라"라면 기자들의 전투 구호는 "세상을 보고, 흥미 있는 사람들을 만나고, 그들에 대해 쓰라"가 될 것이라고 농담하곤 했다. 하지만 기자 생활을 하면서 몇 주가 지나고 몇 달이 지나자 더 이상 그 농담을 할 수 없게 되었다. 세상을 본다고? 아마 비행기나 택시 창문으로는 볼지도 모른다. 실제로 내가 주로 보는 것은 대사관, 출국장, 호텔 방, 사무실이었다. 게다가 그곳에서 한없이 기다려야 했다. 연발된 비행기가 떠날 때까지, 버스가 올 때까지, 전화로 약속했던 답신이 올 때까지. 내가 다시 걸어야 할까? 무례해 보일까? 아니면 지도의 어느 구석에 있는지도 모르는 나라에서 온 기자가 건 전화에 답신을 해줄 것이라고 기대하는 내가 너무 순진한 걸까? 영사가 시간이 나서 나를 만나줄 때까지 기다려야 할까, 아무 말도 없이 이미 그냥 퇴근한 건 아닐까?

고국 네덜란드에 있는 상관들은 아랍 세계의 정보부나 여행사나 대사관이 서구의 것들과 다르다는 사실을 이해하지 못하는 것 같았다. 가령 미리 약속한 대로 비행기 표를 받으러 여행사에 가보면, 무슨 이유인지는 모르지만 대낮에 사무실 문이 잠겨 있었다. 혹은 그냥 표가 없거나, 표의 행선지가 잘못 기재되어 있거나, 돌아오는 날짜가 잘못 적혀 있었다. 여권용 사진을 하도 많이 찍다 보니 내가 사는 거리 모퉁이에 있는 사진관의 사진사와 제일 가까운 친구가 되었다. 여권 관련 사항들은 어찌나 여러 번 썼는지 내용을 외워버렸다. 특파원이라기보다는 보이스카우트가 된 기분일 때도 있었다.

그리고 '흥미로운 사람들'을 취재하기는 했다. 아무리 부정하려고 해도 분명 그렇기는 했다. 레바논에 있는 헤즈볼라^{Hezbollah}의 사무총장인 하산 나스랄라^{Hassan Nasrallah} 같은 사람 말이다. 그 15년 전만 해도 그의 동지들은 기자들을 납치하여 기분 내키는 대로 목을 따곤 했다. 나스랄라의 전임자는 아내와 아들과 함께 이스라엘에 의해 살해되었고, 그 역시 같은 운명을 당할 수 있었다. 결과적으로도 그랬지만, 흥미로운 사람과 인터뷰한다고 해서 그 인터뷰가 반드시 흥미 있는 것이 되지는 않는다. 나는 베이루트 (레바논의 수도)로 날아갔다가 헤즈볼라에는 자체 공보부가 있다는 사실을 레바논의 정보부에서 알게 되었다. 헤즈볼라 측은 전화로 말했다. 지금 당장 오면 된다고. "택시 운전수가 알아서 찾아올 겁니다." 그들의 본부는 도시 남쪽의 하렛 흐레이크 지구에 있었 다. 그저 거리 끝까지 가서 '미국은 절대악' 이라고 써진 깃발 밑 에서 왼쪽으로 갔다가 곧바로 오른쪽으로 돌아가면 바로 거기, 지도에는 없는 란제리 가게 위쪽의 두 층을 차지하고 있었다. 나 는 공보부 직원인 후세인 나불시를 소개받았다. 그는 뉴욕에서 몇 년 살았기 때문에 나보다 더 영어를 잘했다. "어떤 신문사에서 일하십니까? 그 신문이 팩스로 확인서를 보내줄 수 있을까요? 발매 부수와 정치적 입장에 대한 발언문도 함께요. 대사관이 이 런 사항을 확인해줄 수 있습니까? 헤즈볼라는 이 인터뷰가 질의 응답 형식으로 진행되기를 원합니다." 마지막 얘기는 나스랄라 말고도 다른 사람이 여러 명 등장하는 기사를 쓰면 안 된다는 뜻 이었다. 이것 역시 확실한 확인이 필요했다. 나는 편집부에 연락 했고, 대사관에 확인을 부탁했고, 나불시에게 다시 전화하여 네 덜란드에는 딱히 그런 절차들이 없다고 말해야 했다("덴마크에는 있다고요!" 그들이 반박했다).

한 주 내내 여기저기에서 소란을 떨고 난 뒤, 나는 그들 본부에 가서 금속 탐지기 앞에 섰다. 먼저 몸을 수색당했고, 그다음에 휴대전화와 지갑, 시계, 벨트, 열쇠, 가방을 건네주어야 했다. 시간 관념이 없기로 악명 높은 아랍 세계에서는 매우 특이한 일이지만, 정해진 시간이 되자 간소한 가구가 갖춰진 방으로 안내받았다. 나는 헤즈볼라의 정책에 대해 질문했고, 나스랄라는 정해진 대답을 말했다. 그런 내용은 나불시를 통해서나 그들의 웹사이트에서 얼마든지 쉽게 구할 수 있었지만, 형식을 갖추기 위해 나는 나스랄라의 말을 받아 적었다. 그는 비판적인 질문은 힘도 들이지 않고 전부 튕겨냈으며, 예상치 않은 대답을 해주지 않을까 하는 기대는 애당초 포기해야 했다. 설사 나스랄라가 노선을 전환한다는 이야기를 할 예정이 있었더라도 네덜란드에서 온 일개 기자를 상대로 이야기할 리는 없었다.

다시 말하지만, 이 세계는 이렇게 돌아갈 수밖에 없었다. 난 한동안 포기 선언을 할까 생각했다. 연락하고 팩스 보내고 하는 온갖 수고, 예측 가능한 대화록이 완비되어 있는 이런 연극을 진행하기 위한 그 온갖 노력들. 하지만 이런 인터뷰를 하면 국내로부터 점수를 딴다. 국내에서는 헤즈볼라의 공보부에 대해 아는 사람이 아무도 없다. 란제리 가게는 두말할 것도 없다. 그들은 나스랄라 같은 괴물과 인터뷰하는 일이 말할 수 없이 위험하다고 생각할 뿐이다.

또 이런 식의 인터뷰에서는 행간을 잘 읽는다면 사소한 사실을 알게 될 수도 있다. 무엇을 말하느냐가 아니라 어떻게 말하느냐를 보면 말이다. 수단에서 나는 근본주의 정권의 이데올로그인 하산 알 투라비^{Hassan al-Turabi}를 인터뷰했다. 나는 그의 끔찍한 연설을 몇 편 읽었는데, 직접 만나보니 소르본 대학의 학위증을 벽에 걸어둔, 잘 낄낄거리는 남자였다. 그는 서구 정치에 있는 모순이나 상충점들을 지적하기를 제일 좋아하는 것 같았다. "그런 건 말이 안 되지요. 히히히!"

나스랄라와의 인터뷰에서도 이와 비슷한 모순을 발견했다. 그의 멘토는 이란에서 이슬람 혁명의 기초를 놓은 아야톨라 호메이니^{Ayatollah Khomeini}였다. 호메이니는 서구 인터뷰어의 얼굴을 절대로 정면으로 보지 않았고, 통역자에게 눈을 고정한 채 대답을 구술시켰다고 한다. 나스랄라도 그렇게 했는데, 다만 우리는 통역자가 필요 없었다. 내가 아랍어로 준비한 질문을 나불시가 미리 검토했는데, 그는 이것을 꽤 즐기는 것 같았다. 나는 나스랄라에게 직접 질문했으며 그는 눈을 마주치지 않고 대답했다. 그러다 내 녹음기가 멈추자 나불시에게 물었다. "저것이 계속 작동되고 있는가?" "한쪽 면이 다 채워지면 자동적으로 다른 쪽으로 넘어갑니다. 새 시스템이지요"라고 내가 말했다. 그는 고개를 끄덕였다. 자신이 한 행동이 뭘 의미하는지 깨닫지도 못한 채.

이런 게 내 일이었다. 예상과는 달랐지만 충분히 다사다난했다. 신문사나 라디오 방송국에서 전화가 온다. "BBC에서 그러는

데, 베이루트에 있는 한 공장에서 불태우려는 목적으로 서구 지도자들의 인형을 만든다는군. 그 뉴스를 얻어야 해!" 아니면 내가 직접 어떤 것을 읽고 취재거리를 찾는다. 그리고 회사가 대주는 비용을 써서 취재할 도시나 나라로 떠나곤 한다. 나는 예멘의 어느 시장에서 거래되는 바주카포를 추적하다가 모로코에서 거행되는 왕의 장례식에 참석했으며, 신문의 크리스마스 특별판을 위해 이스라엘인들의 발자취를 따라가면서 시나이 사막에서 트레킹을 했다. 한번은 베이루트에 있을 때 레바논–이스라엘 국경에서 총격전이 벌어졌다. 나는 그곳으로 달려가서 저녁 9시 반까지 대단한 발언들을 수집하고, 한 시간도 안 되는 동안 노트에다 기사 한 편을 휘갈겨 쓴 다음, 네덜란드에 전화를 걸어 그 내용을 읽어주기도 했다. 다음 날 아침 20만 명이 각자의 현관문 앞에 그 기사가 놓여 있는 것을 봤을 것이고. 그리고 네덜란드의 기온은 10도인데 나는 테헤란의 투표함 곁에서 지글지글 구워지면서 전화기를 들고 있다가, 힐베르쉼의 프로듀서가 "5초 전"이라고 말하는 소리에 맞추어 20~30만 명의 네덜란드 사람들에게 이란에 대해 이야기하기도 했다.

물론 초보자들이 저지르는 실수를 나도 범했다. 〈뉴욕 타임스〉의 한 특파원에게 다가가서 무심히 당신이 지난주에 쓴 기사에 나온 인물의 전화번호를 얻을 수 있겠느냐고 물은 일이 생각나면 지금도 얼굴이 화끈거린다. 그는 나를 아래위로 쳐다보았는데, 아마 그런 호의를 되돌려줄 만한 사람인지 아닌지 판단하기 위해서였을 것이다. 그러더니, 그건 좀 힘들겠다고 말하고는 가버렸다.

이런 요청 역시 업무의 일부분이었고, 그같이 반응하는 이는 아주 드물었다. 동료 기자들은 대부분 도움을 주었다. 아마 네덜란드에서 온 전업 기자가 나뿐이었고, 다른 사람들의 영역을 기웃거리지 않았기 때문일 것이다. 그래도 남에게 보여주지 않는 목록이 저마다 꼭 하나는 있었다. 긴급 속보가 터질 김새를 챘을 때 돈을 많이 주면 해당 나라의 입국 비자를 몇 시간 안에 얻게 해주는 위험한 연줄을 쥐고 있는 사람들의 이름과 전화번호였다.

몇 달이 지나자 내가 쥐고 있는 발언자들과 현지 거주 네덜란드인들의 명단도 길어졌다. 지역 가이드, 사업가, 외교관, 학자, 개발 사업자, 예수회 성직자, 선교사 같은 사람들이었다. 배경 정보를 얻고 분석을 하는 데에는 CNN, 〈뉴욕 타임스〉, 알자지라, 그밖의 대형 언론사들을 활용했다. 나는 이런 출처에서 정보를 주워모아 그림을 맞추어나가고, 웹사이트나 잡지에서 얻은 정보와 한데 섞은 다음 내 네트워크에서 점검해보았다. "이것이 당신의 인상에 부합하는가? 뭔가 빠뜨린 건 없는가?"라고 묻는 것이다.

이제 나는 카이로에서 좀 나은 숙소를 구했고, 집주인은 돈만 밝히는 게 아니라 인간적인 표정을 하고 있었다. 수단에 처음 다녀온 뒤 여섯 달가량 지났을 때, 한 기자회견에서 주위를 둘러보면서 '그래, 난 드디어 안착했어'라고 행복하게 생각하던 일을 지금도 기억한다.

  하지만 그러면서도 불편한 기분이 점점 더 커지는 것을 피할
수가 없었다.

chapter 2

우리가 알지 못하는 99퍼센트의 아랍

뉴스의 작동 방식에 따르자면 나는 깃발을 불태우고 구호를 외치는 성난 군중에 대해서는 써도 카메라 시각을 벗어난 구역에서 무슨 일이 일어나는지 말해줄 여유가 없었다. …… 사실을 말하자면 그들은 카메라가 돌아가는 동안만 라이터를 켜 들고 있었으며, 그 뒤에는 모두들 차 마시러 집에 돌아갔다. 한편 그 도시의 다른 곳에서는 아이들은 등교하고 있고, 전철은 정해진 대로 운행되고 있고, 시장에서는 토마토가 특가로 판매되고 있었다.

스스로 깨닫지 못하는 새 자신이 일하는 직장의 색채에 물드는 것은 정상적인 현상이다. 내게 바로 그런 일이 일어났다. 나를 고용한 사람들의 요구와 기대에 부응하려고 어찌나 열심히 일했는지, 내가 뭘 하고 있는지 성찰할 시간도 내지 못했다. '이슬람 전선Islamic Front이 새 공격 계획으로 미국을 위협하다'라는 제목으로 쓴 기사가 1면에 실렸을 때 나는 자랑스러워 얼굴에서 빛이 날 지경이었다. 그것은 기껏해야 통신사 속보와 지역 뉴스 내용의 요약일 뿐이며, 인터넷이 있으니 내가 암스테르담에 있었더라도 얼마든지 써낼 수 있는 기사였다. 하지만 어쨌든 내 글이 머리기사에 오른 것이다. 동료들도 축하해주었다. 첫 여섯 달 동안은 이런 성공으로 기분이 좋았다. 그 뒤로는 일이 워낙 일상적인 틀 속에서 진행되었고, 그제야 내가 하고 있는 일이 무엇인지, 이 불편한 기분이 어디에서 생기는지 성찰할 시간이 생겼다.

시리아와 이집트에서의 기억

학생이었을 때 나는 아랍 세계에서 상당한 시간을 보냈다. 아랍을 처음 만난 것은 1990년대 중반, 현실감각이 없는 스물 몇 살의 청년으로 시리아를 여행하고 있을 때였다. 그 당시 시리아는 관광업이 발달하지 않았기에, 가기 전에는 겁이 났던 것 같다. 나는 올바른 정치적 분위기에서 성장하기는 했지만, 그럼에도 아랍인은 국기나 허수아비를 불태우고 서구에 대해 끔찍한 욕을 해대는 비합리적인 사람들이라고만 알고 있었다. 어쨌든 그들은 내게 이국적이었고, 열등한 사람들이라고 보지는 않았지만 다르다고 느꼈던 건 분명하다.

하지만 정작 시리아에 들어가서는 깃발 화형식을 본 적이 없었다. 반서구적 슬로건도 전혀 들리지 않았다. 정치에 대해 이야기하기 시작하면 사람들은 증오보다는 일종의 패닉을 억누르는 것 같은 표정을 지었다. 점점 더 혼란스러웠다. 시리아인이, 그러니까 아랍인들이 어떤 면에서는 서구인들보다 나을 수 있다는 것을 아무도 말해준 적이 없었다. 시리아가 네덜란드보다 30배는 더 가난할지 몰라도, 그곳에서 난폭한 파괴 행위나 거지나 공격적인 주정뱅이나 노숙자 같은 것은 거의 보지 못했다. 경범죄도 거의 없었다. 버스 정류장이나 고고학적 유적지에 가방을 놓고 왔더라도 나중에 가지러 가면 그대로 있을 정도였다. 사람들은 나를 자기 집으로 초대했고, 거리에서는 네덜란드나 서구 어느 나라에서도 느껴보지 못한 즐겁고 편안한 분위기가 흘렀다.

그리고 시리아인이 서구인들과 조금도 다르지 않은 영역들이 있었다. 나는 그들 역시 농담하고 노는 것을 보고 놀랐다. 물론 놀란 기색을 금방 지우기는 했지만, 그전에야 내가 아랍인들이 농담하는 것을 어디서 한 번이라도 보았겠는가? 내가 가졌던 아랍 세계의 이미지는 할리우드 영화, 역사책, 뉴스를 통해 형성된 것들이니 말이다. 그런 매체에 등장하는 아랍인은 거의 모두가 테러리스트나 원유로 부자가 된 호색적인 왕족들, 구호를 외치는 시위 군중, 아니면 이름 모를 희생자들이니 웃음을 보일 사람들은 아니었다. 하지만 시리아 어디에 가든지 사람들은 나를, 그리고 서로서로를 배려하면서 웃게 만들었다.

예를 들어보자. 러시아인, 미국인, 시리아인 비밀요원이 토끼 잡이 경쟁을 벌이고 있었다. 먼저 러시아인이 숲으로 달려 들어가더니 18분 뒤에 토끼 한 마리를 잡아 나타났다. 이번에는 미국인 차례였다. 그는 16분 만에 임무를 완수했다. 마지막으로 시리아인이 들어갔다. 15분이 지나고, 30분……, 한 시간이 지났다. 마침내 러시아인과 미국인은 나무 밑에 앉아 다람쥐를 고문하고 있는 시리아인을 찾아냈다. "인정하란 말야, 네가 토끼라고!"

시리아 여행을 하고 1년 뒤에 나는 카이로 대학에서 이집트 학생들과 함께 연구 프로젝트에 참여했다. 서구인과 한 번도 이야기해본 적이 없는 학생들이 많았다. 이는 그들을 상세히 살펴볼 기회였는데, 차이는 있지만 그들이 얼마나 서구인들과 비슷하게 보이는지, 또 서구인들이 얼마나 그들처럼 보이는지 알게 되어, 시리아에서보다 훨씬 더 큰 충격을 받았다. 이집트 대학생들의 잡담에서 가장 흔한 소재는 정치도 뉴스도 아니며 스포츠, 직업, 섹스였다. 이집트에도 가십을 주로 다루는 잡지나 토크쇼가 있었고, 유명 인사를 쫓아다니며 열광하는 사람들이 있었고, 쇼 비즈니스도 있었다. 그리고 사람들은 농담을 했다.

가령, 대통령 자문관인 오사마 알 바즈^{Osama Al-Baz}가 나일 강에서 가장 유명한 다리를 걸어 지나간다. 다리 건너편에는 거대한 청동 암사자 두 마리가 어슬렁거리고 있다. 암사자 한 마리가 갑자기 그에게 "사자 한 마리를 데려다주면 이집트의 비밀을 말해주겠다"라고 말했을 때 알 바즈가 얼마나 놀랐겠는가! 알 바즈는 무바라크^{Mubarak}(이집트의 전 대통령)에게 달려가서 말했다. "대통령 각하, 빨리요! 기적을 보았습니다. 청동 암사자가 말을 합니다!" 무바라크는 알 바즈와 함께 다리로 갔다. "아니야, 멍청아." 두 사람이 보이자 암사자가 알 바즈에게 소리를 질렀다. "사자를 데려오라고 했잖아, 나귀(나귀를 일컫지만 멍청이, 바보를 뜻하기도 하는 단어 'ass'를 이용한 말장난―옮긴이)가 아니라."

이처럼 이집트 학생들은 생각했던 것만큼은 이국적이지 않았다. 어떤 점들은 네덜란드인들과 정말 달랐지만, 그 다른 방식은 내가 예상했던 것이 아니었다. 2200만 카이로 시민 가운데 900만 명은 매일 1유로 정도로 하루를 살아가야 하는데, 나는 가난이 이들의 자존심을 더 강하게 하리라고는 도저히 예상하지 못했다. 하지만 내 친구들 중 가장 가난한 이들은 가장 자존심이 강한 사람들이기도 했다.

친구 이마드를 만나다

시리아와 이집트에서 지내던 학생 시절, 나는 중동의 표상과 실재 사이의 간극을 처음으로 보았다. 당시 두 나라에 관한 뉴스를 여러 해 동안 들어왔는데도 막상 가보니 내가 예상했던 것과 완전히 달랐고, 이런 상황이 어찌 가능한지 자주 자문했다. 네덜란드로 돌아오자 이 놀라움은 사그라졌으며, 기자가 된 뒤 몇 달 동안은 일이 어찌나 정신없이 몰아치는지 그 문제에 대해 제대로 생각하지 못했다.

그러다가 대학 때 친구인 이마드를 만나게 되었다. 이집트에 있으면서도 더 일찍 만나지 못한 이유는 여러 가지가 있었다. 한 번은 이마드가 약속 장소에 오지 않았다. 또 한번은 내게 급한 일이 있었다. 그 뒤에는 이마드에게 휴대전화가 없었던 탓으로 한동안 연락이 닿지 않았고, 이런 식의 사정이 계속 이어졌다. 이집트인들의 속담에 이사브르 가밀^{Issabr gamil}, 즉 인내는 미덕이라는 말이 있다. 마침내 우리는 다시 서로의 손을 잡고 흔들 수 있게 되었다. 나는 그간 만나지 못한 것에 대해 죄책감을 느꼈기 때문에 좀 무모하게 말했다. "이리 와! 그저 그런 커피숍에는 가지 말자. 나일 강 선착장에 있는 진짜 레스토랑에 가자고. 나도 이제 돈을 벌거든. 그러니 내가 살게."

우리는 이야기를 나누었고, 내가 왜 그를 좋아했는지, 왜 그를 바보라고 생각했는지가 다 기억이 났다. 그러던 중에 계산서가 왔다. 내가 알아차리기도 전에 그가 계산서를 확 잡더니 열어보았다. 그의 온몸이 굳었다. 옥신각신해봐야 소용이 없었다. 이마드가 호주머니를 다 뒤져 동전 한 푼까지 더해가면서 조심스럽게 값을 치르는 광경을 나는 그냥 보고 있어야 했다. 천만다행으로 돈이 되었고, 알라후 아크바르(Allahu akbar, '신은 위대하다' 라는 뜻으로 무슬림들이 경탄할 때 버릇처럼 쓰는 말—옮긴이), 그날 저녁 우리는 구제되었다. 하지만 우리 두 사람 모두 그가 다음 달에는 외식 한 번 못하리라는 걸 알고 있었다. 과일 주스 한 잔 값이 그의 한 달 월급의 절반이었으니까.

집에 걸어가는 동안 나는 카이로에서 학교에 다닐 때 가난이 어떤 인상을 주었는지 기억해냈다. 내 눈으로 보기 전에는 상상도 못할 가난이었다. 그런 일은 직접 체험해봐야 알게 된다. 당신이 정말 예뻐하는 어린아이가 있다고 치자. 아들이나 딸, 조카, 어린 여동생, 이웃집의 딸이든 누구든, 그 아이가 정말 고통받던 일을 기억해보자. 그때 당신이 아무것도 해주지 못해 느끼던 기분을 증폭해보라. 아이는 끔찍한 병으로 고통을 겪고 있다. 병은 치명적이고, 침대에 누워 쇠약해지고만 있다. 무슨 일인지 알지 못하는 아이는 비명만 지를 뿐이다. 500킬로미터 떨어진 곳에 병원이 있고 거기 가면 살아날 수 있다는 것을 알지만, 당신에게는 돈이 없다.

이런 것이 가난이다. 당시 나는 가까이에서, 이마드와 다른 사람들에게서 그것을 보면서, 왜 언론으로부터 이들의 가난이 더 많은 관심을 받지 못하는지 이유를 알아내려고 머리를 쥐어짰다. 이들이 얼마나 취약한 처지에 있는지도 전혀 짐작하지 못하면서 어떻게 이집트를 이해할 수 있는가? 사회 안전보장의 권리도 없고, 정부 연금도 받지 못하고, 학자금 대출도 없고, 육아 보조금도 없고, 집세도 안정되어 있지 않은, 그런데도 돈을 잔뜩 갖고 있는 서양 사람에게 마실 것을 대접하는 사람들……. 충실한 신문 독자이자 뉴스 시청자이면서, 나는 어째서 가난이나 이 사람들이 가난을 감당하고 살아가는 방식에 대해 전혀 짐작도 못했던가?

나는 잘못된 기사를 쓰고 있었다

이마드와 그의 자존심은 내가 학생으로 카이로에 있던 때의 여러 가지 일을 상기시켜주었다. 그러자 나는 점점 커지는 불편한 기분의 원인을 짐작하게 되었다. 기자로서 일하면서 나는 학생 때 가지고 있던 아랍 세계에 대한 잘못된 이미지, 바로 그것을 계속 퍼뜨리고 있었던 것이다. 여섯 달이 지났는데도 나는 아직 가난에 대해 아무 기사도 쓰지 않았고, 가난한 사람들의 자존심에 대해서도 마찬가지였다. 그 대신 내 개인 자료실에는 다음과 같은 제목이 붙은 기사들이 들어차 있었다.

규제로 인해 사담의 날개가 꺾이다 [2]

사담 후세인이 쥔 트럼프 카드 [3]

로커비가 리비아를 딜레마에 빠트리다 [4]

이스라엘이 이집트 반유대주의 언론을 비난하다 [5]

이스라엘은 아직도 이집트의 공적 제1호 [6]

전환점에 선 아랍 세계 [7]

이를 보면 사실 내가 다룬 것은 정상회담, 공격, 폭격, 외교정책뿐이었다. '가난하지만 자존심을 잃지 않는 이집트인', '아랍 국가의 낮은 범죄율과 낮은 알코올 중독률', '아랍인들이 겪는

스트레스 수위는 서구인들에 비해 낮다' 등등의 사실은 기사화되지 못했다. 그런 이야기는 어쩌다가 배경 기사나 특집 기사로 등장했지만, 그 지역에 관한 사람들의 통념에 아무 영향도 미치지 못했다. 하지만 이런 기사가 없다면 머리기사나 주요 기삿거리들을 제대로 이해할 수 없다.

나는 아랍 세계에서 겪은 긍정적인 경험을 기사에서 다루지 않고 감춰두었을 뿐만 아니라, 그렇게 함으로써 아랍 세계를 이국적이고 나쁘고 위험한 곳으로 그리는 데도 일조하고 있었다.

뉴스의 작동 방식에 따르자면 나는 깃발을 불태우고 구호를 외치는 성난 군중에 대해서는 써도 카메라 시각을 벗어난 구역에서 무슨 일이 일어나는지 말해줄 여유가 없었다. TV나 신문에 실린 사진에서는 많은 군중이 모여 있는 것처럼 보였을 것이다. 하지만 정작 그 장소에는 화난 사람들이 고작 몇 명 있었을 뿐이다. 사실을 말하자면 그들은 카메라가 돌아가는 동안만 라이터를 켜들고 있었으며, 그 뒤에는 모두들 차 마시러 집에 돌아갔다. 한편 그 도시의 다른 곳에서는 아이들은 등교하고 있고, 전철은 정해진 대로 운행되고 있고, 시장에서는 토마토가 특가로 판매되고 있었다.

다마스쿠스(시리아의 수도) 지역 특집 기사에서 나는 순교자의 광장에 걸린 '친애하는 아사드^Assad여, 시리아 국민은 피와 영혼을 바쳐 그대를 지지한다' 라는 거대한 구호를 인용했다. 하지만 그 구호를 노트에 적은 다음 지나가는 사람들과 이야기를 나누며 되너 케밥을 먹은 즐거운 순간은 빼야 했다. 헤즈볼라의 ‘폭력 행위’에 대해 쓰고, ‘미국은 절대악’이라는 캐치프레이즈는 인용했지만, 다마스쿠스 사람들이 하루 일이 끝난 뒤 가서 뜨거운 증기 속에 앉아 허덕대며 땀을 빼곤 하는 유명한 목욕탕에서 어떤 사람들을 만났는지에 대해서는 이야기하지 않았다. 다들 그러듯이 나는 목욕탕 안을 둘러보다가 엄청나게 긴 수염을 가진 남자가 들어오기에 손을 들어 인사했다. 그 남자는 땀을 뻘뻘 흘리면서 머리를 끄덕였고, 우리는 각자 소개를 했다. 알고 보니 그는 헤즈볼라 단원이었고, 이스라엘 폭격으로 고아가 된 아이 일곱 명을 보살피고 있었다. 나는 자리에 앉아 그의 지도자를 인터뷰했다고 자랑스럽게 말했다. 그는 거의 관심을 보이지 않으면서 고개를 끄덕이다가는, 갑자기 말했다. “당신 홀란드에서 왔다고?!” 그의 얼굴이 환해졌다. “아하! 이제야 그렇게 좋은 축구 선수들을 많이 가진 나라가 왜 한 번도 월드컵 챔피언이 되지 못했는지 그 이유를 들어볼 수 있겠군!”

가장 신경이 쓰이는 것은 내가 기사에서 여성들을 잘못된 방식으로 소개하고 있다는 점이었다. 고국에서는 여성의 지위에 대한 관심이 많았고, 그 주제에 대해서는 대단한 발언들을 얻을 수 있었다. 가령 한 알렉산드리아(이집트 알렉산드리아 주의 주도)의 판사는 몸집이 큰 아내와 이혼하려는 남자의 요청을 들어주면서, “살

찐 여자에게서는 쾌락을 별로 얻을 수 없다"라고 말했다. 또 한 국회의원은 여자들은 남편을 둘 가질 권리가 없다고 하면서 "수 탉은 암탉을 40마리도 거느릴 수 있지만 암탉은 절대로 두 마리의 수탉을 거느리지 못한다"라고 말했다.

이런 기사들은 반응이 좋았지만, 이집트의 여성들이 비참하고 억압당하는 존재라는 인상을 주었다. 내가 일상적으로 보는 그들의 삶은 그와 정반대였다. 하지만 이집트의 국회에서 여성들은 남편의 허락 없이 외국 여행을 할 수 없다는 법률을 정한 것은 뉴스가 되어도 내가 카이로에서 쇼핑을 할 때 이집트 여성들이 보여준 행동 방식은 뉴스가 되지 못했다. 이런 일상적 경험은 내 일기장에만 실릴 뿐이었다.

오늘 거주 허가를 연장하러 무감마(Mugamma 혹은 Mogamma, 카이로의 정부청사 건물—옮긴이)에 갔다. 거미줄 같은 이집트 관료 체제의 중앙부, 자유 광장에 있는 그곳 말이다. 모든 게 학생 시절과 똑같다는 사실에 마음이 놓였다. 꾸벅꾸벅 졸고 있는 공무원들, 먼지 앉은 서류 더미, 장전된 총에 기대 서 있는 군인들, 기다리는 사람들의 긴 줄……. 키 작은 남자들이 복도에서 차를 준비하고 있고, 저마다 있는 대로 소리를 질러대고, 에어컨은 제대로 작동하지 않는다. 아니면 과열되었거나. 사무실에 들어가서도 오래 걸렸는데, 이것 역시 익숙한 현상이다. 한쪽 다리가 무릎 아래로 잘리고, 오른팔에 의 수가 달린 한 남자가 내게 다가와서 번호표를 팔고 그 위에 스탬프를 찍는다. 그런 다음 더 기다린다. 히잡을 쓴 여자들의 수다를 주어들으며.

"파티마, 저기 저 백인은 어때? 언젠가는 결혼해야 하잖아?"

"저 남자에겐 애 나이가 너무 많지! 저 사람이 좋아하지 않을걸!"

"백인들 나이는 도무지 짐작을 못 하겠어. 모두 똑같이 보이거든."

그런 다음 셔츠를 사러 간다. "제게 맞습니까?" 계산대에 서 있는 여자 점원에게 물어본다. "손님, 영화배우 같아요!" 점원들 중 한 명이 키득거리고, 모두들 웃는다. "가셔야 돼요. 사장님이 오고 있네요!"

마지막으로 휴대전화 회사에 전화요금을 내러 간다. 나를 도와주던 청년이 말한다. "저 방에 들어갈 건데, 당신이 우리말을 모른다고 여기도록 거기서는 제가 영어로 말할게요." 그러더니 방에 들어가서 영어로 말한다. "저쪽에 서 계세요." 그런 다음 화장을 짙게 하고 히잡을 쓰지 않은 20대 초반쯤의 여자 동료에게 묻는다. "제이나브! 이 서양 사람 어때요? 괜찮지 않아요?" 제이나브는 그를 흘겨보더니 말한다. "그래, 손에 키스라도 해줘야겠다, 이 바보야." 동료들은 킬킬대고 청년은 내게 머리를 끄덕이고, 나는 미리 의논해둔 대로 큰 소리로 또박또박 아랍어로 말한다. "디 무감라 힐와 기단. 슈크란 가질란(Di mugamla hilwa giddan. shukran gazilan, 아주 으쓱해지는데요. 감사합니다)." 그녀는 얼굴이 홍시처럼 빨개지더니 화장실로 총알처럼 달려간다.

왜 미디어는 단 1퍼센트의 아랍만을 보여주는가?

나는 항상 '뉴스' 라는 것은 세계에서 가장 중요한 일들을 편집한 것이라고 생각했다. 하지만 기자 생활을 여섯 달 하고 나자 현실이 파악되었다. 뉴스는 그저 매일매일의 일상과는 다른 어떤 것들, 법칙에 속하지 않는 예외들이다. 아랍과 같은 미지의 세계와 관련하여 이것은 왜곡의 효과를 가진다. 암스테르담의 담 광장에서 누군가가 총격을 당한다면 그건 뉴스가 되겠지만, 네덜란드 국민들은 일반적으로는 그곳에서 총격당하지 않는다는 것을 안다. 자기들이 거기 가보았고, 그곳에 갔다가 안전하게 돌아온 사람들도 알고 있다. 하지만 그들이 중동에서의 일상생활에 대해서는 얼마나 알고 있는가? 시리아에 가기 전에, 나는 '분노한 시리아 시위대' 를 뉴스에서 보았고, 그들이 우리를 증오하며 시리아는 안전하지 않다는 결론을 이미 당연한 것처럼 내려두었다. 예외적인 상태에 대한 이야기만 듣는다면 사람들은 그런 것이 일상적인 상태라고 생각하게 되는 것이다.

문제는 이런 상황을 바로잡을 수 있는가이다. 아랍 세계의 사진이나 동영상을 볼 때, 가령 카이로나 다마스쿠스, 알렉산드리아의 혼잡한 길거리를 볼 때 우리 눈에 들어오는 것은 어디에나 걸려 있는 춤추는 듯한 아랍어 글자들이다. 그런 이상한 글자가 '다음 정류장은 이집트 박물관', 혹은 '립튼 가게', '세계에서 가장 맛있는 차', '특별 행사, 한 개 값으로 두 개' 따위의 내용이라는 것을 알기 전까지는 그런 것이 이국적으로 보인다. 아랍 신문을 알하야트Al-Hayat, 샤르크 알아우사트Sharq Al-Awsat, 알아흐람Al-Ahram 따위의 이름 대신에, 그 이름이 가리키는 의미인 삶, 중동, 피라미드로 지칭하면 사정이 좀 달라지지 않을까? 아랍 TV 채널을 알자지라, 알마나르Al-Manar, 알무스타크발Al-Mustaqbal이라 부르지 말고 그 뜻을 살려 섬, 등대, 미래로 부른다면 어떨까? 하마스, 헤즈볼라, 알카에다가 아니라 헌신, 신의 정당, 기초라고 부른다면 어떨까?

한동안 나는 내 기사에서는 아랍 언론사의 이름을 번역하여 기재하려고 노력했다. 하지만 편집자들이 번역된 이름을 삭제해버렸다. 혼란스러워진다는 것이었다. 국제면에다 유머 섹션을 두자는 내 제안이 거부된 이유도 똑같았다. 세계의 다른 쪽 사람들도 똑같이 웃으면서 살아간다는 것을 상기하자는 의도였는데 말이다. 아랍 사람들은 이런 농담도 했다. "독재자에게 때가 왔다. 신은 복수의 천사를 수도에 보내어 그를 데려오게 했다. 하지만 항상 그렇듯이 복수의 천사는 금세 붙잡혀 고문을 당했다. 만신창이가 된 천사가 하늘로 돌아오자 분노한 신이 물었다. 독재자는 왜 안 데려왔느냐? 천사는 무슨 일이 있었는지 보고했다. 신은 얼굴이 백지장처럼 창백해지더니 떨리는 목소리로 물었다. 자네, 내 이름은 말하지 않았겠지?"

하긴, 제안이 받아들여지지 않은 건 어찌 보면 당연했다. 죽어가는 사람들과 카리스마 넘치는 경험 많은 세계 지도자들의 사진 사이에 히히 하하 웃어대는 농담을 아무렇지 않게 끼워 넣을 수는 없다. 그러니 신문 증보판이나 인간적 관심사를 다룬 칼럼에서 다루는 것으로 만족해야 했다.

그 이후, 나는 이국적인 악당이라는 아랍 세계의 이미지를 간접적으로라도 변화시키는 기사를 쓰려고 노력했다. '탑 오브 더 팝스'(BBC TV의 음악 프로그램), '빅 브라더'(원래 네덜란드에서 시작되었다가 2000년에 BBC TV에서 부활시킨 리얼리티 쇼 프로그램), '가장 약한 고리The Weakest Link'(BBC One의 퀴즈 프로그램) 등과 비슷한 프로그램을 진행하는 여성 진행자들과 인터뷰를 했다. 이런 프로그램들이 여기서도 방영된다는 것을 상기시키기 위해서였다. 기독교계 레바논인이자 TV에도 출연한 요리사이고 아랍 세계에서 한동안 가장 유명했던 셰프 람지Ramzi에 관한 기사도 썼다. 요컨대 아랍 세계에도 유명 요리사가 있고, 멜로드라마도 있으며, 몰래카메라가 장착된 오락 프로그램도 있고, 진지한 성인들이 정장을 입고 스튜디오에 한가득 앉아 축구에 대해 떠들어대기도 한다는 걸 보여주고 싶었다.

이런 유의 기사는 편집자들이 선뜻 집어 들기는 하지만, 배경 소식이 실리는 지면에만 채택된다. 조사에 따르면 그런 지면을 주의 깊게 읽는 사람은 거의 없다. 아니면 인간적 관심사 칼럼 지면에 들어간다. 〈폴크스크란트〉는 그런 칼럼에 '세계는 좁다$^{It's a}$ $^{Small\ World}$' 같은 뻔한 이름을 붙였다.

그러나, 이곳에도 사람이 산다

나는 이런 뉴스 사이클에 적응해갔고, 아랍인들을 모두 똑같고, 단일한 실체처럼 여기는 진부한 통념을 깨부수는 것이 얼마나 어려운지도 깨달았다. 게다가 그런 통념에 나 자신도 기여하고 있었다. 즉 아랍인^{Arabs}이라 불리는 사람들이 사는 이 지역에 대한 기사를 쓰면서 이 지역을 묘사하는 유일한 단어인 '아랍 세계^{the} $^{Arab\ world}$'라는 말을 썼다. 또한 형제애와 단결 따위를 늘어놓는 아랍 연맹$^{Arab\ League}$의 지루한 선전문이라든가 '아랍인들의 바다$^{the\ sea}$ $^{of\ Arabs}$'에 고립되어 있다는 이스라엘 정부의 성토를 독자들에게 전한 것이다.

이런 것들이 모두 한데 합쳐지면 라바트(모로코의 수도)에서 바그다드 사이의 지역에 2억 6000만 명의 똑같은 존재가 살고 있다는 인상이 만들어진다. 하지만 지난 50여 년 동안 아랍 국가들이 이스라엘에 대항해서가 아니라 자기들끼리 싸워온 전쟁을 생각해보라. 모로코와 알제리, 이집트와 시리아, 수단과 사우디아라비아, 이라크와 쿠웨이트, 시리아와 요르단, 요르단과 팔레스타인이 싸웠으며, 레바논에서는 모두가 서로 맞서 싸웠다. 그리고 각 지역마다 고유한 특징도 가지고 있다. 이라크인들은 무자비하지만 용감하고, 페르시아 만 지역의 아랍인들은 관대하지만 위선적이며, 레바논인들은 국제적이지만 믿을 만하지가 않고, 요르단인들은 친근하지만 허약하며, 팔레스타인인들은 끈질기지만 신뢰할 수 없고, 이집트인들은 똑똑하지만 거만하다고 알려져 있다.

심지어 한 아랍 국가 내에서도 사람들은 저마다 엄청나게 다르다. 그들이 서로에 대해 하는 농담에서 그런 차이를 볼 수 있다. 시리아인들은 홈스(시리아 서부 도시) 시민들을 깎아내리는 농담을 한다. 바그다드에서 그런 농담의 대상이 되는 것은 언제나 안바르 주 출신의 둘라이미족이다. 카이로 사람들은 상이집트 주민들에 대해서는 놀릴 거리가 무한정 많다고 여기는 것 같다. 상이집트 주민은 뒤떨어진 주제에 자부심이 너무 강하다는 것이다. 팔레스타인 사람들은 헤브론 사람들을 바보 같고 구식이라고 비웃는다.

그래서 이런 농담도 있다. 어떤 헤브론 사람이 예루살렘의 한 전파상에 들어왔다. "이 TV를 고칠 수 있습니까?" 그가 묻는다. 상점 주인은 그 남자를 보더니 말한다. "당신, 헤브론에서 왔군요." 그러자 그 남자는 달아나버린다. '내가 어디서 왔는지 저 사람이 어떻게 알지? 그는 겁이 나서 덜덜 떨면서도 궁금해진다. '저 사람은 날 속여먹을 수 있다고 생각하는 게 분명해.' 그는 다른 가게에 간다. 하지만 같은 일이 벌어진다. 또 다른 가게에서도 마찬가지다. 이제 가게는 한 곳밖에 남지 않았다. 이곳에서도 고치지 못하면 라말라까지 가야 한다. 그러나 이번에도 어김없이 그가 TV를 고칠 수 없겠느냐고 묻자마자 수리공이 투덜거린다. "당신 헤브론에서 오기라도 한 거예요?" 그는 더 이상 참지 못하고 울먹이는 소리로 묻는다. "어째서 다들 내가 TV를 고칠 수 있는지 묻기만 하면 내가 헤브론에서 온 줄 아는 거요?" 수리공이 대답한다. "이건 라디오거든요."

'아랍 세계'란 이처럼 다양하다. 하지만 아랍 세계 밖의 일반적인 사람들은 그런 줄을 전혀 모른다. 어찌 알 수 있겠는가? 그들은 뉴스를 충실하게 들을 것이고, 아랍 정상회담에서의 모든 정치 동향에 대해서는 알게 될 것이다. 하지만 '아랍인'이라는 단어가 종교가 아니라 그들의 언어와 관련되어 있다는 사실, 기독교를 믿는 아랍인도 수백만 명이 있으며, 정상회담의 개최자 역시 기독교도라는 사실은 그들이 알지 못하는 내용이다. 또 이스라엘이 건국되기 전에는 중동 전역에 아랍계 유대인이 수십만 명 살고 있었다는 사실도 물론 모른다.

한번은 터키에 큰 지진이 일어난 뒤, 한 유명한 국제 문제 논평가가 내게 연락하여 재난이 일어난 현장에 가고 싶은지 물었다. "제가 왜요?" 놀라서 묻자, 그가 한다는 말은 "글쎄요, 당신은 아립어를 잘 아니까……"였다. 나는 아랍어보다는 네덜란드어가 터키어와 더 가깝다고 설명해주어야 했다. 나중에 이란에서도 이런 오해를 받았다. 이란은 페르시아어를 쓰는데, 사람들은 아랍어를 할 줄 알면 이란에서도 마치 네덜란드에서 독일어를 쓸 때와 비슷하게 대략 말이 통할 거라고 생각하는 것이었다.

충실한 신문 독자들에게서도 보이는 이런 무지는 어찌나 심각한지, 도저히 개선될 수 없을 것 같다는 기분이 들 때가 가끔 있었다. 하지만 또 가끔은 개선의 기회가 있었다. 아랍 연맹 정상회담이 싸움으로 번졌을 때의 일이다. 평소처럼 뉴스 앵커가 '구제 불능의 분열'에 대해 물어보았을 때, 그날의 외교 분쟁 이야기는 그냥 건너뛰고 이토록 이해관계가 충돌하는데도 비슷비슷하게 여겨지는 아랍 국가들 사이의 차이점을 이야기할 기회가 있었다. 그 차이점은 원유와 천연가스를 갖고 있는지, 수자원이 충분한지, 제국주의 세력에 점령된 적이 있는지, 다른 나라와 강을 공유해야 하는지 등에 따른 것이었다. 혹은 이스라엘, 터키, 이란, 혹은 지브롤터 해협과 이웃하고 있는지에 영향을 받기도 했다.

이런 식의 정보 조각들을 심어주는 것이 어느 정도 의미는 있지만 그리 큰 의미는 없었다. 뉴스란 자고로 빠르고 간결해야 하지 않는가. 다음과 같은 언어에 관한 기사가 신문에 실리기까지 내 컴퓨터 폴더에서 여러 해 동안 기다려야 했던 이유도 그 때문이다.

아랍인들은 단일한 단위처럼 보일 때도 있지만 사실 그들은 서로를 이해하지도 못한다. 그들은 같은 언어를 쓰지 않느냐고? 흠……, 실제로 아랍어는 세 가지 다른 언어로 구성되어 있다. 코란의 고전적 아랍어가 있는데, 할 줄 아는 사람이 거의 없고, 이 언어로는 일상적인 대화를 할 수 없다. 그래서 생겨난 것이 현대 표준 아랍어(MSA, Modern Standard Arabic)이다. 이것은 고전어를 단순화한 형태로 읽기와 쓰기, 뉴스, 연설, 자막, 문학 작품 등에 쓰인다. MSA가 가진 장점은 아랍 세계 어디에서나 형태가 동일하다는 데 있다. 단점은 우선 그것은 사실 라틴어 같은 사어(死語)이고, 때문에 고전 아랍어와 마찬가지로 일상 대화에서는 거의 사용되지 않는다는 것이다. 그것도 이 언어를 알고 있다고 가정할 때 말이다. 읽고 쓸 줄 아는 사람은 전체 아랍인의 절반 정도밖에 안 된다.

현실에서 아랍인들이 대화할 때 쓰는 것은 각지의 방언들이다. 이 방언들은 서로 워낙 달라서, 단일한 언어로 수렴되지 못한다. 예를 들면 '좋은(good)' 이란 단어는 MSA로는 'djayid' 이고 이집트어로는는 'kwayis', 이라크어로는 'zein', 팔레스타인어로는 'mnih' 이다. '빵을 좀 사고 싶다' 라는 문장은 모로코어로는 'Brit nashri khubz', MSA로는 'Uridu an ahstiri khubzan', 이집트어로는 'Ayez ashtiri 'eesh' 이다.

위의 문장에는 서로 다른 부분이 일곱 군데 있고, 그에 따라 발음도 각기 다르다. 가령 카이로에서는 발음하기 까다로운 'q' 를 묵음으

로 처리하지만, 다른 아랍 국가들에서는 발음을 하거나 다른 소리
로 변형시킨다. 그러니 오해의 소지가 있다. 수단 사람이 독립을 축
하하러 거리에 나가 '독립 만세'를 외친다고 하자. 독립을 뜻하는
단어는 'istiqlal'인데, 수단 사람은 'q'를 거의 'rh'처럼 발음한
다. 그런데 이렇게 발음하면 다른 아랍 지역 사람들은 '수탈'이라
는 단어로 알아듣는다.

그런데 사실 나는 사람들이 아랍 세계에 관해 잘 몰라서 덕을
보긴 했지 싶다. 한 번도 입 밖에 내어 말한 적은 없지만 〈폴크스
크란트〉는 나처럼 경험 없는 사람을 파견하면서 좀 불안했으리
라. 아마 내가 아랍어를 할 줄 아는 점을 국장이 언급했을 것이
고, 그 때문에 나를 발탁하는 쪽으로 의견이 기울지 않았나 싶다.
카이로 시내를 벗어나면 나도 그 다양한 방언을 거의 알아듣지
못한다는 사실을 그들이 몰랐던 게 다행이었는지도 모른다.

chapter 3

뉴스는 믿을 수 없다

칼에 찔린 일본인 관광객 사건에 관해 내가 받은 팩스 맨 아래쪽에는 한 공무원이 굵은 글자로 이렇게 덧붙여놓았다. "주의하시오. 이게 진짜 이집트요."

잠깐 동안 나는 아랍 세계 저널리즘의 문제가 무엇인지 파악했다고 생각했다. 뉴스는 규칙에서 벗어난 것만 보여주며, 규칙이 알려져 있지 않을 때는 왜곡된 이미지를 얻는다고 말이다.

하지만 불편한 기분은 사라지지 않았다. 한동안은 그것이 죄책감이라고 생각했다. 나는 이곳에 다시 왔으니 학창 시절의 우정을 다시금 느낄 수 있을 거라 생각했지만, 그런 일은 일어나지 않았다. 당시에는 노동자 거주 구역에 방 하나를 임대하여 살면서 가난에 찌든 학교 친구들과 나의 간격을 최대한 좁힐 수 있었다. 나는 젊은이답게 냉소적으로 나일 강 가운데에 있는 섬인 자말렉에 살고 있는 서양 사람들을 경멸했다. 그곳은 특권층 거주 지역이었다. 하지만 기자가 된 내가 살게 된 곳이 바로 그곳이었다. 친구들을 만났을 때 나는 교육받은 서구인인 나와 그들이 공유하는 부분이 얼마나 적은지 알게 되었다. 그들과 나 사이에는 도저히 넘을 수 없는 경제적인 간극이 있었다. 내가 매달 내는 집세는 어떤 사람에게는 3년치 생활비에 해당했다. 여러분은 이렇게 말할지도 모른다. "그러면 다른 곳에 가서 살지 그랬어?"라고. 하지만 하루 종일 힘들게 일하고 나면 자말렉 지역이 주는 평화와 안락이 간절했다.

학생으로서 아랍식 생활 방식을 따르는 것은 근사한 경험이었다. 다른 사람들을 위해 시간을 내주고, 늦게 나가고, 상황을 파악하기 위해 수없이 전화를 걸곤 했다. 하지만 본국에서는 편집자들이 기다리고 있고, 미디어는 공장처럼 조직되어 있으니, 그런 삶은 이제 꿈꿀 수도 없었다. 아니, 공장보다는 군대가 더 비슷했다. 데드라인^{deadline}, '죽음의 선'이라는 말을 쓰는 것은 그냥 하는 소리가 아니었다.

새 친구를 만들 시간도 없었다. 나는 10개국을 담당하고 있었고, 그곳을 모두 정기적으로 방문해야 했다. 언제라도 쿠데타가 일어날 수 있었고, 지도자가 죽을 수도 있었으며, 뭔가가 폭파될 수도 있었다. 그러면 나는 늦게까지 야근을 하거나 현장으로 달려가야 했다. 이런 사정은 친구를 사귀기에 별로 도움이 되지 않았다. 사태가 어찌 돌아가는지 파악하려면 '지역 연락책'이 필요했지만, 그런 연락책은 기자로서의 삶과 양립 불가능한 방식으로 살아야만 만날 수 있었다. 그리고 설사 자유 시간이 있더라도 보도 대상인 사람들과 어울리고 싶지 않기도 했다. 미국 대통령이나 이스라엘 수상에 대한 장황한 비난들을 내가 어떻게 다 감당했겠는가?

우물 안의 특파원

그러나 내 기분은 단순한 죄책감만이 아니었다. 뭔가 이상한 것을 발견하면 더욱 불편한 기분이 들었다. 내가 소속된 네덜란드의 뉴스 팀은 CNN, BBC, 〈뉴욕 타임스〉 같은 고급 미디어가 공급하는 뉴스 자료에 의존했다. 그들의 특파원이 아랍 세계를 잘 알고 있고, 제대로 보고 있다는 가정 아래 그렇게 한 것이다. 하지만 알고 보니 그들 중 많은 수는 아랍어를 할 줄 몰랐고, 할 줄 안다고 해도 아랍어로 대화를 하거나 지역 미디어의 보도 내용을 이해하기에는 실력이 부족했다. CNN, BBC, 〈인디펜던트〉, 〈가디언〉, 〈뉴요커〉, 〈뉴욕 타임스〉의 상층부는 대개의 경우 통역자에게 의존하고 있었다.

고급 미디어의 특파원들도 나처럼 도시의 최고급 주거지에 살았다. 그러니 입장을 바꾸어 생각해보자. 가령 모로코의 특파원이 런던에 파견되었는데, 영어도, 유럽의 어떤 언어도 모른다고 가정하자. 그는 켄싱턴의 고급 주택에서 살고, 자유 시간에 거기서 지내며 친구들도 거기서 사귄다. 그 친구들은 모두 아랍어를 할 것이다. 아이들은 아랍 학교에 가고 아내는 아랍 여성 모임에 다닌다.

이 특파원은 영국에 대해 어떤 인상을 갖게 될까? 그는 토크쇼나 선거 토론이나, 여왕이나 수상이 하는 연설을 이해하지 못할 것이다. 국가대표 축구 팀의 코치가 하는 말도 못 알아듣는다. 길거리에서 사람들이 하는 대화도 알아듣지 못하고 뉴스, 시사 칼럼, 멜로드라마, 농담, 코미디언의 이야기도 이해하지 못한다. 언론의 현황은 번역 서비스를 통해서 파악할 수 있지만 번역해주지 않는 것은 알 수 없다. 그는 영국의 민간인들과 이야기하지 못한다. 그저 영국에 사는 아랍인, 아랍계 영국인들, 영국계 아랍인들, 아랍인과 결혼한 영국인, 아랍 세계에서 온 동료 기자들과 이야기할 수 있을 뿐이다. 다만 영국은 자유국가이니, 그가 인터뷰하는 사람들은 통역자가 다른 비밀 기관의 요원으로도 일하고 있을까 봐 걱정할 필요는 없다.

아랍 세계에 파견된 여러 서구 특파원들은 영국에 파견된 가상의 모로코 기자처럼 일하고 생활하는 듯 보였다. 한번은 BBC의 어떤 유명 기자와 함께 움직인 적이 있었다. 그 지역을 담당하는 조수가 그를 공항에 데려다주었고, 공항에서는 비즈니스 클래스

전용 라운지에서 쉬면서 비행기를 기다렸다. 행선지에 도착하자 이번에는 그곳 담당 조수가 대신 세관을 통과해 소지품을 가져다주었고, 전용 운전사가 사무실로 데려다주었다. 사무실에서 그는 번역 서비스로 마련된 발췌 기사들을 살펴보았을 것이다. 그런 방식으로 일한다면 효율적이기는 하다. 이 BBC 기자는 분명히 나보다 더 많은 것을 알게 되었을 것이다. 하지만 민간인은 몇 사람이나 만났으며, 일상생활에 대해서는 무얼 보았을까? 나는 여권을 검사받느라 적어도 한 시간 동안 땀 흘리며 기다렸고, 그다음에는 또 줄을 섰다가……, 내 소지품을 직접 컨베이어 벨트에서 가져와야 했다.

동료들과 내가 눈가리개를 한 채 '담당' 지역을 보고 있다는 사실을 발견한 것은 고통스러운 일이었으나, 이것이 뭔가가 옳지 않다는 기분을 다 설명해주지는 못했다. 나는 차츰 프레임 밖에 밀려나 있는 것에서 뭔가가 잘못되었을 뿐만 아니라, 프레임 속에 들어와 있는 것에도 잘못된 것이 있지 않을까 하는 의심이 들기 시작했다.

달변의 학자들과 인권운동가

앞에서 말한 기자들이 갖고 있는 인권운동가나 학자 등의 발언자 명단을 기억하는가? 나는 기사에 그들의 시각을 활용하는 것이 있는 그대로의 사실을 전달하는 것이라고 생각했다. 그런데 정말 그런가?

이집트와 다른 아랍 국가들은 경찰국가이다. 그런 나라에서 학자들은 임명되기 전에 비밀 기관에 의해 걸러진다. 학자들이 오른 자리는 그들의 능력이 아니라 연줄의 결과일 때가 많다는 것은 공공연한 비밀이다. 서구 국가의 아랍 대사관들도 현지 미디어를 감시하고 있다. 그러니 학자들은 이들 미디어를 대상으로 이야기할 때는 조심해야 한다. 하지만 위험한 만큼 매력도 없지 않다. 서구의 유명 신문이나 TV 등에 자주 등장하는 아랍 학자라면 서구의 다문화적 예술 행사, 싱크탱크, 학술 기관에 초대된다. 이는 곧 비자가 발급된다는 뜻인데, 한번 비자를 얻고 나면 그 이후로도 비자 얻기가 훨씬 쉽다. 이는 또 공짜 항공권, 면세점 쇼핑, 출판, 스폰서, 일거리, 여행과 생활비를 충당할 연구보조금을 지급하는 기관 등을 의미한다. 서구의 학회에 참가할 때 지급되는 1일 수당은 보통 이들이 아랍 국가에서 받는 월급보다 더 많다.

이처럼 아랍 세계에서 온 학자는 서구에 살고 있는 학자와는 다르다. 인권운동가의 경우도 마찬가지다. 아랍 세계의 인권운동가들은 높은 보수를 받는데, 이는 서구 정부(전문 용어로 하면 '기부자들donors')가 지불하는 돈이다. 기자들은 지역 인권운동가의 말을 자주 인용한다. 그 이유는, 솔직하게 말하자, 한 번이라도 질문에 답변을 들을 수 있는 편이 좋기 때문이다. 하지만 이런 운동가들을 만나면 만날수록 열정이 식어가버렸다. 그들의 틀에 박힌 노선, 만나자마자 명함을 내미는 태도(그래야 내가 자기들과 소속 단체의 이름을 올바르게 쓸 수 있을 테니까)……. 그들의 인터뷰에서는 이런 식의 표현이 자주 나왔다. "성공은 아직 요원하지만 우리는 그곳을 향해 노력하고 있다", "포기란 고려 사항이 아니다." 그들이 나중에 인터넷에서 자기들 인터뷰를 읽고 이렇게 생각한 것이 아닌지 의심이 피어올랐다. '이것 봐, 서구 저널리스트들은 '절대로 포기하지 않는다' 라는 말을 항상 인용한다니까. 앞으로도 계속 써먹어야겠어.'

아랍 세계 인권운동가들의 문제가 바로 이것이다. 인권운동가들이 존속하는 것은 오로지 서구의 보조금 덕이다. 부유한 아랍인들이야 이슬람교를 전도하고 모스크를 짓는 데에만 매년 수억의 돈을 기부한다. 더 유명해지면 보조금을 받을 가능성은 더 커지며, 그런 명성을 쌓는 데 서구 기자들이 도움이 될 수 있다. 그 결과, 근사한 발언을 인용하려는 저널리스트와 명성을 얻으려는 인권운동가 간의 수상한 탱고가 등장하는 것이다.

내가 카이로 대학에 다닐 때 인권운동가들을 후원하는 것은 둘째 치고 그들을 아는 학생이 단 한 명도 없었던 사실도 이런 상황을 명백히 보여준다. 또 서구의 외교관들이 지역의 인권운동가들을 지칭하는 용어가 '기부자의 모범생들donor darlings' 이라는 사실 또한 똑같이 의미심장했다. 대사관들은 인권운동가들을 지원할 예산을 책정해두고 있었지만, 자금 지원을 받는 것은 회계가 투명하고 기타 속임수가 허용되지 않으며 서구의 정치적 의제를 따르는 단체들뿐이었다. 기부자의 모범생들은 이런 요건을 충족시키는 사람들이며, 돈을 기부받는 대가로 이들도 뭔가 주는 것이 있었다. 가령 네덜란드의 국회의원은 정기적으로 이집트나 다른 아랍 국가를 초고속으로 다녀온다. 대사관은 그 의원들이 기부자의 모범생들을 몇 명 방문하게 주선하고, 이들은 유창한 영어로 의원들의 구미에 꼭 맞는 매끈한 이야기를 해준다. 개발, 여성 문제, 권리, 시민사회, 바람직한 통치 등등. 그러면 국회의원은 고국에 돌아가 자신의 방문에 대한 화려하고 열정적인 보고서를 쓸 수 있게 된다. "이것 봐요, 이집트인도 우리와 똑같이 되고 싶어 한다고요!"

"주의하시오, 이게 진짜 이집트요"

나는 차츰 발언자들에 대한 신뢰를 잃었다. 자주 자문을 구할 수 있으리라고 기대했던 지역 미디어들에 대해서도 마찬가지였다. 비교적 독립적이라 할 수 있는 알자지라 같은 방송사가 있기는 했다. 하지만 그들의 뉴스는 국제정치 위주일 때가 많았고, 그들이 겨냥하는 청중은 아랍 세계 전체였다. 지역 뉴스가 필요할 때 나는 각국의 신문사나 TV 방송에 의존했는데, 그들은 체제에 의

해 검열되고 통제되고 있다. 그래서 좀 황당한 아첨이 등장하게
된다. 예를 들면 '대통령이라는 모습을 한 천사'에 관한 24쪽짜
리 증보판이 나온다든가, '전 세계가 평화 협상에 대한 무바라크
의 기여를 찬양한다'라는 기사 제목이 반복된다. 이집트와 일부
아랍 국가에는 독립적인 신문사도 더러 있지만, 그런 신문에는
터무니없는 기사가 실릴 때가 많다. '외국인 간호사들이 리비아
의 영아들에게 AIDS 세균을 주사한다'라는 식이다. 이런 신문들
은 언제 폐간될지 모른다. 정부가 윤전기를 비롯해 배포 시스템,
종이와 잉크의 공급 체계를 장악하고 있기 때문이다. 몇몇 독립
적 신문사는 비밀 기관이나 다른 아랍 지도자의 도구라는 소문도
돈다. 하기야 라이벌이나 적들을 모략하고 공격하는 데 신문사는
매우 쓸모 있을 것이다.

　내가 카이로에 있는 동안 나온 주요 기사 중의 하나는 이집트
에서 벌어진 테러 공격에 관한 것이었다. 일본인 관광객이 칼에
찔렸다고 하자. 그러면 이집트 국영 TV는 그냥 입을 닫아버린다.
대신에 그다음 날 지역 신문에 이런 기사가 실린다.

BBC는 존경받는 한 이집트인과 일본인 관광객 한 명에게 있었던
사건에 집중했지만, 관광청 장관은 정직한 두 학생에게 상을 주었
다. 놀랍게도 그들의 정직성은 한 일본인 관광객과 관련되어 있다.
초등학생인 압둘라만 사예드와 유스프 루시디는 신용카드와 15만

달러와 여권이 들어 있는 지갑을 하나 주웠다. 그들은 지갑을 학교 교사에게 줬고, 그 교사는 즉시 보안 요원과 접촉하여 일본 대사관에 알렸다. 일본인 관광객은 이 믿기 힘든 상황에 대해 안도의 눈물을 흘렸고, 어린 이집트 시민들에게 보상을 하려고 했다. 하지만 놀랍게도 그들은 매우 완강하게 거절하며 일본 관광객은 이집트와 이집트 국민들의 손님이라고 말했다. 그 일본인 여성 관광객은 건강한 상태로 안전하게 어제 터키로 떠났다. 정직한 어린 이집트인들은 자신들의 처신은 당연한 일이라고 강조했다. "정직이 우리의 원칙이에요. 도둑이야 어쩌다가 있는 거지요."

사실 이런 정직한 소년들은 조국 이집트와 이집트를 찾는 이들에게 책임감을 느끼는 모든 이집트인을 대표한다. "학생들을 그렇게 행동하게 만든 것은 이집트에 대한 사랑이다"라고 교육부 장관은 말했다. "이번 일은 우리 교육부가 학생들에게 가르치는 규범과 가치의 실천이며, 모든 이집트인의 의로움을 보여주는 예입니다."

정보부는 특파원들에게 이런 기사를 팩스로 전송한다. 칼에 찔린 일본인 관광객 사건에 관해 내가 받은 팩스 맨 아래쪽에는 한 공무원이 굵은 글자로 이렇게 덧붙여놓았다. "주의하시오. 이게 진짜 이집트요." 얼마 지나지 않아 이집트는 대통령을 선출하는 국민투표를 실시했다. 후보는 단 한 명이었다. 이집트 최대 신문인 〈알굼후리야^{Al-Gumhuriya}〉, 즉 〈공화국〉은 다음과 같은 논평을 실었다. 국민투표의 승자가 신임하는 편집장이 쓴 것이었다.

'히틀러 칵테일' 이 기사가 되지 못한 이유

고국에 있는 편집자들은 길거리에서 만나는 평범한 사람들의 말을 인용하기를 원할 때가 많다. 국민투표에 대해 사람들은 어떻게 생각하는가? 이런 식으로. 우리는 그것을 민중의 소리라 부른다. 그러나 여기 스물 몇 살 된 나빌이라는 사람과 내가 나눈 대화를 들어보자. "모든 혁명, 재난, 경제 위기, 전쟁, 포르노그래피……

에서 우리는 항상 그 배후에 유대인이 있다는 것을 알게 됩니다. 문제는 그런데도 유대인들은 자신들만이 인간이라고 여긴다는 것이지요. 예전에 예언자 모하메드께서는, 평화가 그의 이름에 있으라(무슬림이 모하메드의 이름을 언급할 때 따라붙는 습관적인 표현—옮긴이), 전투가 끝난 뒤 한 무리의 유대인을 포로로 잡은 적이 있어요. 하지만 유대인들의 성전聖典에는 뭐라고 적혀 있는지 아십니까? 절대 전쟁 포로를 잡지 말라(즉, 모두 죽이라는 뜻—옮긴이). 유대인은 그런 사람들이에요. 그들의 문화 속에 이미 들어 있다니까요." 그러면서 그는 손가락을 들어 올리더니, "하지만 기억하세요. 저는 유대인을 미워하지는 않습니다. 미국에 있는 내 친구 중에도 유대인이 있어요"라고 강조했다. 그는 미국에서 보낸 학생시절과 휴가에 대해 이야기해주었고, 자기 아이들에게 어떤 식으로 영어를 쓰도록 가르치는지 말했다. 우리는 코카콜라를 주문했고, 그는 '소각로의 크기가 워낙 작았으므로' 홀로코스트는 절대로 일어났을 수가 없다고 주장했다. 그는 내게 물었다. 히틀러가 유대인들로부터 돈을 빌렸다는 사실을 알고 있는가? 그들이 이자를 얼마나 받았는지 아는가? "30퍼센트였어요. 유대인에 관련된 문제는 결국은 돈 이야기가 되어버리지요."

　이런 이야기를 들으면 나는 어떻게 처신해야 하는가? 그가 미친 것인가? 아니면 전체 인구의 절반이 그처럼 생각하는가?

바그다드 중심부의 한 바에 간 나는 카운터 위로 1500리라를 내밀고 말한다. "히틀러 칵테일 한 잔 주세요." 점원은 믹서, 과일이 담긴 그물 자루, 우유병이 있는 쪽의 청년에게 소리친다. "아메드! 이 분에게 히틀러 칵테일 하나요." 메뉴에는 아이티, 만델라, 노리에가(대통령 위에 군림했던 파나마의 정치가 —옮긴이) 칵테일도 있다. 히틀러 한 잔에는 파인애플, 딸기, 오렌지 주스, 크림, 꿀이 들어 있다.

"이름이 좀 특이하네요. 유럽에서라면 이 가게는 아마 문 닫았을 거요." 내 말에 점원은 고개를 끄덕인다.

"유대인들 말이지요? 관심을 끌려고 이렇게 하는 겁니다. 대추야자를 모니카 르윈스키라고 부르기도 하지요."

"하지만 히틀러는 수백만 명을 죽였잖습니까."

점원은 성의껏 고개를 끄덕이면서 "네, 그는 유대인을 소각로에 넣었지요, 그쵸?"라고 대답한다. 아랍어로 하면 홀로코스트에 해당하는 'mahraqa'는 불이나 소각을 뜻하는 단어이다.

"600만 명이라고요. 또 다른 사람들도 수백만 명을 죽였어요. 샤론(이스라엘의 군인, 정치가 —옮긴이) 칵테일도 있나요?"

"하하, 그랬다가는 손님이 끊어지게요. 샤론은 베이루트, 사브라, 샤틸라를 폭격했어요. 여기에는 팔레스타인 사람들이 많이 산다고요."

"그렇군요. 하지만 히틀러는 아랍인들을 인간 이하라고 여겼어요. 유대인과 똑같은 종족이라고요. 당신들을 소각로에 넣지 않은 것은 오로지 유럽에 아랍인들이 없었기 때문입니다."

점원은 카운터 위로 완성된 칵테일을 밀어주면서 좀 우울하게 말
한다. "하지만 이스라엘은 아랍인을 수백만 명 죽였다고요."

이 이야기는 내 컴퓨터에 초안으로만 저장되어 있다. 이 이야
기를 기사로 썼더라면 분명 큰 반향을 일으켰을 것이다. 네덜란
드의 독자들은 보기 드문 충격을 받았을 테니까. 하지만 이 점원
을 어떤 식으로 묘사하고, 어떤 맥락에서 이 대화를 소개할 수 있
을까. 서구 국가들에서 기자들은 어떤 추세를 예시하기 위해 민
간인과의 대화를 활용한다. 먼저 뉴욕 어느 거리에 사는 존이 한
말을 두어 마디 인용한 뒤, "이런 식으로 느끼는 뉴욕 주민은 존
뿐만이 아닙니다. 주민들의 최소한 60퍼센트는……"이라고 하는
식이다. 하지만 나는 어떤 신뢰할 만한 여론조사 수치도 얻을 수
가 없었다. 유의미한 통계 수치는 모두 비밀로 다루어지고 있었
다. 그러니, 내 손에 남은 것은 문자 그대로 거리에서 만난 한 명
의 의견일 뿐이었다.

누구의 말을 믿겠습니까?

누군가는 내가 믿을 수 있는 자료를 더 찾아보았어야 했다고 주
장할지도 모른다. 나도 시도해보았지만, 통신사와 주류 앵글로색
슨계 언론이나 발언자들을 거치지 않고 기사를 쓰려고 시도할 때

마다 노력은 수포로 돌아갔다. 그런 시도 가운데 하나가 파윰에서 진행된 네덜란드 개발 프로젝트의 성공 스토리 취재였다. 파윰은 카이로 남쪽으로 자동차로 두 시간 거리에 있는 오아시스이다. 신문사는 주말 특집으로 개발 원조에 관한 이슈를 한데 모으고, 그 일부로 실패한 프로젝트 하나와 성공한 프로젝트 하나를 설명하기를 원했다. "그거 제가 할 수 있겠는데요." 나는 이렇게 말하고 대사관을 통해 네덜란드 수력 기사 한 명에게 연락했다. 그를 롤랜드라 부르기로 하자. 롤랜드는 나와 비슷한 연배의 호인이었고, 즉시 자기를 만나러 오라고 했다.

오아시스라는 말을 들으면 항상 나무 세 그루, 오두막 하나, 염소 한 마리를 떠올리지만, 파윰은 약 300만 명이 살고 있는 룩셈부르크 크기의 녹색 지대였다. 그곳에서는 뭔가가 잘못되어가고 있었다. 관개 시스템은 갈수록 악화되는데 인구는 폭발적으로 늘어났던 것이다. "물은 충분한데 사람들의 사용 방법이 잘못되어 있어요." 롤랜드는 관개부에 있는 자기 사무실에서 내게 말했다. 카이로에 있는 다른 부서들에서도 그랬듯이 공무원들은 졸고 있거나 허공을 멍하니 응시하거나, 느긋하게 전화질이나 해대면서 돌아다니고 있었다. 우리는 그의 사륜 구동차에 올라 시골로 나갔다. 그는 쓰레기 더미를 가리키며 말했다. "이곳 사람들은 예전에는 비닐봉지를 쓰지 않았지요. 그리고 지금도 쓰레기가 저절로 분해될 것처럼 처신합니다. 인공 비료와 살충제의 효과는 대단하지만 올바르게 사용해야 해요. 여기서는 관개부 소속 엔지니어들이 각각 농부 500명을 담당해 가르칩니다. 그 엔지니어들은 농부들을 멸시하는 속물이고요." '소작농이나 농민들? 중요하지도 않고 뭣도 모르는 사람들이야' 하는 식이라는 것이다.

"여기가 바로 잘못된 부분이에요." 롤랜드는 막혀 있는 관개 운하 하나를 가리켰다. "농부들은 쓰레기와 살충제를 갖다버립니다. 물 도둑 때문에 피를 부르는 싸움은 갈수록 더 잦아지고 있고요. 공무원들은 너무 게으르거나 부패해서 개입할 수도 없지요." 그는 이에 대한 해결책으로 마련한 수자원관리위원회^{Water Board}에 대해 간략히 설명했다. 네덜란드가 몇 세기 전에 간척지에서 했듯이 농부들이 수자원관리위원회를 운영한다면, 농부들 스스로 관개를 하고 운하를 유지하고 인식 정도를 높이고 갈등을 해결하는 데 도움이 되리라는 것이었다.

롤랜드의 직원들은 이 아이디어를 시험하여 성공적인 결과를 얻었다. 롤랜드는 차에서 나와 농부 두 명에게 걸어가서는, 그중 한 명에게 파욤에서 물을 훔치다가 잡히면 어떻게 되는지 자랑스럽게 물어보았다. "그자의 얼굴을 부숴버리지요!" 그들은 말했다. 그러더니 농부들은 악수를 청했다. 이집트 사람들은 농담을 한 뒤 악수를 하는 특이한 버릇이 있다. 그러고는 더 나이 든 쪽이 말했다. "그다음에는 위원회 비상회의를 소집하지요." 그는 예상치 않게 엄숙해지면서 말을 이었다. "이집트 국민을 대신하여 네덜란드의 도움에 감사의 마음을 전하고 싶습니다. 이제는 칼부림이 적어지고, 수확도 훨씬 많아졌어요."

이렇게 성공 사례를 얻었다. 나는 롤랜드에게 칭찬을 퍼붓고 작별을 고했다. 개발 원조가 시간 낭비라고 말한 게 누구랍니까? 롤랜드는 웃었다. 그런데 약간은 축하 분위기가 감도는 내 기사가 실린 지 두어 주일 뒤에, 당시에는 아첨을 늘어놓던 그의 동료 한 명으로부터 실상을 들을 수 있었다.

개발 원조란 서구의 전문가들을 최대한 빠른 시한 내에 불필요한 존재가 되게 한다는 생각을 배경에 깔고 있다. 현지 주민들이 자기 힘으로 할 수 있도록 만드는 게 목표라는 얘기다. 그러므로 네덜란드의 수자원 관리자들은 그다음 단계를 밀어붙였다. 수자원관리위원회에 권한을 주고, 선거를 실시하고, 위원회에 자문위원을 붙여주고, 고용인들을 위한 기금을 모금하고자 했다. 하지만 그런 자문위원과 고용인은 농부 자신들 손으로 선출하고 임명해야 하지 않겠는가? 그러나 이는 권력이 계속 자기들 손에 남아 있어야 한다는 것을 인지시키고자 했던 카이로 건설관개부의 의도와는 전혀 부합하지 않는 것이었다. 그러니 수자원관리위원회는 실패할 수밖에 없을 것이란 얘기였다. 나는 나중에 사실이 아닌 것으로 판명될 기사를 쓴 것이다.

그 반대 경우도 있었다. 한번은 한 네덜란드 외교관이 시리아 국회의원인 리아드 세프^{Riad Sef}와의 만남을 주선했다. 외교관은 그의 형과 아들이 정권에 의해 살해당했다고 언질을 주었다. 운동화를 제조하던 그의 공장은 파괴되었다. "애국자를 만나고 싶으면 리아드 세프와 이야기해보세요. 그는 얼마든지 우리 나라로 정치적 망명을 올 수도 있습니다만, 여기 남아 있습니다. 감히 한계를 시험하려고 하지요."

세프에게 연락을 하자 그는 나를 금방 초대했다. 만나자마자 악수를 하더니 말을 쏟아내기 시작했다. "모두, 모조리, 모든 것, 여기서는 모든 게 다 거짓말이오. 이런 거짓말이 유지되는 건 정부가 모든 걸 통제하기 때문이오. 매일 먹는 밥, 직업, 세계관 모두 다요. 얼마 전까지만 해도 개인은 팩스기도 가질 수 없었다는 사실을 아시오? 위성 안테나나 외국 화폐도 마찬가지요." 세프는 담배 한 대를 피워 물더니, 자신은 정권이 당선자를 미리 결정해둔 선거로 당선된 게 아닌 몇 안 되는 국회의원 가운데 하나라고 말했다. "아마 '그들은' 내가 물러설 거라고 생각했겠지만 어림도 없지요. 난 다마스쿠스 선거구에서 입후보했고, 나를 아는 사람은 많았어요. 내가 의원이 되지 못한다면 아무도 그 결과를 믿지 않았을 거요. 게다가 그들 입장에서도 서구의 비판이 들어오면 나를 앞에 내세우면서 이렇게 말할 수도 있지요. '봐라, 우리에게도 반대파가 있다' 라고 말입니다."

나는 노트에 기록하던 것을 멈추고, 얼얼해진 손을 흔들었다. 세프의 말이 너무 빨라 받아 적을 수가 없을 정도였다. "의회 투표 결과는 미리 다 결정되어 있어요. 의회에서 다루는 의제나 발언도 마찬가지입니다. 전형적인 의회 발언은 이런 식이에요. ‘이 법안은 환상적입니다. 대통령이 국민에게 주는 선물이지요.’” 그는 담배를 또 한 개비 피워 물었다. “과장이 아닙니다. 최근에 한 의원이 페이지 순서가 잘못된 메모를 읽은 적이 있었어요. 반쯤 읽고 나서야 그런 줄을 알더군요. 여기 의회는 박수 기계에요. 의원 자리는 충성스러운 하인에게 내리는 선물이고 말입니다.” 언론에다 이런 권력 남용을 폭로할 수는 없느냐고 묻자 세프는 코웃음을 쳤다. “기자들은 자기들이 무얼 쓸 수 있고 무얼 쓸 수 없는지 정확하게 알고 있어요. 그러니까, 정권이 임명했다는 말이지요. 어쩌다가 한 번씩은 언론이 부패에 대해 마음껏 써댈 수 있지만, 그것도 정권의 눈 밖에 나버린 자들을 희생시키지 않으면 불가능합니다.”

세프가 의회의 동료들에게 일을 제대로 하자고 설득할 수 있다면 어떨까? 즉 정부를 감시해보자는 말이었다. 그런 일이 가능할까? “포기하시오. 중요한 자료는 모두 비밀로 되어 있어요. 군대, 체제의 지도부, 대통령 가족들에 관한 것은 접근 불가능이에요. 국회의원은 비용도 받을 수 없고 연구 자금도 받지 못해요. 비서를 거느리거나 사무실이나 인터넷을 쓸 수도 없고 신문도 받지 못합니다. 그런 것들을 유지하려면 매달 1500달러가 들어요. 하지만 의원들 월급은 고작 250달러예요. 내가 이렇게 활동할 수 있는 건 돈이 있기 때문이지요."

　나는 대통령의 가족이 버는 돈, 원유 판매로 버는 돈의 지출처, 국방 예산 등에 대해 이야기해줄 수 있는지 물어보았다. 말을 시작한 이후 처음으로 그가 입을 다물었다. 세프는 머리를 흔들었다. '안 돼요.' 그리고 손짓으로 말했다. '잊지 마시오. 우리는 도청되고 있습니다.' 네덜란드 같은 부자 나라에서 온 기자인 나와 아버지 연배이지만 감히 대답도 못하는 사람은 그렇게 마주 보며 앉아 있었다. 방금까지 말한 이야기를 기사로 쓸 수 있는지 물어보았다. 그는 드라마틱하게 고개를 끄덕였다. '네.'

　대화 내용을 필사하기 시작한 뒤, 마침 어느 외교관이 연 파티에 갔다가 시리아의 인권운동가 부부와 마주쳤다. "리아드 세프라고요?" 그들 중 한 명이 경멸하는 투로 물었다. "설마 그의 이야기를 믿었다는 말은 아니지요? 그 남자는 비밀 기관과 완전히 한통속이에요. 그게 아니면 어찌 그런 이야기를 하고서도 그가 무사할 수 있을 거라고 생각한 거요?" 의기소침해진 나는 입을 닫고, 연재 기사에서는 다른 발언자들의 말과 함께 세프의 발언 가운데 일부만 쓰기로 결정했다. 그리고 한 해 뒤, 나는 시리아에 돌아가 아래의 기사를 썼다.

"커피 한잔 하고 싶군요." 현관 벨을 누른 뒤 민간인 복장의 두 남자가 말했다.

"안으로 들어오시오." 국회의원이 대답했다. 그는 얼마 전에 대통령 가족 중의 부패 인물에 대해 폭로한 바 있다.

"내무부도 당신과 차 한잔 하고 싶어합니다." 두 남자는 잔을 비우면서 말했다.

"그러지요." 국회의원은 말했다.

"고혈압 약도 함께 갖고 오시지요." 고혈압으로 시달리던 국회의원에게 남자들은 말했다.

리아드 세프는 이런 식으로 석 달 전에 구금되었다. 할리우드 영화에서처럼 조명등이나 마스크 쓴 남자들, 무기도 등장하지 않았지만, 그 결과는 그에 못지않게 극적이었다. 세프의 아내인 림Reem이 다마스쿠스의 한 레스토랑에서 설명해주길, 세프는 5년형 이상 종신형 이하의 형을 예상할 수 있었다.

시리아의 레스토랑 거의 대부분에는 여성, 부부, 가족들이 집적대는 남자들로부터 방해받지 않고 식사할 수 있는 가족석이 있다. 비밀 기관의 직원은 남자뿐이니, 림은 가족석에서는 마음 놓고 이야기할 수 있었다. 그들은 이 구역에 들어와서 그녀 옆에 앉을 수 없다.

"도저히 익숙해지지가 않아요." 림은 말했다. 요즘은 그녀의 가족이 전화를 하면 시리아의 어디선가 통화 내용을 기록한다. "나는 이제 사적인 대화를 절대로 하지 않습니다." 그녀 친구들은 겁에 질려 대부분 연락을 끊어버렸다. 그녀는 낙심한 태도로 말했다.

"난 라마단이 끝나면 친구들이 매년 그러듯이 날 보러 오기를 바랐어요. 하지만 불행하게도……." 그녀가 만나는 사람은 이웃들뿐이다. 그녀는 자기 집이 도청되고 있지 않다고 믿을 수도 없다. "저는 대부분 속삭이는 소리로 말합니다." 최근에 그녀는 구속된 다른 반정부 인사들의 아내들과 함께 다마스쿠스 시내를 지나가는 침묵 행진에 참가할 예정이었지만, 비밀 기관의 개입으로 나가지 못했다. 그 계획을 그들이 어찌 알아냈을까? 아내들 중 하나가 말을 흘렸을까? 그들 중의 한 명이 정보원으로 일하고 있는지도 모른다. 그러면 그 남편은 고문을 덜 받을 테니까. 시리아에서는 사정이 어찌 된 건지 절대로 알 수 없다.

림은 남편이 전직 국회의원이기 때문에 조금은 다른 대우를 받는다고 인정했다. 다른 사람들은 지하 벙커에 갇혀 있고, 면회는 3주 만에 한 번씩 허용된다. 그녀는 네 살짜리 딸을 데리고 매주 면회할 수 있다. 항상 보초가 동석하는데, 딸은 세프에게 자기가 총을 살 작정이라고 몰래 말했다. 아이는 키득거리며 보초를 보고 말했다. "난 저 사람을 쏘아버릴 거야. 그러면 아빠가 우리랑 다시 집에 갈 수 있잖아."[9]

세프가 여러 해 동안 수감된다는 것을 보면 외교관 파티에서 만난 인권운동가가 틀렸을지도 모른다는 생각이 들었다. 하지만 확실하게 알 수 있는 건 아무것도 없었다. 시리아의 한 기자가 이런 얘기를 해준 적이 있다. 다마스쿠스 정부의 일원들이 군대수색영장을 팔아 많은 돈을 벌고 있다는 것이다. 그런 수색영장을 받은 시리아인들은 유럽에서 난민 신분을 얻을 수 있다. 한편, 부정기적으로 이민자를 받은 유럽 국가들이 시리아가 이제는 위험 국가가 아니라고 판단하여 가끔씩 난민들을 귀국시킨 적이 있는데, 이는 시리아에게 득이 될 것이 없었다. 그러니 송환된 난민은 돌아오면 살해당할 수 있고, 시리아는 다시 한 번 위험 국가로 분류될 수 있다는 얘기였다.

이런 끔찍한 이야기가 과연 사실인가? 나는 동료와 외교관을 비롯한 여러 사람들에게 사정을 묻고 다녔으며, "그 시리아 기자 말이오? 그는 비밀 기관 소속이에요. 그걸 모르는 사람이 있나?"라는 대답을 들었다. 얼마 뒤 그 기자는 갑자기 수감되었다. 그의 신용도를 높여주려고 수감한 것인지, 그가 도를 넘어섰기 때문인지, 아니면 사실은 그가 비밀요원이 아니었던 것인지, 아무도 확신할 수가 없었다.

베이루트에서 만난, 조국 이라크에서 빠져나온 한 의사는 사담 정권이 사산된 태아들을 압수하여 병원에 냉동시켜두었다가, 나중에 그런 시신을 경제 규제의 희생물이라며 서구 기자나 유럽 좌파 국회의원들에게 보여준다고 했다. 이것 역시 끔찍한 이야기이지만, 그 의사가 진실을 말하는지 아닌지 내가 어떻게 점검할 수 있었겠는가?

취재는 투쟁이었다. 내가 사실을 제대로 수집했다고 생각했을 때도 변수가 생겨서 '아니야, 여기는 뭔가 근본적으로 잘못된 게 있어'라고 생각하게 됐다. 그 한 예는 사드 에딘 이브라힘^{Saad Eddin Ibrahim} 사건이었다. 그는 이집트에서 가장 유명한 '기부자의 모범생'으로, 응급 상황을 위한 보건 정책 캠페인과 기독교도에 대한 차별 반대 운동을 벌이고 정부의 권력 남용이나 기타 민감한 문제들을 오랫동안 다루어왔다. 선거, 혹은 선거라 불리는 것이 실시되기 한 해 전에, 이브라힘은 유럽 연합에서 자금 지원을 받아 선거가 진행되는 과정을 담은 영화를 만들기로 했다.

그 영화에 투표 장면이 나오는데, 그 일로 전국이 들고일어났다. 이집트의 미디어에서 그의 이름은 이미 오래전부터 금기어였는데, 이제는 국영 언론은 물론이거니와 소위 독립 언론들까지 모두 제정신을 잃고 날뛰었다. 이브라힘이 선거 사기를 저질렀으며, 외국의 자금을 써서 이집트의 평판을 더럽혔다는 것이었다.

여러 주 계속하여 언론에서는 이브라힘이 운영하는 이븐 할둔 센터에서 발견한 문제들을 메뉴에 올렸다. '이븐 할둔 센터에서 발견된 다비드의 별(유대교의 상징),' '이브라힘은 무슬림에게 말고기를 먹게 만들려고 한다'라는 식이었다. 아주 작은 규모의 독립 영자 신문인 〈카이로 타임스〉만이 선거 사기라는 일에 대한 증거가 얼마나 있는지를 보도하고, 정권의 동기가 무엇일지 분석했다. 이 신문은 이브라힘이 유명 인사이고 미국 여권을 가지고 있는 만큼, 그에 대한 박해는 CNN에다 자기 생각을 밝히지 말라는 명백한 신호를 모든 이집트인들에게 전하는 것이라고 해석했다.

내게는 〈카이로 타임스〉의 해석이 가장 설득력 있게 들렸으므로, 그 해석을 기사에 반영했다. 이것으로 사건은 종결되었을까? 기사를 송고한 뒤 나는 오후 시간을 내어 카이로에 있는 학비가 비싼 아메리칸 대학에서 열리는 영화과 학생들의 졸업 작품전에 갔다.

그곳에서 나는 빈민 지역인 하람에서 온 하젬이라는 20대 초반의 남자 옆자리에 앉았다. 그는 단벌 양복을 입고 왔다며 그날이 매우 중요한 날이라고 말했다. 어떤 학생의 삼촌이 정보부 고위직에 있는데, 하젬은 그 사람에게 질문을 하기로 미리 각본을 짜 두고 있었다. 그는 대답을 바탕으로 아부하는 내용의 신문 기사를 작성한 다음, 그걸 들고 그 고위직 인사에게 가서 일자리를 달라고 할 작정이었다. 그런데 안됐지만 그 고위직 인사의 모습은 보이지 않았고, 하젬은 좌절감에 입술을 깨물어야 했다. 우리는 잠시 이야기를 나누었고, 사드 에딘 이브라힘을 화제에 올렸다. 하젬은 안도한다는 듯 고개를 끄덕였다. "믿기지 않지요? 우리 체제가 얼마나 항상 조심해야 하는지 아시겠어요? 이집트에 적이 얼마나 많은지 알고 싶지 않을 겁니다. 내가 가장 최근에 들은 이야기는 이스라엘 여자들이 시나이 사막에다 AIDS 병균을 뿌렸다는 거예요."

나는 하젬을 바라보며 생각했다. 이집트에서 발생하는 일에 대
해서만 써야 할까, 아니면 이곳 사람들이 일어난다고 생각하는
일에 대해서도 써야 할까? 하지만 다시 생각해보면 이랬다. 믿을
만한 여론 통계도 얻을 수 없는 내가 무슨 수로 평균적인 이집트
사람들의 생각을 알 수 있겠는가?

chapter 4

하미하 하라미하,
당신을 보호하는 자가 당신의 강도다

가장 중요한 '심문 시설'이 나이트클럽 근처에 있었다. 그 콧수염 난 남자들은 분명히 그곳에서 일하는 사람들이었을 것이다. 그들은 사람들의 항문에 전극선을 꽂는 힘든 일을 하루 종일 하고 난 뒤 이런 식으로 피로를 푸는 모양이었다. 그들의 아내는 자녀들에게 아버지의 직업을 무엇이라 설명할까? 모하메드 삼촌은 교사이고, 야세르 삼촌은 엔지니어인데, 아빠는 대통령의 적들을 고문한단다?

돌이켜 생각하면, 아랍 세계에서는 좋은 저널리즘이라는 개념이 자기모순이라는 사실을 깨닫는 데 왜 그리 오래 걸렸는지 이상하다. 그 사실을 오랫동안 깨닫지 못했던 것은 우선, 내가 저널리즘이라는 것의 작동 방식을 전혀 알지 못했고, 이 업계의 아무도 그 점에 대해 입에 올리지 않았던 탓이었다. 그러나 주된 이유는 내가 '독재'라는 단어를 오랫동안 추상적인 의미로만 고려해왔다는 것이었다.

물론 나도 독재에 대해 읽기는 했다. 학생일 때 나는 '아랍 독재자들은 위협과 결탁과 기만을 합친 방법으로 권력을 유지한다’ 라거나, ‘독재 체제 내에서는 무법이 판을 쳐서 그 사회는 만성적으로 부패하고 구조적으로 불투명하며 공공 여론이란 근본적으로 뒤틀린 것이다’ 라는 등의 문장을 접하곤 했다.

하지만 그런 글을 읽어도 실감은 나지 않았고, 오래도록 그랬다. 카이로 대학에 다닐 때, 사람들이 재판 없이 투옥된다는 사실을 알았다. 대통령의 초상화를 보았고, 캠퍼스 앞에는 기관총좌가 있는 장갑차가 서 있었다. 사람들은 그런 일에 익숙해진다. 나와 같은 학교에 다니는 친구들, 매주 세 번 이상 만나는 사람들이 비밀 기관의 정보원으로 일하고 있을까? 이런 질문은 그저 흥밋거리일 뿐이었다.

서구인인 나는 이 정권이 나는 건드리지 않으리라는 것을 알고 있었다. 그렇게 하면 해외 투자자를 끌어들이는 데 어려움이 생길 것이고 관광객의 발길을 막게 될 테니 말이다. 기자가 되어 이집트에 다시 갔을 때에도 그 체제가 내게 가할 수 있는 처벌은 아무리 심해봤자 추방에 그친다는 것을 알고 있었다. 그것도 여러 해 동안 일어난 적이 없었다. 나는 잘 살고 있었고, 내가 일하고 살고 있는 시스템의 진면목은 여전히 은폐되어 있었다. 대통령의 초상화, 탱크, 미리 결정된 선거 같은 요소를 제외하면, 아랍과 서구 사회는 그리 달라 보이지 않았다. 하지만 1년이 채 못 되어 나는 이에 대해 그리 확신할 수 없게 되었다.

오프더레코드, 독재를 이야기하다

더 나은 방법이 없었으므로 나는 계속하여 매일매일의 뉴스에 관한 발언자들의 말을 얻으러 다녔다. 이라크와 미국 간의 분쟁에 대해("더 전투적인 신호가 바그다드에서 오고 있다"), 평화 협상의 후퇴나 돌파구에 대해("이스라엘의 이웃들은 신중한 낙관론을 편다"), 미국 대통령이나 국무장관이 행한 가장 최근의 연설문에 대해("예루살렘이 쓴 것 같군") 그들의 의견을 구했다.

아랍인들은 대화를 즐기는 사람들이므로, 인터뷰를 한 뒤에 나는 노트북을 끄고 이야기를 계속하곤 했다. 내가 이 책을 쓸 생각이 든 것은 그렇게 이야기하던 중이었다. 시리아의 한 대학교수가 자신은 저녁 식사를 할 때 아내와 정치 이야기를 하지 않게 되었고, 대통령이 나오면 짜증이 나서 TV를 꺼버린다고 말했다. 아들이 커서 듣는 대로 따라 하고 있기 때문이었다. 비밀요원들의 자녀들이 돌아다니고 있는 학교 운동장 같은 곳에서도 말이다. 레바논의 한 변호사는 부자들의 의뢰만 받는다고 말했다. 판사에게 돈을 줄 여유가 없는 사람들은 재판을 해봤자 소용이 없기 때문이었다. 한 사업가는 그 전날 경찰이 길을 가지 못하게 막더라고 말했다. 대통령이 그쪽으로 갈 예정이라 길이 폐쇄됐던 것이다. "차를 돌리려니 네 살 난 딸아이가 경찰에게 1000리라 지폐를 건네더군요. 어떤 일에서든 뇌물을 주는 데 너무 길들여진 거지요.”

　나는 택시 운전사들과도 종종 이야기를 나누었다. 택시 운전사들과 인터뷰하는 것은 저널리스트적인 시각에서 보면 소용없는 짓이다. 그들은 고객이 듣고 싶어하는 말만 하기 때문이다. 하지만 아랍 국가에서는 낮에는 공무원이면서 밤에 운전사로 일하는 사람들이 많기 때문에, 택시는 민간인들과 마음 놓고 이야기하는 장소나 다름없었다. 운전사들 중에는 좀처럼 입을 열지 않는 사람도 있었지만, 이런저런 이야기를 해주는 사람도 있었다. 후자의 말에 따르면 경찰은 목이 좋은 교차로에 배치되도록 돈을 주고 손을 쓴다고 한다. 범칙금을 받아 각자 호주머니에 넣기 위해서이다. 그 상관들에게 거액이 상납될 것이고, 또 그 위층의 상관도 돈을 상납받아, 기생 관계의 피라미드가 형성된다. 내가 만난 운전사들은 세관, 세무서, 교육부, 감옥 등에서 일하는 사람들이었는데, 하나같이 이런 피라미드가 존재한다고 했다. “그렇게 하지 않을 수 없어요. 봉급만으로는 살 수가 없거든요.”

　요르단에서 내게 딸려 있던 운전사는 자기 동생이 가족들과 주말 휴가를 보내러 새 벤츠 자동차를 타고 다마스쿠스에 갔을 때의 이야기를 해주었다. 다음 날 아침에 일어나보니 차가 없어졌더란다. 동생은 차를 도둑맞았다고 경찰서에 신고하고, 나머지 날들은 택시로 돌아다니다가, 마지막 날 정부 부처의 차량이 다는 HUKUMA 번호판을 달고 있는 자신의 차를 보았다. 경찰은 차량 번호를 추적했고, 한 시간 뒤에 웬 장성이 나타났다. "그게 당신 차였소?" 그는 대수롭지 않게 말했다. "그 안에 무기와 마약이 있더군. 그 정도면 당신은 영구히 수감될 수 있소." 동생은 고개를 끄덕이고, 실례하겠다고 말하고 떠났다.

네덜란드에서 만난 이집트 출신의 한 택시 운전사는 이런 이야기를 해주기도 했다. 지난번에 이집트에 갔을 때 친근한 생김새의 한 남자가 커피하우스에서 자신에게 말을 걸더란다. 이 나라가 처한 혼란상에 신경이 쓰이지 않는가? 이런 온갖 낭비와 억압이 추악하지 않은가? 당신은 유럽에 사는가? 바보 같은 우리 대통령이 그런 부유하고 문명한 나라들을 보고 좀 배워야 할 텐데……. 택시 운전사는 자기 고국의 상황 때문에 마음이 정말로 지독하게 언짢았으므로, 그 남자의 말에 동의하고 불평도 몇 마디 보탰다. 그랬더니 친근하게 굴던 그 남자가 말했다. "이봐, 이 멍청이 같은 자식, 난 비밀경찰 소속이야. 이번에는 그냥 봐주지만 다음에는 조심해야 할걸. 네 가족과 네가 있는 곳으로 찾아갈 수도 있어."

아니면, 왈리드의 이야기를 들어볼까. 나는 교황의 시리아 방문이 끝난 뒤 그를 만났다. 당시 나는 교황의 여행 일정에 대한 기사를 썼다. 예측 가능한 내용이었고, 대통령과 시리아에서 가장 나이 많은 주교가 나눈 종교적 관용과 세계 평화에 관한 발언을 잔뜩 실었다. 거기에 시리아의 평범한 기독교도들의 발언 가운데 인도주의적인 이야기를 덧붙였다. 그 기사는 1면에 실렸고, 고국의 동료들은 저마다 축하 인사를 보냈다.

고마운 일이었다. 하지만 내게 시리아에 관해 훨씬 더 많은 것을 가르쳐준 것은 왈리드였다. 그를 알게 된 것은 한 친한 관광 가이드의 추천을 통해서였다. 서구 기자들에 대해 별로 안 좋은 기억이 있던 그는 처음에 나와 이야기하고 싶어하지 않았다. 왈리드는 현대적인 헤어 스타일에 옷도 잘 입고 다니는 20대 청년이었다. 그의 아버지는 영국에 한동안 살기도 했다. 그와 어느 호텔 바에서 만나 나이트클럽으로 걸어가면서 내가 물었다. 친서구적 청년이 시리아에 사는 기분은 어떤가? 그는 마치 내가 시리아가 언제 월드컵에 이길 것인지 물어본 것 같은 표정으로 나를 쳐다보았다. "지겹지요. 지겹고 지겹고 또 지겨워요. 매일 똑같은 구호를 보고, 매일 이스라엘에 관해 똑같이 선동적이고 쓰레기 같은 비난을 들어요. 팔레스타인 사람들을 위해 우리가 아무 일도 못한다는 건 누구나 알고 있고요. 다들 냉소적이에요. 대학교에서는 수업을 듣지 않고도 과목당 300달러면 수업을 이수한 것이 되고, 교수들은 좋은 학점을 얻고 싶으면 자기들과 섹스를 하라고 강요하지요. VIP의 자녀들은 시험을 치지 않고도 무슨 과목이든 좋은 성적을 받습니다. 나는 죽어라 열심히 공부했고, 그들은 안 했는데도 그렇게 돼요. 우리도 그런대로 성적을 잘 받지만 그들은 굉장히 좋은 성적을 받아요. 그들의 아버지들이 교수에게 전화를 넣은 덕분이지요. 이러니 안 미치고 배기겠어요?"

대통령의 초상화를 보면 기분이 어떤가? "아무 기분도 안 들어요. 아마 역겹다는 느낌이겠지요. 그런 자들이 내 나라를 파괴하고 있어요. 석유 대금도 훔치고, 기념물도 없애고, 천연보호구역도 오염시키고, 해안에 건물만 짓고 있어요. 능력 있는 사람은 그저 편지만 한 장 달랑 쓰고 3년제 징병을 피한다고요." 왈리드는 왜 처음에 서구 기자들을 피했는지도 설명해주었다. 1년 전 그가 한 밴드에서 연주하고 있을 당시에 〈로스앤젤레스 타임스〉의 한 기자가 그를 인터뷰했다. "우리는 구름 위에 올라간 기분이었지요." 왈리드는 자조적인 웃음을 지으며 말했다. "우리는 그 기사를 미국으로 진출할 기회로 삼으려 했어요. 연주가 끝나자 그가 질문을 퍼붓더군요. 그러다가 '쥐라기 공원'에 대해 농담을 한마디 했어요. 그게 이 정권을 일컫는 은어였거든요. 그런데 그는 우리 연주에 대해서는 한 마디도 하지 않고 그 농담만 인용했더라고요. 그 뒤 우리는 비밀요원들에게 소환되어, 한참 동안 매일 그들에게 보고해야 했어요. 여러 시간씩 기다려야 했고, 매일 똑같은 질문을 받았어요. 지겹고 또 지겹도록. 왜 서구 음악을 하는가? 왜 인터넷 카페에 가는가? 그런 게 무슨 대단한 일탈이나 되는 것처럼! 그 망할 자식들은 시리아 밖의 세계가 어떤 곳인지 생각도 없어요. 그들은 우리를 문자 그대로 지겨워서 죽게 만들 거라고요."

웨이터는 맥주를 더 가져왔다. 가죽 재킷을 입고 콧수염을 기른 남자 네 명이 들어와서 무희들과 가장 가까운 앞쪽 테이블에 앉았다. 가장 중요한 ‘심문 시설’이 나이트클럽 근처에 있었다. 그 콧수염 난 남자들은 분명히 그곳에서 일하는 사람들이었을 것이다. 그들은 사람들의 항문에 전극선을 꽂는 힘든 일을 하루 종일 하고 난 뒤 이런 식으로 피로를 푸는 모양이었다. 그들의 아내는 자녀들에게 아버지의 직업을 무엇이라 설명할까? 모하메드 삼촌은 교사이고, 야세르 삼촌은 엔지니어인데, 아빠는 대통령의 적들을 고문한단다?

“좀 밝은 이야기는 없나요?” 맥주를 한 잔 더 한 뒤에 그에게 물었다. 왈리드는 마당 주위에 어마어마한 담을 쌓은 한 이웃 이야기를 했다. “그 부근 사람들이 전부 너무 화가 나서 제각기 갖고 있는 연줄에 연락을 했어요. 며칠 뒤에 한 대령이 왔지만 이미 너무 늦었어요. 그 마당 주인이 엄청나게 큰 대통령 초상화를 담에다 그려 놓았거든요. ‘오, 아사드 대통령이여, 영원하라!’ 대령은 아무 조처도 취할 수가 없었지요.”

시리아에서 만난 기이한 독재의 3장면

내가 독재에 관한 사정을 알게 된 것은 대부분 시리아에 거주하는 서구인들로부터였다. 그들은 상류 계층의 사람들이므로 정권이 그들에게 손을 쓸 수 없는 데다가 대개 술을 좋아해 말을 시키기가 쉬웠다. 어느 디너파티에서 한 유럽 연합 자문관은 자신이 레바논 정부의 투명성을 높이도록 도와주려 했다는 이야기를 해주었다. 그는 민간인이 어떤 계획이나 프로젝트를 허가받고 싶을 때 필요한 서류를 인터넷으로 제출하는 방법을 제안했는데 공무원들이 이를 즉각 거부하더라고 말했다. 어떤 서류를 제출해야 하는지 사람들이 제대로 몰라야, 결국은 지갑을 열고 뇌물을 꺼낼 때까지 계속 새로운 요구를 하면서 "내일 다시 오시오"라는 말을 할 수 있기 때문이었다.

나는 게르하르트라는 한 5성 호텔의 독일인 지배인도 알게 되었는데, 그는 아랍 정상회담 때 있었던 일을 말해주었다. 정상회담이 열리기 두어 시간 전에 비밀 기관에서 나온 남자가 호텔로 들어와서 말하기를, "게르하르트 씨, 이집트의 삼색국기 150장을 수령했다고 서명하겠습니까?"라고 하더란다. "난 그걸 받으면서 그냥 어딘가에 걸면 되는 걸로 생각했어요." 술에 취한 게르하르트는 회상했다. "그런데 갑자기 로비 앞에 밴 세 대가 닿았어요. 난 대통령이 거리를 지나갈 때 국기를 들고 환호하는 데 직원 150명을 보내야만 했어요. 정상회담 때문에 호텔에는 손님들이 꽉 차 있는데, 직원이 다 없어져버렸다니까요."

'알코올의 힘을 더 빌려볼까.' 이런 생각이 들 때가 많았다. 카이로의 한 네덜란드 주민회가 연 가벼운 파티에서 파윰 오아시스

수자원관리회사에서 나온 롤랜드의 네덜란드 동료와 마주쳤을 때는 더욱 그랬다. 그는 관개건설부 장관이 그들의 프로젝트를 거부했다고 입을 열었다.

사카라 맥주(이집트의 맥주 브랜드)를 여러 병 비우고 기분이 새로워진 그는 계속했다. "문제는 명칭 자체예요. 이 정권이 관개건설부라고 부르니 저희도 그렇게 부르기는 합니다. 하지만 실상 관개건설부는 관개를 더 효율적이고 덜 부패하게 만들기 위해 설치된 것이 아니라, 농부 수천 명에게 땅과 물과 비료를 주고 그들의 지지를 매수하기 위한 조직이에요. 덕분에 이 농부들은 다른 농부들을 따돌릴 수 있고, 그 대가로 대통령이나 장관이 방문할 때 길거리에서 환호를 해주는 거지요. 이런 부서들이 이집트 도시에 사는 수십 만 명에게 일자리를 제공하는 있는 것도 문제입니다. 관개건설부 공무원 8명을 해고하고, 남은 두 명에게 10명분의 월급을 주면 일은 훨씬 더 잘될 거예요. 또 이 두 명은 가족을 먹여 살릴 만큼 충분히 벌 수 있겠지요. 하지만 해고된 8명은 어떻게 합니까, 그들은 뭘 하고 살지요? 그래요. 이 체제는 부패했어요. 아니, 이 체제가 부패 그 자체예요. 너무 적은 봉급을 받고 일도 많이 하지 않는 사람 열 명이 있지요. 그들의 봉급은 너무 적어 먹고살 수 없지만, 혁명을 일으키기에는 또 너무 많은 액수예요. 그런 봉급을 받고 그들은 고분고분해지고 약자 신세가 됩니다. 통제된다는 뜻이지요."

이 이야기를 듣고 나니 상황이 제대로 이해되었다. 독재 체제란 근본적으로 민주 체제와는 다른 체제인데, 그런 사실이 은폐되어 있다. 서구의 미디어와 전문가들의 글은 독재 체제를 무슨 민주 체제처럼 다루기 때문이다. 이집트의 독재자는 전임자로부터 그 자리를 물려받았음에도 대통령이라 불린다. 그 전임자는 무력으로 권력을 쥔 사람이다. 바로 이런 독재자가 국민민주당(NDP, National Democratic Party)이라는 것을 이끄는데, 그 정당은 민주적이지도 않고 사실상 정당도 아니다. 이집트인들은 투표는 자주 한다. 하지만 정당을 세우지도 못하고 선거운동을 벌이지도 못하며, 국영 언론과 접촉할 수도 없고 감시를 받으며 투표해야 한다면 그것을 선거라 부를 수 있을까? 또 그 후에도 심하게 사기를 당하는데도 그것이 선거일까?

사담 후세인의 나라로 들어가다

이런 현상을 마침내 제대로 실감한 것은 사담 후세인 덕분이었다. 그의 나라에서 나는 독재를 그냥 본 것이 아니라 체감했다. 섹스와 비교해보자. 섹스에 대한 온갖 글을 읽을 수 있지만, 실제로 해보기 전에는 왜 사람들이 그것에 대해 계속 떠들어대는지 전혀 짐작도 못한다.

　사담 치하의 이라크는 아랍 독재국가 가운데서도 가장 지독한 사례였을 뿐만 아니라 국제 무대에서 거의 전적으로 고립된 국가였다. 1990년 이후 이라크는 역사상 가장 지독한 경제 규제를 견뎌왔다. 사담은 자신의 이미지가 어찌 되든 상관하지 않았다. 관광객과 투자자들도 입국이 허락되지 않았다. 서구 기자들도 특별한 지위를 인정받지 못했다. 그 결과 이라크에서는 아랍 국가에서 유일무이하게 서구의 기자도 일반인과 똑같은 취급을 받았다.

이런 상황은 비자를 받을 때부터 시작된다. 나는 여러 달 계속해서 바그다드에 팩스를 보내고 전화를 하고, 카이로와 암만 사이를 헛되이 왕복하면서 비행 마일리지만 쌓았다. "우리는 한참 전에 이미 허가했거든요. 암만으로 가보세요." 마침내 용케 바그다드에 들어갈 수 있다는 연락을 받았을 때 그곳 담당자들은 말했다. 그러나 암만에서는 "내일쯤은 될지 모르지요"라고 했다. 결국엔 다른 기자들이 도와주어야 했다. 나는 회사에서 현금 1000달러를 받아 수상쩍은 이집트인 한 명을 고용했고, 그를 통해 비자 문제를 처리해줄 연줄을 알아보았다. 2주 후 그에게서 소식이 왔다. "자, 다 됐어요. 승인장은 나온 지 오래됐어요. 누구에게 돈을 줘야 하는지 알아내는 데 시간이 좀 걸린 것뿐입니다."

비자는 거기 있었다. 다만 뇌물을 주어야 했다. 중동에서 살기 전에는 '나' 라는 단어와 함께 엮어 사용한 적이 한 번도 없던 단어가 '뇌물' 이었다. 이제 나는 속성 과정을 밟는 셈이었다. 미국

연방준비은행에서 나온 지폐(이 경우에는 100달러)를 비자 신청서와 함께 봉투에 넣는다. 녹색 달러 지폐를 본 직원은 고개를 끄덕인다. 그것이 당신 비자 수령증이 될 것이다.

뇌물은 어쩐지 좀 은밀한 것 같지만, 얼마 안 가 별로 유별날 것도 없게 느껴진다. "에이즈 검사요." 요르단-이라크 국경에 있는 세관 관리가 말한다. 이라크는 서구의 질병으로부터 자국을 보호해야 하니까. 하지만 50달러면 검사를 면제해줄 수 있다. "서류 작성을 마칠 때까지 여기서 기다리시오." '위대한 국민의 위대한 지도자, 사담 후세인'이라 쓰인 구호판 밑에 앉아 있는 또 다른 세관 관리가 말한다. 내 운전사는 고개를 끄덕한다. 지금이 그 관리에게 20달러를 줄 때라는 것이다. 그렇지 않으면 한 시간 반쯤은 기다려야 스탬프를 받게 된다. "위성전화기." 내 짐을 검사하던 또 다른 관리가 말한다. 위성전화기는 정보부에다 지폐 뭉치를 주고 허가받아야 하는 항목이다. 나는 그에게 담배, 술, 돈을 더 건네준다. 각각의 장애물에는 가격이 있고, "차나 한잔 마실까요?"라는 세관 관리들의 말은 곧 돈을 줄 차례라는 뜻이다.

마침내 바그다드로 가는 길이 열렸고, 우리는 황량함이라는 단어가 그것을 위해 발명되었을 성싶은 사막을 지나 달렸다. 다섯 시간을 달리자 천일야화의 도시가 멀리서 시야에 들어왔다. 우리는 수크 알하라미야^{Suq Al-Haramiya}, 즉 쿠웨이트에서 약탈된 장물이 판매되는 도둑들의 시장과 사담 후세인이 원래 죽은 이라크 병사들의 헬멧이 아니라 두개골로 장식하고 싶어했던 개선문을 지나 달려갔다. 국방부 건물도 지났다. 이 건물은 독재자 카심^{Qasim}이 1963년의 어느 날 잠자던 중에 자신의 공군에 폭격당하고, 자신의 부하들에게 체포되고 처형당한 곳이다. 당시 로이터 통신은 그 시신의 사진을 찍어다 주면 4만 달러를 주겠다는 전보를 보냈지만, 쿠데타를 조직한 세력은 그 제안을 거절했다.

우리는 라시드 호텔에 닿았다. 아무 권리도 인정받지 못하는 체제에서 사는 것이 어떤 기분인지 느끼기 시작한 것은 그곳에서였다. 전화 교환원은 돈을 줘야만 전화를 연결해주었고, 금고를 책임지는 경비원에게도 돈을 주지 않으면 내 소지품을 도둑맞을지도 모를 일이었다. 짐꾼은 내가 내민 달러 지폐를 보고 눈을 부라리더니, 땀을 흘리는 내 얼굴을 쳐다보았다. "짐이 더 있소?" 그는 자기가 내 방 열쇠를 갖고 있으며, 내가 밖에 나가면 모조리 다 훔쳐갈 수도 있다는 것을 내가 알고 있는 줄을 알고 있었다. 금고가 있기는 하지만, 신발, 칫솔, 생수를 금고에 넣어둘 수는 없는 일이었다. 그래서 여직원에게, 안전 요원에게, 청소부에게, 또 내 방에 들어올 수 있는 모든 사람에게 뇌물을 주어야 했다.

악몽 같은 13일의 체류

다음 날 아침, 나는 정보부를 방문하여 입국 신고를 하고, 비밀경찰인 마지디를 만났다. 외국 기자에게는 이런 요원이 한 명씩 붙었다. 우리는 그들을 '경호원'이라 불렀다. 그렇게 부르면 그리 나쁘게 들리지 않으니까. 잠시 뒤 나는 노트북을 들고 사담 후세인 문화센터의 여성 원장을 만나러 갔다. 처음에 나는 문화센터에 가고 싶지 않았기 때문에 마지디와 한바탕 싸웠다. 그곳에서 나는 스무 명의 화가가 그린 500장의 초상화를 공손하게 훑어보았는데, 그 초상화는 모두 같은 사람을 그린 것이었다. 이제 세 사람이 앉아서 차를 마시다가 나는 원장에게 화가들이 왜 사담 후세인만 그리는지 물어보았다. 그녀는 40대 중반의 창백한 여성이었는데 토막 영어로 이렇게 말했다. "당신 제정신이에요? 지도자이신 사담 후세인 대통령에 대한 우리의 애정을 당신은 어찌 의심합니까? 전 세계가 이라크를 상대로 음모를 꾸미고 있어요! 알라께서 그를 보호하시기를! 화가에게 영감을 줄 만한 주제로 우리 지도자만한 분이 어디 있겠어요?"

다음으로는 아마리야 방공호에 가야 했다. 마지디가 이제 정말 방공호에 갈 차례라며 손짓했다. 그 방공호는 1차 걸프전 때 미군의 폭격으로 403명의 이라크인이 죽은 곳이었다. "서구의 기자들은 모두 아마리야에 갑니다. 그건 중요한 기삿거리예요. 당신은 네덜란드 사람들에게 미국인들이 범한 전쟁범죄에 대해 알려주고 싶지 않습니까?"

차 안에서 우리는 이미 말다툼을 했다. 내가 그곳 대신에 초등학교에 가고 싶어했기 때문이다. 아이들의 그림보다 영혼을 더 잘 보여주는 창문은 없다. 하지만 그런 방문은 허가가 나오지 않는데, 왜 그런지는 아무도 설명할 수 없었다.

13일 동안 내내 이런 식이었다. 바그다드 체류가 끝날 무렵 나는 정말 절망적인 기분이었다. 다른 아랍 국가에서는 항상 할 일이 워낙 많아 안타까워하면서 떠나곤 했다. 그런데 이번에는 하루 일찍 떠났다. 이라크에 가기 위해 그토록 많은 어려움을 뚫고 나왔음에도. 그곳에서 보낸 13일은 지독한 악몽이었다. 그곳 사람들은 아무리 평범한 질문을 하더라도 "이라크는 사담 후세인 대통령과 같은 강력한 지도자를 가졌으니 축복받았습니다, 알라께서 그를 보호하시기를"이라든가, "나는 우리 지도자가 이에 대한 해결책을 갖고 계시리라고 확신합니다" 또는 "저는 정치에는 관심이 없습니다"라는 식의 답변 뒤에 몸을 숨겼다. 또 나는 하루 종일 경호원과 함께 차에 앉아서 지내고 매일 그와 함께 저녁을 먹으면서도, 그의 양심에는 무엇이 들어 있는지 전혀 알 수가 없었고, 그 비용은 당연히 〈폴크스크란트〉가 부담해야 했다.

"네덜란드 맥주가 여기 있다니 놀랍군요, 마지디."

"사담 후세인 덕분에 우리에게는 없는 게 없지요."

호텔에서는 내가 현금 출납기로 변신한 기분이었다. 매일 저녁 나는 생수와 옷과 노트를 도둑맞지 않았는지 점검해야 했다. 내 방 전화기는 도청되고 있었고, TV의 모든 프로그램은 사담 후세인에 관한 내용이었으며, 내 방의 전신용 거울 뒤쪽에는 카메라가 숨겨져 있었다. "진짜 남자라면 바지를 내려버리는 거지." 바그다드에 오기 전, 용기를 북돋우기 위해 한잔하려고 만난 내 동료는 내게 맹세하듯 말했다.

출국 전날 저녁, 아침에 와달라고 택시를 불렀다. 저녁이면 국경으로 가는 길이 경찰과 전리품을 나누는 강도떼의 천하가 되기 때문이었다. 짐을 꾸리고, 저녁 늦게 근처의 정보부로 가서, 마지막으로 또 한 번 뇌물을 털렸다. 이라크 체류 하루당 100달러씩, 마지디와 지낸 비용 하루당 50달러씩, 위성전화기를 가진 데 대해 100달러였다. 그들은 인장 찍힌 영수증을 주기까지 했다. 서구의 회계는 엄격하기 때문이었다. 내가 떠나려 하자 부장이 말했다. "당신은 이제 체크아웃을 했어요."

"아랍 사람들은 보통 이 상황을 이렇게 불러요." 이라크를 벗어나자 요르단 출신인 운전사가 말했다. "하미하 하라미하^{Hamiha haramiha}라고요." 곧, 당신을 보호하는 자가 당신의 강도이다.

그래서 모두가 입을 닥친다

이 여행을 한 뒤 나는 탈진해버렸다. 카이로에서 몸이 회복되자, 나는 내가 느낀 공포심이 보통의 것이 아님을 깨달았다. 나는 리비아와 시리아에서도 공포를 견뎌야 했다. 또 다른 아랍 독재국가에서도 예민한 질문을 던질 때마다 그랬다. 그런데도 이라크에서 내가 이처럼 충격을 받은 것은 암만의 대사관에서, 국경에서, 라시드 호텔에서, 또 탐욕스러운 정보부에서 맛보아야 했던 굴욕적인 무력감, 나의 약한 모습 때문이었다. 모든 순간 감시당하고, 강도를 당하더라도 아무 권리도 주장할 수 없다는 사실을 끊임없이 자각하는 것이 무척 고통스러웠다. 나는 흔적도 없이 사라질 수도 있었고, 그래 봤자 아무도 눈도 깜짝하지 않을 터였다.

이것이 바로 독재 체제의 적나라한 모습이다. 그 체제가 민주주의와 얼마나 근본적으로 다른지 이해하기 위해 나는 이런 물리적인 경험을 겪어보아야 했다. 네덜란드에서 누군가가 불법적으로 나를 해친다면 경찰에 신고할 수 있다. 경찰이 아무런 조처를 취하지 않으면 더 고위층에 압력을 넣거나 시민위원회로 갈 수도 있다. 변호사를 구하거나 언론이나 국회의원을 찾거나 유럽 법정에 갈 수도 있다. 내 시민권을 행사하기 위해 호소할 수 있는 권위들이 여러 가지 있으며, 이런 상이한 단체들은 서로를 감시하고 바로잡는다. 그렇게 하여 권력의 남용과 부패는 더 힘들어지고, (그것이 환상일지라도) 민주주의를 바탕으로 한 법적 확실성을 갖게 된다. 네덜란드에서는 경찰관이 보이면 나는 긴장을 푼다. 그들은 나를 위해 존재하기 때문이다. 아랍인들은 경찰관을 보면 달아나기 시작한다. 하미하 하라미하.

물론 이라크에서도 모두가 다 부패했거나 겁에 질려 있지는 않다. 서구 민주주의에서도 마찬가지지만, 세상은 시스템이 지시하는 대로만 작동되지 않는 법이다. 아랍의 모든 국가는 제각기 변종 형태들이고, 아랍인이라고 해서 하루 종일 강도당하고 고발당하고 짓밟히면서 살지는 않는다. 하지만 무슨 일이 당신에게 일어났을 때 당신의 권리를 강력하게 요구할 보편적인 절차란 없다. 그 때문에 이곳에서는 공격을 받기 쉬운 것이다. 내가 계획된 프로그램을 이탈하고 싶어하자 내 경호원 마지디가 패닉에 빠진 것도 같은 이유에서였다. 내가 이탈했다면 그는 의심을 받았을 것이다. "당신, 그동안 그 서양 스파이랑 어디로 사라졌었나?" 하고. 그러면 마지디는 자기 부하들을 모략하여 엮어 넣었을 것이고.

이라크에 다녀오고 얼마 뒤, '기자의 날'이라는 것을 위해 네덜란드에 잠시 다녀온 적이 있었다. 2년마다 있는 이 행사를 위해 각국으로 파견된 기자들은 일주일간 본국에 머물렀다. 독재 체제가 어떤 것인지 마침내 깨닫게 된 것이 그때였다.

기자들이란 유쾌한 사람들이니, 모임은 유쾌하게 시작되었다. 또 알고 보니 통신사에 대해 느끼던 불편한 감정은 나만의 것이 아니었기에, 나는 더욱 긴장이 풀어졌다. 런던·파리·베를린·워싱턴 지국에 있는 회사 사람들은 모두들 잘못된 주제가 뉴스를 지배하고 있으며 우리가 통신사를 너무 노예처럼 따라가고 있다고 생각하고 있었다.

이는 내게 영혼의 향유 같은 효과를 발휘했다. 하지만 저마다 좌절감을 느낀다고 해서 그것들이 과연 동일한 감정일까? 그날 저녁, 술자리에서 서구 국가에 파견된 한 동료가 내게 아랍인들이 어떤 사람들인지 물었다. 그런 물음에 대한 표준 답안은 이미 마련되어 있었다. 나는 전문가적인 목소리로 아랍 세계는 지극히 다양한 곳이고, 내가 잘 아는 곳은 이집트 한 곳뿐이라고 말했다. 여자들과 이야기해본 적도 거의 없으니 내가 받은 인상은 그곳 사람들 절반에 관한 것에 불과하며, 그것조차도 하루에 한 명씩 만난다 하더라도 3년간 1000명에 그친다고. 2억 6000만 아랍인의 0.0004퍼센트에 지나지 않는다고 말이다.

"그래요, 알았어요." 그녀는 대답했다. "자, 이제 당신이 정말로 뭐라고 생각하는지 말해봐요." 그때 갑자기 이런 생각이 들었다. '나는 아랍인들이 어떤 사람들인지 모른다, 알려고 노력하지 않았기 때문이 아니라 그들은 내가 알 수 없는 존재다.'

나는 이렇게 답했다. "당신은 민주 사회에서 일하고 있어요. 그런 체제에서 당신은 당신이 담당하는 국민의 0.0001퍼센트로부터 받은 인상을 확인하고 또 다른 사람을 통해 이를 재확인할 온갖 수단을 갖고 있어요. 왜냐하면, 당신이 파견된 나라의 사람들은 당신에게 말을 걸 수 있으니까요. 서로서로 이야기를 하고 언론의 자유도 있어요. 여론 조사도 있고, TV와 라디오 청취율이 있고, 선거 결과도 있어요. 다시 말해, 당신이 파견된 곳에서는 통신사가 사회의 더 큰 부분을 밝혀줄 수 있고, 당신 본인도 사실을 조사할 수 있어요. 물론 당신이 쓴 기사가 실리지 않을 수도 있겠지요. 당신이 좌절감을 느낀다면 그런 이유일 겁니다. 하지만 독재 체제에서는 문제의 종류가 달라집니다. 그곳에서는 취재할 길이 없어요. 당신이 있는 나라에서는 정치적 반대파나 NGO, 운동가 그룹, 저널리스트들이 지도자에게 따질 수 있고, 그런 일이 생기면 지도자가 스스로를 변호해야 합니다. 그러나 내가 있는 곳에서는 지도자가 폭력배들을 보냅니다. 지식은 힘이에요. 독재자들은 전적인 힘을 얻으려고 하는데, 이는 말하자면 자기 국민들이 어떤 정보도 얻지 못하게 방해하려고 온갖 수를 다 쓴다는 것이지요. 사회가 불투명해질수록 부패하고 권력이 남용되기가 더 쉬워집니다. 반대 의견이 형성되기도 더 힘들어지지요. 내가 이렇게 말하는 걸 당신이 듣는 걸 겁내지 않고, 내가 이런 말을 하기를 겁내지도 않는다는 사실이 바로 독재 체제와 민주 체제 간의 차이입니다. 이 테이블에 있는 사람들 중, 누구인지 모르지만 절반이 비밀경찰을 위해 일하고 있다고 생각해봐요. 우리 사장이 정당에 속해 있고 우리가 생각하는 내용을 비밀경찰에 보고한다면 어찌 되겠어요? 우리가 모두 입을 닥치고 말지 않겠어요?"

기자로서 처음 카이로에 갔을 때, 기자의 업무는 전 세계에 갖고 다니면서 활용할 수 있는 공구 상자 같은 것이라고 생각했다. 하지만 독재 체제와 민주 체제 간의 차이는 자동차의 제조회사 간의 차이 같은 것이 아니다. 민주 체제가 자동차라면 독재 체제 는 소나 말이다. 그런 사회에서는 스크루드라이버나 납땜이 아무 소용이 없다.

chapter 5

쓸 수 있는 기사도 없다

하지만 독재 체제의 실상이 드러나 있는 것은 내가 부수적으로 쓴 글뿐이었다. 명료하게 밝히자면 나는 사기꾼 두목 대신에 대통령이라는 단어를, 박수 기계 대신에 국회라는 말을, 고발자 혹은 선동자나 아첨쟁이 대신에 논평가라는 말을 계속 썼다.

기자로서의 세 번째 해가 지나갔고, 세계는 매일 더 이상해지는 것 같았다. 시리아는 디즈니의 흥행작 〈라이언 킹〉을 상영 금지했다. 대통령 이름이 아랍어로 사자를 뜻하는 아사드[Assad]였기 때문이다. 사우디아라비아에서는 〈핑크 판다〉가 〈핑크 하이에나〉라 불렸다. 판다는 아랍어로 파흐드[fahd]였는데, 왕의 이름이 파흐드였다. 무바라크 대통령은 이집트의 모든 일간지, 주간지, 월간지에서 '올해의 인물'로 뽑혔다. '국민투표'가 시행되기 전의 이라크에서는 전화를 하면 발신음 대신에 "오직 사담!"이라는 녹음된 메시지를 들었다.

그러니 이런 농담이 유행하지 않을 수 없었다. "축하합니다, 대
통령 각하!" 자문관이 말한다. "국민투표에서 전 국민의 99.98퍼
센트가 각하께 투표했습니다. 각하께 반대하는 사람은 0.02퍼센
트밖에 안 된다는 뜻이지요. 더 바랄 것이 없지 않습니까?" 대통
령은 으르렁거린다. "그자들의 이름을 갖고 와."

이런 농담도 있다. 중앙은행 금고에 도둑이 들었다. 은행장이
나와서 안도하는 음성으로 말할 때까지는 다들 큰 혼란에 빠졌
다. "경보가 잘못 울렸소. 귀중품은 도둑맞지 않았소. 없어진 건
2015년 선거 결과뿐이니까."

특파원들의 아랍 세계 수학여행

가장 말이 안 되는 것은 나 자신의 업무였다. 이란에서 학생 시위
가 일어나자, 나는 카이로에서 그곳까지 담당해야 했다. 테헤란
이 관문을 봉쇄했기 때문이다. 내가 이집트에서 이란까지 직통
전화도 걸 수 없었다는 사실을 아는 독자와 청취자가 몇 명이나
될까? 그런 혼란 사태를 취재하기에 아마 지구상에서 가장 부적
합한 장소가 카이로라는 것도 아무도 모르지 않았을까?

그때 시리아도 봉쇄되었다. 팩스를 아무리 퍼부어도('텔아비브
에 있는 내 동료가 아니라 시리아에 있는 제가 시리아를 소개하는 것이 마땅
합니다.') 끝내 개인 비자를 얻지 못했다. 다른 기자들도 사정은

마찬가지였으므로, 카이로 외국언론연합은 다마스쿠스로 아주 짧고 일정이 빡빡한 단체 여행을 주선했다. 그 일정 중에 시리아 경제부 장관과의 단체 인터뷰가 들어 있었다. 거기서 우리가 던진 첫 질문은 이러했다. "매년 20만 명의 시리아 청년들이 노동 시장으로 흘러듭니다. 그들이 일자리를 찾도록 시리아는 어떤 조처를 취하실 건가요?" 장관은 공감한다는 듯이 미소를 짓더니 말했다. "우리 대통령의 현명한 지도력 덕분에 우리에게는 실업 문제가 없습니다. 실업자가 있다고 해봐야 몇 안 되는 게으른 사람들뿐이지요."

이런 식의 문답이 반 시간가량 진행된 뒤 경제부 건물을 떠나려는데, 서류를 든 미모의 젊은 여성이 나를 붙들었다. 그래 나는 하페즈 알아사드 대통령의 지도하에 시리아가 이룬 감동적인 발전을 살펴보기 위해 정보부의 초청으로 온 서구 기자단의 일원이지. 그녀는 우리를 뉴스에서 봤을 것이다. 내가 이 청원을 장관에게 올려 서명을 받아줄 수 있을까? 그러면 그녀의 오빠가 저녁 늦게 호텔에 와서 서명된 서류를 받아 갈 것이다. 당연히 그녀 같은 요조숙녀가 나를 따로 만날 수는 없으니까. 이 청원이 정치범을 위한 사면 요청일까? 반인권적 범죄에 대한 항의일까? 민주주의에 대한 요청일까? 이런 청원서를 올리면 기자단이 몽땅 국외로 추방되고 내 이름이 블랙리스트 꼭대기에 올라가지 않을까?…… 그러다가 다시 보니 그 서류는 TV 방송국 구직 신청서

였다. 그녀는 예쁘게 미소 지었다. "저는 아나운서가 되고 싶어
요."

　가끔 내가 TV 리얼리티 쇼에 출연하고 있는 게 아닌가 싶을 때
가 있었다. 그런 프로그램에서는 출연자들에게 달성 불가능한 임
무를 부여한다. 내 임무는 '좋은 저널리즘'이라는 것이 모순이
되는 체제에서 기자 노릇을 하는 것이었다. 그런 상황이 익살처
럼 보일 때도 있지만 독재가 더 심할수록 우스운 부분은 더 적어
진다.

　내가 카이로에 도착한 지 1년이 조금 못 되었을 때, 카이로 외
국언론연합은 바그다드의 정보부를 통해 이라크 단체 여행을 주
선했다. 그 여행은 완전히 미친 짓이었다. 비밀 기관의 경호원들
이 내내 우리 무릎에 앉아 있다시피 했으니 말이다. 그들은 걸핏
하면 아무 설명도 없이 우리를 로비에 몇 시간 동안 방치했다가
는, 구경을 떠나야 한다며 택시에 밀어 넣곤 했다. 개별 행동은
불가능했다. 그렇게 하면 다른 사람들이 위험해진다. 이웃 사람
이 서양 사람과 말을 나누는 것을 본 이라크인이(그 이웃을 오랫동
안 미워해온 사람이라면) 비밀 기관에 있는 '친구'에게 연락할 수도
있다. "내 이웃은 스파이로 포섭당했소" 하고. 그 이웃이 자신의
무죄를 입증할 수 있는가? 또 어떤 기관에 입증하는가? 네덜란
드에서 온 그 교활한 저널리스트가 정보원이거나 비밀 기관의 앞
잡이일 수도 있지 않을까? 그리고 만약 그가 정부의 선전원이라

면, 즉시 고발하지 않는 당신을 그가 고발할지도 모른다.

그 여행 중에 30명이 버스 한 대에 타고 남쪽으로 간 일도 있었는데, 그러니 학교 수학여행에 빗댄 농담이 나오지 않을 수 없었다. 얼마 안 가서 모두가 숨은 그림 찾기를 하고 있었다. '지도자의 웃기는 벽화'를 찾아보자. 법원 정면에는 검은색 토가(고대 로마 시대 사람들이 입었던 천을 휘감은 듯한 옷—옮긴이)를 입은 사담의 초상화가 있다. 또 어느 5성 호텔 정면에는 그가 하와이안 셔츠를 입고 쿠바산 시가를 피우는 초상화가 있다. 어느 인쇄 가게 앞에는 뚱뚱한 배 위에 커다란 카메라를 늘어뜨리고 있는 관광객 차림의 그가 있다. 어느 부대 인근에는 군복을 입은 사담이, 놀이공원 밖에는 눈과 숲과 산을 배경으로 바보 같은 모자까지 갖추어 쓴 알프스 사냥꾼 차림의 그가 있다.

케르발라(이라크 중부 도시)에서 그런 놀이는 끝났다. 세계적으로 유명한 알아바스 모스크에서 우리는 안내를 받아, 사담 정부가 1991년 폭동의 희생자들을 기념하기 위해 세운 작은 박물관을 구경했다. 그해에 시아파(이슬람교의 한 분파)는 사담 체제를 무너뜨리려고 들고일어났지만 신속하고도 무자비하게 진압당했다. 폭동 초반에 반군에 의해 토막으로 잘려 죽은 이들은 체제의 지지자로 추모되고 있다. 우리는 진짜 올가미, 고기를 걸어두는 갈고리, 유리 뒤에 전시된 말라붙은 피 웅덩이를 보았다. 또 경호원들의 말에 따르면, 울타리 저편, 즉 이란에서 온 요원들에 의해 참수된 아이들 머리를 찍어놓은 사진들도 보았다. 그 박물관은 모든 수학여행의 필수 코스였다.

자유 발언권의 수호자인 우리는 그곳에서 모스크 관리자 시예드 마드히 파드힐 알 구라비의 이름을 조심스럽게 받아 적은 뒤, 그의 설명을 들었다. 그는 헛기침을 한 다음 고전 아랍어로 말했고, 경호원 중의 한 명이 통역해주었다. "우리의 지도자 사담 후세인은, 알라께서 그를 보호하시길, 이란과 서구의 공격이 지속되는 중에도 황금 15킬로그램과 은 150킬로그램을 내려주어 이 건물 복원에 쓰도록 하셨습니다." 벽에는 기도하는 사담과, 그가 예언자 모하메드의 후손임을 증명하는 가계도가 그려져 있었다. 사담의 친척인 요르단의 왕 고(故)후세인도 마찬가지로 경전학자들에게 자신의 가문 역사를 조사시킨 적이 있었다. 알 구라비는 경호원들을 돌아보았다. '내 말이 틀립니까?'

질문이 허용된다고 했고, 한번 시도해볼 만하다고 생각한 사람도 있었다. 폭동을 진압하던 도중에 민간인들을 탱크에 묶어 반군들이 쏘지 못하게 했다는 말이 사실인가? 이 체제는 사람들이 모이는 것을 겁내어 금요일 오후의 기도회(이슬람교에서는 안식일인 금요일 이른 오후에 사원 광장에서 대중 기도회가 열리는 것이 관례다. 그런데 이런 기도회가 반정부 행사로 변했다—옮긴이)를 오랫동안 막아왔다는 것도 사실인가? 고기 갈고리의 그림자 밑에서 알 구라비는 소나기 같은 땀을 흘리기 시작했고, 경호원들은 재빨리 대화를 중

지시켰다.

경호원들은 사담 후세인 병원으로도 우리를 데리고 갔다. 이라크에서는 기관들의 이름을 적어둘 필요가 없다(모두 '사담 후세인'으로 통하니까). 여러 해 동안 반년에 한 번씩 이라크에 오곤 하는 사진가가 우리 그룹에 있었는데, 예전에 방문했을 때 본 의사 한 명을 알아보았다.

"만나서 반갑군요! 병원 상황은 어떻습니까?"

"알함둘릴라Alhamdulillah, 말하자면 신은 위대하십니다."

병동의 장비는 깨지지 않은 것이 거의 없었는데도, 미국이 1990년 이후 실시한 대 이라크 경제 제제 때문에 부품을 구할 수가 없었다. 이라크 정부의 주장에 따르면 그랬다. 또 다른 의사는 암 환자를 모두 퇴원시켰다고 말했다. 약품을 구할 돈이 없기 때문이었다. 지루하지만 기분 좋은 표정으로 고개를 끄덕거리고 있는 경호원들을 힐끗 쳐다보더니 그는 분개한 태도로 말을 이었다. 경제 제재 조치가 이라크를 난민 캠프로 만들었다고. "왜 그랬을까요? 이라크가 대량학살 무기를 숨기고 있기 때문이라는 겁니다. 우리에게 그런 무기가 없어진 지 오래라는 건 모르는 사람이 없어요. 미국은 무조건 이라크를 파괴하고 싶은 것 아닙니까?"

우리 그룹의 한 독일인 기자는 민주국가에서는 당연한 질문을 해보기로 했다. 그는 정당 지도자들이 살고 있는 지역에서 수영장이 설치되어 있는 걸 보았고 벤츠 자동차와 위성 안테나도 보았다고 지적하며, 이 체제는 그런 데 쓸 돈은 있지 않느냐고 물었다. 옥스퍼드식 영어를 쓰던 그 의사는 말을 더듬었다. "우리의 소중한 대통령은 이 위기의 등줄기를 꺾어버릴 계획이 있을 거라고 저는 확신합니다." 그런 다음 그는 가버렸다.

"필요한 건 다 적었습니까?" 경호원 대표가 물었다. 우리는 고개를 끄덕였고, 그다음에는 우리도 떠났다.

이것이 독재 체제의 적나라한 모습이다. 나는 '불안이 지배하는 케르발라'라는 배경 기사를 재빨리 썼다. 하지만 의미가 제대로 전달되었을까? 현지에 파견된 기자인 내가 독재 체제를 꿰뚫어보기까지 그렇게 오래 걸렸다면, 안전한 네덜란드에 살고 있는 독자들은 어떨까?

아무튼 우리 방송사의 국장이 칭찬한 건 다른 기사였다. 외무부 장관인 타레크 아지즈^{Tareq Aziz}는 기자들이 단체로 갔기 때문에 시간을 내주었는데, 그 인터뷰는 경제 제제, UN 해결책, 외교적 조정 작업 등등에 관한 표준 질문에 대한 표준 답변이 갖춰진 한 편의 연극이었다. 통신사의 보도를 계속 들어온 사람의 귀에 새로운 발언은 하나도 없었다. 하지만 타레크 아지즈는 유명 인사였으니, 내 점수가 올라간 것이다. 한편, 당시 두어 가지 이야기를 더 들어야 했다. 사장실 소속의 누군가가 내게 왜 비자를 더 빨리 받지 못했는지 물어보았고, 한 편집자는 긴급 메일에 답장을 하지 않았다고 짜증을 냈다. "제가 이라크에 있는 줄 모르십니까?" 나는 대답했다.

"알고 있는데……, 그래서요?"

그 시점에서 나는 공포가 지배하는 나라에서는 이메일을 주고 받지 못한다는 사실을 차근차근 설명해주어야 했다. 좀 민망스럽기는 했다. 하지만 그 동료들을 심하게 비난할 수는 없었다. 그들 머리에 들어 있는 생각의 기초는 부분적으로는 내가 형성해주었을 테니 말이다. 2년 동안 내 기사가 1면에 오른 것이 열 번이었고, 수백 편의 기사를 썼으며, 라디오에는 적어도 200번은 출연했다. 하지만 독재 체제의 실상이 드러나 있는 것은 부수적으로 쓴 글뿐이었다. 명료하게 밝히자면 나는 사기꾼 두목 대신에 대통령이라는 단어를, 박수 기계 대신에 국회라는 말을, 고발자 혹은 선동자나 아첨쟁이 대신에 논평가라는 말을 계속 썼다.

컨퍼런스 센터에 갇히다

그러다가 어느 날, 이집트가 다시 뉴스 화면을 점령했다. 유럽과 아프리카 국가 수장들이 1차 유럽-아프리카 정상회담을 위해 카이로로 온 것이다. 이는 이집트 정권이 대륙 간의 가교 역할을 하기 위해 실시한 행사였다. 막중한 보안 대책의 부담에 짓눌려 이 도시는 삐걱거렸지만, 나는 '내' 분야가 잠시 뉴스 사이클에서 벗어났기 때문에 기분이 좋았다. 하지만 그 좋은 기분은 오래가지 않았다.

개회 직전, 기자들 전원이 카이로 컨퍼런스 센터에 있는 한 방에 소집되었다. 휴대전화는 압수되었고, 폐회 연설이 끝나기 전에는 밖으로 나갈 수 없다는 지시를 받았다. 누구보다도 유럽에서 날아온 기자들이 가장 심하게 화를 냈지만 항의해봤자 소용이 없었다.

그 방에서 우리는 그저 앉아 있었다. "사기꾼들이 이 나라의 돈을 다 쥐어짜내는 동안 우리는 여기 앉아서 뭘 하는 건가?"라고 소리치고 싶은 기분이었다. 좀 있으면 유럽과 아프리카 지도자들은 우리에게 '대단한 발언'들을 던져주겠지만, 그런 발언은 방송에 실리기도 전에 우리 기억에서 사라질 것들이었다. 문 밖에서 시위가 일어났다고 상상해보자. 기자들은 한목소리로, "이런 사태를 누구도 예상하지 못했다"라고 말을 맞춰야 했을 것이다. 하지만 왜 아무도 이런 사태를 예상하지 못했을까? 상황을 다르게 보고 있었기 때문에? 통신사들이 기삿거리라고 가르쳐준 것만을 보고 있었기 때문에?

뉴스만 본다면 세상에서 무슨 일이 일어나는지 알게 되리라는 생각은 이미 포기한 뒤였다. 더욱이 이날 나는 중동 관련 뉴스에 가장 중요한 요소가 결여되어 있음을 깨달았다. 독재 체제는 좋은 저널리즘의 앞길에 놓인 장애물 같은 것이 아니다. 예를 들면 사람들을 짜증나게 만드는 여행사들의 한결같은 무능함 같은 것

과는 범주가 다르다. 독재 체제 자체가 아랍 세계에서 보도해야
할 가장 중요한 요소인 것이다. 어떤 나라에서는 선전과 거짓 정
보의 구름이 워낙 두터워서, 그것이 얼마나 지독한지 보기조차
힘들다. 하지만 본질적으로 아랍 20개국의 독재 체제는 모두 같
은 방식으로 세워져 있다. 이에 대해 우회적으로 쓴다는 것은 마
치 독일의 점령이라는 현실을 배제한 채 1943년의 프랑스나 네
덜란드에 대해 보도하는 것과도 같다. 지금 생각하면 취재와 분
석과 대담에서 제일 먼저 했어야 할 것이 독재 체제 자체에 대한
조명이었다. 그런 다음에야 예외적인 사건들, 즉 뉴스에 대해 말
할 수 있는 것이다.

　카이로 컨퍼런스 센터에 갇혀 있으면서 나는 작업 노선을 바꾸
어 독재 치하의 일상생활에 대한 취재를 내 작업의 중심 부분으
로 삼기로 결정했다. 그리고 그 뒤 몇 달 동안 나는 그게 얼마나
힘든 일인지 깨달았다.

뉴스를 뉴스로 만들지 못하게 하는 네 가지 필터

문제는 수준 높은 저널리즘의 기본 원칙에 있었다. 사람들은 세
계에 대해 더 많은 것을 이해하고 싶어서 뉴스를 보고, 라디오를
듣고, 신문을 읽는다. 그들이 읽고 보는 것은 정확한 내용이어야
한다. 그 때문에 이름뿐만 아니라 성이 나와야 하고 이야기의 양

면을 모두 다뤄야 한다. 제대로 검토하고 재검토해야 하며, 입증 가능한 정보가 필요하다. 〈뉴욕 타임스〉가 1면에서 자랑하듯이, '보도하기에 적합한 모든 뉴스'는 다 다뤄야 한다. 민주 체제에서 그것은 지극히 유용하고도 아름다운 원칙이다. 하지만 독재 체제에서는 입증 가능하고 보도하기에 적합한 것이 현실의 지극히 작은 일부에 불과하다. 나머지는 네 개의 커다란 필터에 걸려 버린다.

그 첫 번째 필터는 주민 내부의 공포심이다. 그것은 기자들이 많은 것을 알아내지 못하게 막는다. 바그다드가 함락되고 오랜 시간이 지난 뒤 한 이라크 여성이 BBC에 말했듯이, 사담 치하에서 그녀의 삶은 "뭔가를 말하고 싶을 때마다 머릿속에 누군가가 들어 있어서 그것이 위험한 내용인지 아닌지 체크하는 것 같았다."

이런 공포는 나라마다 다르다. 하지만 그런 '자체 검열 도구'가 없거나 혹은 용감한 사람들이 뭔가 이야기를 해주더라도 그 내용을 점검할 수가 없기 때문에 그들이 한 이야기 이상으로 진행시킬 수가 없다. 더 넓은 시각에서 그런 사례들을 자리매김할 수 있게 해주는 믿을 만하고 입증 가능한 수치나 통계가 사실상 없다. 이것이 두 번째 필터이다.

하지만 신문에는 기자들이 자신들의 견해를 알릴 수 있는 배경 기사나 특집 섹션이 있지 않은가? 이렇게 물을 수도 있다. 사실, 내가 서랍에 넣어둔 이야기들 가운데 일부를 발표할 수는 있었다. 하지만 거기에도 한계가 있었다. 특히 가장 좋은 기삿거리들은 실리지 않았다. 한번은 민간인들이 얼마나 약한 처지에 있고 힘이 없는지에 대한 배경 기사를 쓰려 한 적이 있었다. 독자들의 심금을 울릴 수 있는 사례를 제시해야만 기사 가치가 있는 법이기에 나는 내 파일을 온통 뒤졌고, 바그다드에 살고 있는 한 네덜란드 여성의 사례를 찾아냈다. 그녀의 사례를 보면 독재 체제의 실상이 어떤지를 알게 될 것이다.

그녀는 마지막까지 바그다드에 남은 몇 안 되는 네덜란드인 중의 하나였는데, 이라크에 처음 갔을 때 그녀를 만난 적이 있었다. 경제 제재 때문에 바그다드에는 네덜란드 대사관이 없었으므로 암만 주재 영사가 그녀의 전화번호를 알려주었다. 그녀는 1950년대 초반에 기독교도 이라크인과 결혼한 노부인이었다. 몇십 년간 이라크에서 지냈으면서도 그녀는 여전히 여왕처럼 품위 있는 네덜란드어를 구사했다. 처음에 그녀는 날 만나지 않겠다고 했다. "우리는 가톨릭교도와는 어울리지 않아요." 전화를 했을 때 그녀는 톡 쏘는 듯이 말했다. 내가 태어나기도 전부터 〈폴크스크란트〉는 가톨릭교 색채를 지워버리고 더 진보적인 관점으로 옮겨갔다고 말했는데도 반신반의하는 기색이 역력했다. 그렇기는 해도 결국은 만나기로 했고, 몇 시간 뒤 우리는 빗속을 뚫고 그녀의 집 앞에 갔다. 셔터 문이 열렸고 안쪽으로 들어갔지만, 현관문은 여전히 닫혀 있었다. 내 경호원인 정보부 소속 마디지는 나를 쳐다보았고 나도 그를 쳐다볼 뿐이었다. 집은 아름다운 격자 울타리에 둘러싸여 있었고 넓지만 텅 빈 정원을 가지고 있었다. 과거에는 아주 유복했으리라.

마침내 문이 열렸고, 어색하게 인사를 나누었다. 그녀는 차마 나의 방문을 거절할 수는 없었던 모양이었다. 우리 앞에는 레모네이드가 한 잔씩 놓였고, 마디지는 잡지를 몇 권 집어 들고 주르륵 훑어보았다. 내가 마디지에게는 대사관에서 보내는 인사를 전한다고 했으므로, 우리가 네덜란드어로 말해도 상관하지 않았다. 노부인은 출국 비자를 얻으려면 정권에 2만 달러를 내야 하므로 자신은 이 나라를 떠날 수가 없다고 말했다. 남편은 병이 들었고, 필요한 약품도 구할 수 없었다. 그녀 자신의 심장병은 네덜란드에서라면 간단하게 치료되겠지만 이라크에서는 그렇지 않으니, 사망선고를 받아놓은 상태였다.

먹을 것은 충분한가? 아무런 감정 없는 말투로 부인은 UN 요원들이 있을 동안은 인근에 사는 사람들이 모두 식량 배급을 제대로 받는다고 말했다. 사담 후세인이 무기 사찰단에게 협력하기를 거부한 이후 이라크는 무역을 할 수 없었다(1차 이라크전이 끝난 뒤 저질러진 쿠르드족의 학살에 대한 징벌로서 UN이 결의하여 시행한 무역 금지 조치를 말한다—옮긴이). 이 나라가 굶어 죽으면 안 되니까 원유 수출은 허락되었지만, 거기서 들어오는 수입은 UN이 통제했다. 즉 UN 석유식량계획^{Oil for Food Program}이라는 것이었다(2010년 종결). 그러나 그나마 UN 요원들이 오지 않으면 사람들은 모두 배급 물품을 반납해야 했는데, 그러고 나면 정부 관공서가 우선적으로 배급받았다. 나머지는 정권의 충복들에게 돌아갔고, 다른 이웃들은 그들에게 가서 구걸해야 했다.

나는 한동안 네덜란드 이야기를 해주었지만, 그녀는 우리가 나가주었으면 하는 기색을 노골적으로 보였다. 그렇다면 마지막으로 한 가지, 현관문을 왜 그렇게 오랫동안 열어주지 않았는가? 그녀는 차가운 눈으로 마지디 쪽을 보며 고개를 까딱했다. "저 사람과 함께 온다는 말은 안 했잖아요. 저 사람은 최근에 TV에 나온 적이 있어요. 고위층 담당 비밀요원이지요. 열일곱 살 난 내 손녀가 여기 있어요. 저 사람이 손녀딸을 보게 되면 나중에 다시 와서……, 알겠어요? 그 아이를 먼저 뒷문으로 달아나게 해야 했어요."

이런 것이 독재 체제였다. 알라신을 두고 맹세한다. 이 이야기를 얼마나 기사로 쓰고 싶었는지! 사실 확인은 충분히 했다. 마지디가 나를 하루 동안 다른 경호원에게 맡긴 적이 있었다. 그는 정보부로 돌아간 전직 대사였는데, 여러 해 동안 일본인 기자의 경호원으로 일했다. 그들은 서로를 믿는 사이였고, 그 일본인 기자는 나를 믿었다. 그래서 그와도 이야기를 할 수 있었다. 나는 그녀가 누구인지 드러나지 않게 조심하면서 그녀의 상황에 대해 의논했다. "그분이 과장한 건 확실히 아닐 거요." 그는 단호하게 말했다. "사람들이 정보원이 되는 까닭이 그것이고, 모든 아버지가 아들 하나씩은 군대에 보내는 것도 그 때문입니다. 그렇게 해서 연줄을 구축하는 거지요. 문제가 생길 때를 대비해서 말입니다."

전직 대사를 불신할 이유는 없었지만 그 노부인의 이야기는 기사화되지 못했다. 네덜란드계 이라크인이나 대사관을 통해 마디가 사정을 알아내게 될 것이니, 위험도가 너무 높았다. 그 이후 노부인은 죽었다.

카이로에서 함께 맥주 한잔 하는 친구 중에 기^{Gie}라는 사람이 있었다. 그는 다국적 기업의 하청 과자공장을 운영하는 플랑드르 남자였다. 한번은 그가 이런 이야기를 해주었다. "특별한 종류의 기름 8톤을 수입하고 싶었는데 그런 기름 컨테이너를 들여오는 데 뭐가 필요한지 알아낼 수가 없었소. 환경부에 가야 하는지 운송부인지, 경제부인지, 보건부인지 알 수가 없는 거요. 모두 다 이야기가 다르고, 아무도 대답을 해주지 않았어요. 그러나 이 기름이 없으면 내 공장은 제품을 만들 수 없으니, 일단 수입했지요. 그 컨테이너는 항구에 도착하기도 전에 압수되었어요. 기름은 없애버리거나 재분배해야 했는데, 그렇게 하는 비용이 6만 달러랍디다. 나는 변호사에게 전화를 했고, 그가 어떤 연줄에게 연락을 했고, 그는 또 다른 연줄에게 연락했어요. 끝에 가서는 어떤 자문관에게 법률적 조언의 대가로 600달러를 내는 걸로 끝났어요. 체포될 경우 나 대신 감옥에 가줄 특별 인재도 준비해두었지요. 이집트에 있는 서구 회사들 중에 뇌물을 통해 작업하지 않는다는 회사는 거짓말쟁이입니다. 뇌물을 쓰지 않았다면 한참 전에 파산했을 거요."

기가 겪은 문제는 부패와 부실 관리가 한 나라의 경제를 어떻게 망치는지를 여실히 보여준다. 하지만 기의 경력에 손상을 입히고 싶지 않았으므로, 그의 이야기도 경제 특보란에 싣지 못했다. 헤이그에 있는 이집트 대사관은 모든 신문을 다 읽으니까. 기가 실제로는 다른 이름을 갖고 있으며 플랑드르 사람이 아닌 것도 이 때문이다.

독재 체제 하의 현실적 일상생활이 뉴스화되지 못하게 가로막는 세 번째 필터는 이 같은 정보 출처의 취약성이다. 또 네 번째 필터도 있다. 나는 가끔 뭔가에 대해 들었다. 사실 확인을 했고, 성과 이름을 비롯한 정보도 가지고 있었다. 하지만 결과적으로 그건 '뉴스'가 못 되었다. 예컨대, 중동의 교통사고 사망률을 가지고 이야기해보자. 그곳 도로의 열악한 사정과 엉성하게 조립된 자동차, 부패한 경찰관, 효율적이지 못한 병원 등으로 인해 아랍인이 유럽인에 비해 치명적인 자동차 사고를 겪을 위험은 50배 더 높다. 아랍 세계 전역에서 날이면 날마다 피바다가 벌어지는 것이다. 이 경우에는 기사가 되지 못하게 방해하는 장애물은 없다. 사용 가능한 수치가 있고 UN 언론 담당자의 거창한 발언을 인용할 수 있으니까. 그런 것에 비하면 희생자와 그 친척들의 이름과 성 같은 것은 그리 중요하지 않으니 굳이 없어도 된다. 그래서 나는 카이로와 알렉산드리아 간의 고속도로에서 큰 사고가 일어나기를 기다렸다가 그 사고를 곁다리로 활용하여 쓰고 싶은 기사를 썼다.

그렇게 하여 나는 기사 한 편을 올렸다. 하지만 거기까지가 한계였다. 어찌 아랍 세계 최대의 피바다가 고작 기사 한 편으로 처리되고 끝날 수 있다는 말인가?

이번에도 대답은 아랍 땅에는 민주주의가 없기 때문이라는 것이다. 그들과 네덜란드를 비교해보라. 내가 중동에 있는 동안 고국 주민들 중에는 대량 이민이 치러야 하는 대가가 그 성과보다 더 크다고 보는 사람이 많아졌다. 어떤 사람이 그런 생각을 표명했고, 언론이 그의 견해를 다루었으며, 그 견해가 지지를 얻게 되자 그가 발언할 기회가 점점 더 많아졌다고 해보자. 이런 상황에서 그의 지지자들은 글을 쓰고 시위를 벌이고 행사를 조직할 용기를 내게 된다. 이런 식으로 하여 이민의 확대에 반대하는 움직임이 정치적 의제로 등장한다.

이렇게 되기까지는 시간이 좀 걸린다. 민주주의에서도 엘리트들은 특정 이슈를 의제에 포함시키지 않도록 배제할 수 있기 때문이다. 하지만 조만간 그런 이슈들이 표면화되는데, 그것이 바로 우리의 사회와 독재 체제 같은 폐쇄 시스템 사이의 차이가 드러나는 지점이다. 주류 아랍 언론에는 다음과 같은 기사가 절대로 보도되지 않을 것이다. "오늘 대통령이 글도 제대로 읽지 못하는 자기 동생을 정부 자문관으로 임명한 처사에 항의하기 위해 수천 명의 이집트인들이 거리로 쏟아져 나왔다." 아니, 이런 보도도 보지 못할 것이다. "오늘 이집트의 교통안전부 장관은 시속 200킬로미터로 달리던 뺑소니 사건의 가해자인 장군과 정치인 자녀들을 처벌하도록 요청하는 300만 명의 서명이 담긴 청원서를 대통령에게 보냈다."

뭔가 일상과 다른 일이 발생하고 그런 일을 증명할 만한 정보를 구할 수 있다면 그것은 뉴스가 된다. 하지만 계속 뉴스가 되기 위해서 사건에는 발이 달려 있어야 한다. 즉 계속 변화해야 한다는 것이다. "우리는 이 사건을 면밀하게 주시하고 있습니다"라고 CNN에서는 말한다. 하지만 사건이 발전하지 않으면 주시할 것도 없다. 편집자들이 수단의 와우에서 발생한 기근은 기삿거리가 못 된다고 판단한 것은 그래서였다. "아, 아니야, 끝도 없이 계속되는 분쟁을 또 보도할 수는 없어." 이것이 바로 네 번째 필터다.

이곳에서는 무엇이 뉴스인가?

한번은 TV 방송국 스튜디오에서 일하는 동료에게 뉴스가 무엇이라고 생각하는지 물어보았다. 그는 당황스러운 질문이라는 듯 웃음을 지었다. "피가 흐르면 그 소식은 머리기사가 됩니다. 우리는 공격, 유괴, 살인, 크고 작은 상해 사건에 대해서는 공개하는 편을 좋아해요. 그런 것이 대중의 관심을 끌기 때문이지요. 또 사망자 수를 사건 현장에서부터 고국의 스튜디오까지의 거리로 나눠서 뉴스를 결정합니다. 백인들의 사망이 흑인이나 아시아인의 사망보다 더 큰 뉴스가 된다는 얘기죠. 기독교도의 사망은 다른 종교인의 사망보다 더 큰 뉴스가 되고요. 다만, 제 미국인 동료가 이런 말을 한 적이 있는데, 유대인은 그 자체가 뉴스입니다(Jews are news). 그러니 예루살렘에 대한 공격은 머리기사가 되지만 알제리나 델리에서 작은 폭탄이 터진 사건은 방송되지 못할 거예요."

이 냉소적인 농담은 유행어처럼 번졌다. 그러나 다만 농담이 아니라 어떤 기능을 가지고 있는 듯했다. 구체적으로 말하자면, 뭔가가 왜 뉴스가 되는지 아무도 정확하게 알지 못한다는 말을 되풀이하는 기능 말이다. 뉴스가 되기 위한 필요 사항을 열거할 수는 있다. 하지만 왜 그런 사항들이 뉴스를 결정하는지를 대라면……

서구에서 저널리스트가 한 가지 확신할 수 있는 일은 뭔가 정말 중요한 사건이 일어나면 조만간 일반 사람들의 귀에도 들어가게 된다는 것이다. 그런 것이 서구이다. 하지만 독재 치하의 사람들은 억압당하고 있으니, 문제가 있어도 저항하거나 그것을 이슈화하는 일 따위는 불가능하다. 시야에 들어오지 않는 것이 너무나 많다.

일상사뿐만 아니라 사람들의 삶에 엄청난 영향을 미치는 것들도 그렇다. 이집트에서 7500만 명의 사람들이 사는 지역의 넓이는 네덜란드 전체 크기와 비슷하다(네덜란드의 인구는 2010년 기준 1700여만 명이다—옮긴이). 인구는 매년 150만 명씩 증가한다. 이 인구 폭발을 따라잡으려면 당국은 15만 개의 일자리를 매년 만들어내야 하고, 10만 채의 집을 새로 지어야 하며, 1만 개의 새 학교, 1000군데의 고등교육 기관, 병원 100곳, 새 대학도 여러 개 세워야 한다. 인구 증가가 가하는 압박은 이 정도로 크다. 이집트만이 아니라 예멘, 시리아, 다른 아랍 국가에서도 마찬가지다. 매년 600만 명이 늘어나니, 물이나 일자리가 없으면 그들은 당연히 유럽으로 가겠다고 결정하게 된다. 하지만 그런 행동이 대규모로 일어나기 전까지 인구 폭발은 뉴스가 되지 않는다. 아래와 같은 뉴스는 있을 수 없는 것이다.

아랍의 인구 증가—매일 1만 6000명

[카이로=폴크스크란트] ㅇㅇㅇ특파원

그저께, 어제, 오늘, 아랍 국가의 인구는 1만 6000명씩 늘어났다.
……

　교통사고로 인한 사망도 인구 증가도 뉴스거리는 아니지만, 최소한 그에 대한 통계수치는 있다. 하지만 이집트에서 얼마나 많은 소녀들이 매년 외음부 절개를 당하는지는 아무도 모른다. 그들은 이것을 여성 할례라 부를 뿐이다. 또 아랍 세계에서 얼마나 많은 사람들이 공정한 재판도(아니면 그 어떤 재판도) 받지 못한 채 투옥되는지도 모른다. 몇 십억 달러를 빼돌려 해외의 비밀 계좌에 예치해둔 장군이 몇 명이나 되는지도 모른다. 무법한 부실 관리 때문에 얼마나 많은 아랍인들이 죽거나 불구가 되었는지도 알아낼 방도가 없다. 아무도 모르고, 아무도 그에 대해 항의할 엄두도 못 낸다.

　한 이집트인 의사가 병원에서 벌어지는 혼란과 부패상에 대해 말해준 바에 따르면, 의사들은 시험에 합격해서가 아니라 뇌물을 써서 의사자격증을 얻었기 때문에 치명적인 실수를 범하곤 한다. 그나마도 치료를 받으려면 환자는 의사를 매수해야 한다. 부패한 병원 관계자들은 두둑한 커미션을 받고 약품 값을 비싸게 매겨주거나 엉뚱한 약을 가져온다. 이 말을 듣고 열정이 끓어오른 나는 생각했다. '내가 기사로 쓰려는 게 바로 이런 일이야.' 하지만 그런 피해, 낭비, 뇌물에 관한 수치는 없었다. 기껏해야 의사들의 말을 익명으로 인용할 수 있을 뿐이었다. 서구라면 그런 시스템에 피해를 입은 환자들이 환자 연합을 결성할 테지만 여기서는 사정이 달랐다. 그 의사의 아내는 이렇게 말했다. "내가 평생 자유롭게 투표한 것은 아이돌 인기 순위 투표뿐이었어요. 맹세하는데, 내가 아이돌 팬클럽을 결성하면 아마 내게도 비밀요원이 따라붙을 거예요."

　이것이 독재 체제 하에서의 저널리즘이다. 그러니 어떻게 달라질 수가 있겠는가? 라디오 뉴스 프로그램이나 신문 지면을 개인적 인상이나 스스로도 진실 여부를 알지 못하는, 혹은 대표적인 일화로만 채울 수는 없다. 아랍어를 정말 잘하고, 나보다 더 경험과 연줄이 많은 동료들도 통신사에서 주는 뉴스 속보에 집착하는 것도 그 때문이다. 아무리 잔혹한 독재자들도 그런 통신사를 추방하지 않는 것도 그 때문이다. 공연히 추방할 필요가 없다. 통신사들이 스스로에게 재갈을 물렸으니까.
　문제는 이처럼 간단하다. 이런 이유들로 너무나 많은 것들이 눈에 보이지 않도록 밀려나 있었다. 그랬기에 사람들이 갑자기 아랍에 대해 더 많은 것을 알고 싶어졌을 때는 밑바닥에서 다시 출발해야 했다. 2001년 9월 11일 이후 같은 때 말이다.

chapter 6

9·11 테러, 저널리즘을 심판대에 올리다

그 신문은 거액의 취재 예산과 주요 지면에 거의 무제한의 공간을 주었고, 일급 사진기자도 보내주었다. 나는 거의 "빈라덴 씨 고마워요"라고 콧노래를 부를 지경이었다. 하지만 이 모든 흥분은 금방 사라지고 좌절감이 밀려들었다. 이제 기자들은 수십 년간 아랍 세계에 대해 올바른 보도를 해오지 않은 대가를 치르게 되었다.

지금은 상상하기 힘들지만, 1998년에 나를 특파원으로 임명하기 전에 〈폴크스크란트〉는 아랍 세계에 특파원을 계속 둘 필요가 있는지를 진지하게 고려한 바 있었다. 이스라엘 특파원이 그곳까지 담당할 수는 없을까? 했던 것이다. 1990년대 말엽에는 이슬람에 대해 관심을 가진 사람은 거의 없었고, 이스라엘과 팔레스타인 간의 평화 협상은 절름거리기는 하지만 해결책 쪽으로 향해 가는 듯했다. 또 평화가 이루어지고 나면 아랍인들은 나머지 인류와 함께 민주주의에 편승할 것처럼 보였다. '역사의 종말', 한때는 그렇게 불렀다. 어떤 칼럼니스트는 사람들이 모두 똑같아

보이기 시작했다고 투덜댔다. "세계는 하나의 거대한 맥도널드가 되려고 한다"라고.

당연한 얘기겠지만, 이런 분위기 속에서 아랍인들이 왜곡되어 표현되고 있다는 내 의견은 윗사람들에게 별 영향을 주지 못했다. 그들의 관점에서 아랍 세계는 라틴아메리카와 동일한 반열에 놓여 있었다. 어쩌다 한 번씩 신문 한 면을 통째로 차지하는 일이 생겼지만, 그걸로 충분했던 것이다.

그런 상황 속에 나는 갇혀 있었다. 억지로라도 알아낼 수 있는 것이 거의 없으므로, 독재 체제는 마치 미지의 영역이 남아 있는 지도와 같다. 큰 사건이 없는 기간 동안 기자들은 정상회담, 외교적 돌파구, 폭격 등 확증 가능한 정보가 있는 사건만을 보도하면서 그런 공백 지역들을 피해 다닐 수 있다. 하지만 뭔가 큰일이 벌어지면 대중은 기자들이 밝혀낼 수 없는 것들을 알고 싶어한다. 그럴 때는 어떻게 해야 하는가?

뉴스 산업에도 경쟁이 있다. 국내 뉴스와 해외 뉴스 간의 경쟁도 경쟁이지만, 특파원들 사이에도 자기가 담당하는 영역을 1면에 싣고 싶어하거나 다른 사람들의 임무나 여행 예산을 탐내는 등의 경쟁이 있다. 그러니 당신 구역에서 무슨 일이 일어나는가 하는 질문을 받을 때 이렇게 대답하지 않는 편이 좋다. "알아내기 힘듭니다." 그러면 다음번 예산조정 때 편집장의 눈총을 받을 각오를 해야 한다. 그는 이렇게 생각한다. 당신이 알아내는 게 전혀 없는데 왜 당신에게 돈을 써야 하지?

기자는 아무것도 모른다

시리아의 독재자 하페즈 알아사드 Hefez Al-Assad가 죽었을 때 이 딜레마가 첨예하게 대두되었다(시리아는 바트당이 1963년 군사 쿠데타로 정권을 장악한 이후 독재가 계속되었다. 쿠데타의 설계자 가운데 한 명이던 공군 장교 하페즈 알아사드는 1970년에 대통령이 되었으며 2000년에 그가 죽은 뒤 아들 바샤르 알아사드Bashar Al-Assad가 대통령 자리를 물려받았다─옮긴이). 시리아가 갑자기 머리기사로 부각되었고, 다마스쿠스의 관문들이 활짝 열렸다. 세계의 뉴스 캐러밴들이 이동하고 있었고, 나도 공항 출입구에 상주하다시피 했다. "우리 기자가 다마스쿠스에 도착했습니다. 그곳 분위기는 어떤가요?" 스튜디오는 내가 뭔가를 알고 있다는 듯이 이렇게 물었다. 그래서 나도 다른 기자들이 하는 식으로 했다. 사소한 사실들의 장벽 뒤에 숨는 것이다. 행렬이 이쪽으로 지나갈 것이고, 장례식이 그날 치러질 것이고, A 대통령은 참석하지만 지도자 B는 오지 않는다. 국장은 ○일 동안 이어질 것이다 등등. 이런 방법은 두어 번까지는 통했지만, 지루하기도 하고 스튜디오에서도 그 정도는 충분히 할 수 있었다. 이제 편집자들은 오랜 시간 통치해온 지도자가 죽었으니 "시리아가 앞으로 어떻게 될 것인가?"라는 문제에 대해 더 많이 알고 싶어했다.

　그런데 그것이 바로 공백으로 남은 지점 가운데 하나였다. 아사드의 아들이 그 자리를 물려받는다. 그 정도는 확실했다. 하지만 그다음에는? 내가 보기에 수십 년 동안 철권을 휘둘러왔던 그 체제가 반대파와 서둘러 권력을 공유하려 들지 않을 것 같았다. 다마스쿠스는 안보적 수단에 의해 정체 상태에 머물러 있었다. 확성기에서는 하루 종일 "친애하는 아사드여, 우리는 피와 영혼을 다 바쳐 당신을 지지합니다"라는 말을 떠들어댔다. 또 정보부 복도에는 다음과 같은 포스터가 붙어 있었다. "의회 소집-내일 오전 7시 정문. 우리의 영원한 지도자의 장례식을 위해 모두 참석해야 합니다." 정확하게 말해 이것은 '새로운 바람'이 부는 소리가 아니었다. 내가 이야기해본 소수의 시리아인들은 대체로 혼란을 두려워하고 있었다. 위험한 실험을 하느니 차라리 또 다른 강자가 권좌에 앉는 편이 낫다는 것이었다.

　시리아는 어떻게 될 것인가? 거의 모든 경우, 계승자는 전임자보다 약할 수밖에 없다. 그에게 빚진 사람이 더 적기 때문이다. 그는 그 전임자를 지지했던 세력의 지지를 받겠지만, 그들의 지지는 호주머니가 채워질 동안만 계속된다. 또 그러기 위해서는 그들 위치도 위협받지 않아야 한다. 그렇기 때문에 새로운 바람이 불 가능성은 별로 없다. 게다가 왜 독재자가 자기 권력을 그대로 넘겨주고 싶어하겠는가? 그가 민주주의를 도입했다고 치자.

그것이 잘못된 방향으로 진행되어 쿠데타가 일어났다고 하자. 제일 먼저 가족들과 함께 벽에 세워져 처형될 사람이 누구이겠는가? 예전 독재자로서 재판을 받을 위험이 있다는 것은 말할 필요도 없다.

나는 기자들이 이렇게 말했어야 한다고 생각한다. "우리는 새 지도자나 국민들이 무얼 원하는지 모른다. 이곳은 독재 체제이므로 우리는 그게 무엇인지 알 수가 없다"라고. 그런 다음 독재 체제가 어떤 것인지 설명하고, 그러므로 아마 시리아에서는 어떤 거물 사기꾼을 다른 사기꾼이 계승하게 될 것이라고 말했어야 한다.

하지만 CNN이나 BBC에서 특별히 날아온 고참 기자들은 이렇게 말하지 않았고, 나 역시 그러했다. 대신에 우리는 정확한 억양의 영어로 개방성, 해빙, 다마스쿠스의 봄 따위의 단어를 쓰면서 정권을 추어올리는 대변인들의 말을 인용했다. 또 앞에서 언급한 바 있는 국회의원 리아드 세프 같은 반대파들이 활동할 자유를 얻게 될 것이고, 새 지도자는 인터넷 카페, 위성통신, 휴대전화 사용 등 근대화를 약속했다고 보도했다.

우리는 그전에 모로코 왕 하산^{Hassan}과 요르단 왕 후세인의 장례식을 치르는 동안 말했던 것과 놀랄 만큼 비슷한 이야기를 만들어내면서 그런 것이 시리아가 가고 있는 방향이라고 점쳤다. "수십 년 동안 이 나라는 구식 지도자인 고인의 철권에 의해 통치되어왔습니다. 그는 안정은 가져다주었지만 국가 발전을 정체시킨 것도 사실입니다. 그러므로 사람들은 그의 아들이 가져올 개혁을 오매불망 기다리고 있습니다. 그의 아들은 새로운 세대의 인물이 며, 서구와 더 친숙합니다. 유일한 의문은 개혁에 반대하는 세력이 있는 상태에서 새 지도자가 어느 정도까지 과감해질 수 있는가 하는 것입니다." 잘못 설치된 컴퓨터 프로그램을 교체하는 것도 아닌데, 독재를 마치 계승자가 해결할 수 있는 착오인 양 그렇게 말했던 것이다.

장례식은 대통령에게 마지막 존경을 바치기 위해 모여든 엄청난 인파와 함께 별다른 사고 없이 진행되었다. 그다음 날 시리아는 다시 뉴스 결정 순위에서 콜럼비아와 동일한 순위로 돌아갔다.

9·11 이후, 거짓말이 드러나다

그러다가 9월 11일이 왔다. 사우디의 어느 논평가의 말을 빌리자면, 갑자기 아랍이 '오늘의 요리'로 부상했다. 현지에 있던 기자들은 잔칫날을 만났다. 우리가 펄쩍펄쩍 뛰면서 환호했다거나, 이런 기분임을 서로 인정했다는 말은 아니다. 모든 직업에는 금기라는 게 있고, 전쟁이나 폭탄 테러를 축하하는 직업은 결코 없다는 것은 인류학자가 아니더라도 다들 알고 있다. 다만 기자라는 존재들은 폭탄이나 전쟁이 없으면 실직하게 되는 것은 사실이다. 공격이 있다는 것은 내가 네덜란드 공영방송인 NOS의 보도국으로부터 수천 유로어치의 일거리를 추가로 얻는다는 뜻이었다. 그 신문은 거액의 취재 예산과 주요 지면에 거의 무제한의 공간을 주었고, 일급 사진기자도 보내주었다. 나는 거의 "빈라덴 씨 고마워요"라고 콧노래를 부를 지경이었다.

하지만 이 모든 흥분은 금방 사라지고 좌절감이 밀려들었다. 이제 기자들은 수십 년간 아랍 세계에 대해 올바른 보도를 해오지 않은 대가를 치르게 되었다. 아랍 세계가 독재 체제이고, 이런 종류의 체제에서는 모든 것이 다르다는 사실을 내 청중들이 어찌 알 수 있겠는가? 서구의 미디어가 독재 체제를 '다루어온' 것은 사실이지만, 다큐멘터리나 신문 증보판에서나 그랬다. 다들 이런 종류의 배경 지식은 꼭 알아야 하는 것은 아니고, 뉴스만 보더라도 아랍 세계를 이해할 수 있을 거라고 생각해왔다. 하지만 뉴스는 항상 아랍 연맹, 폭동, 유럽-아프리카 정상회담처럼 사진 찍는 기회만 쫓아다녔다.

9월 12일에 나온 질문들의 핵심은 알카에다가 어느 정도의 지지를 받고 있는가 하는 것이었다. 우리의 적이 얼마나 큰가? 서구는 그를 어느 정도로 두려워해야 하는가? 빈라덴은 이슬람의 이름으로 공격을 감행했다. 만약 10억에 달하는 이슬람 아랍인들이 그를 지지한다면 서구와의 분쟁은 어마어마하게 커질 참이었다.

하지만, 글쎄, 그걸 어떻게 안단 말인가? 서구 국가들에서는 여론 조사를 할 수 있고 의회의 행동과 신문의 사설을 엿볼 수도 있지만 아랍의 의회와 신문들은 그런 호칭에 어울리지 않는 존재들이다. 여론조사는 존재하지도 않고 있어도 신뢰할 수 없다. 독재 체제에서 누가 전화기에서 나오는 익명의 목소리를 상대로 자신의 생각을 정직하게 말할까?

빈라덴이 대변하는 무슬림이 얼마나 많을까 하는 문제는 대답을 얻을 수 없는 성질의 것이었지만, 기자들은 이 사실을 인정하기 힘들었다. 그러니 우리는 그냥 이렇게 대답했다. 즉, 알자지라 방송의 토크쇼에서 하는 이야기는 알카에다에 공감하는 진영의 이야기이고, TV에 나오는 유명한 아랍인들은 미국에 심히 비판적이고, 그렇다고 그들의 인기가 떨어지지 않는 것 같다, 미국을 비판하는 연극이 장기 상연되고 있고, 미국인에 반대하는 저항 가요가 가요 순위 1위에 올라 있으며, 서구를 부정적으로 묘사하는 영화가 흥행하고 있다는 식이었다.

그런 건 그냥 추측일 뿐이었다. 빈라덴이 얼마나 인기가 있는가 하는 질문을 자주 받을수록 나는 정직한 대답을 하고 싶은 유혹을 느꼈다. 라디오에 대고 소리치고 싶었고, 신문에다 대문짝만하게 쓰고 싶었다. "난 모른다, 난 알 수가 없다, 이것이 독재 체제다."

내가 정말 이렇게 솔직했더라면 훨씬 나았을 것이다. 기자들은 더 이상 아랍에 관한 만물박사 행세를 하지 않아도 됐을 테고, 자기들이 아는 것들 속에 흩어져 있는 검은 공백 주위를 피해 돌아다니지도 않았을 것이다. 그냥 독재 체제에서는 사정이 다르다고, 인권운동가들이 '서양과 동양의 연대'를 외치는 소리를 들을 때 그들의 봉급이 서구 단체에서 지급되고 있다는 사실을 기억해야 한다고 단순하게 말할 수 있었을 것이다. 또 아랍 근본주의자들을 주적主敵이라고 부르는 아랍 학자들은 비밀경찰의 감시를 받고 있다고도 말할 수 있었을 것이다. 만약 그가 그들을 위해 일하고 있지 않는 한 말이다.

기자들이 독재 체제에 대해 더 많이 설명하고 더 많이 알렸더라면 9·11 이후에 아랍 세계에서 나오는 대단한 발언들을 '해독'할 수 있었을지도 모른다. 영상에 대해서도 마찬가지다. 이를테면 성조기를 불태우면서 "미국, 악마!"라고 외치는 분노한 사람들의 영상 같은 것들 말이다. 9·11이 일어난 뒤, 이런 것들은 분명 서구인들이 보기에 무시무시한 모습이었다. 그 맥락을 올바르게 보지 못한다면 더욱 그랬을 것이다.

여러분은 아마도 시위라는 건 시민들이 자신들이 찬성하거나 반대하는 뭔가를 표현하기 위해 자유롭게 활용할 수 있는 수단이라고 생각할 것이다. 그런데 독재 체제에서 그런 분노의 표출은 연기된 것이거나 적어도 정권에 의해 엄중하게 관리되는 것일 때가 많다. 시위자들 가운데 많은 수가 비밀 기관의 고용자이거나 적어도 그들에게 면밀하게 감시당하는 사람들이다. 아랍 체제는 그런 언론이 혹할 만한 분노의 표출을 통해 일석이조의 성과를 거둘 수 있다. 이는 국민들에게 이들 정부가 자기들만의 길을 가고 있으며, 감히 막강한 미국에 맞서 항거한다는 인상을 준다. 그와 동시에 서구 정부들에게 이 분노한 폭도들중에서 장래의 지도자가 나올 수도 있다는 신호를 보낸다. 내가 아니라 저런 폭도들과 '사업'을 하고 싶은 거요?

아랍 세계에 간 기자들이 자신들의 시야에 제약이 있다는 사실을 솔직하게 털어놓았더라면 우리는 좀 다른 종류의 보도를 만들어낼 수 있었을 것이다. 그랬더라면 나는 이런 기사를 쓸 수 있었을 것이다. "입증할 수도 없고 난센스일지도 모르겠지만, 교육 시스템과 국영 언론에 개입된 독재자들의 선전이 일반 아랍인들에게 엄청난 영향을 미치는 것으로 보인다. 그들은 자기 지도자보다 서구를 더 두려워하는 것 같다. 적어도 이집트 사람 아무나 붙잡고 그의 나라가 세계에서 차지하는 지위가 어느 정도인지 물어본다면, 거의 틀림없이 이렇게 대답할 것이다. '우리는 문명의 요람이고 우리 군인들은 세계 최강이고, 수에즈 운하는 세계에서 가장 중요한 운하다. 이집트에는 알아자르 모스크가 있고, 아프리카와 아시아, 아랍 세계와 이슬람교의 동쪽과 서쪽 사이의 가교 역할을 한다. 세계 강대국들이 항상 우리를 점령하려고 했던 것은 그 때문이다.' 이라크인들은 이야기를 엿들을 만한 사람이 곁에 없을 때도 다음과 같은 이야기를 한다. '우리는 세계에서 가장 오래된 문명이고, 중동에서 가장 비옥한 지역이다. 원유와 천연가스도 풍부하다. 우리는 터키, 페르시아, 아랍 세계 사이의 연결 고리 같은 존재다. 우리를 지배하는 자는 세계를 손안에 넣는 것이다. 그러니 강대국들이 항상 우리에게 맞서는 것이다.' 시리아로 가면 자주 듣게 되는 이야기는 다음과 같은 식이다. '우리나라는 현재 점령된 팔레스타인 영토까지 포함한다. 레바논과 요르단 일부, 터키가 훔쳐간 땅도 우리의 영토였다. 진짜 시리아는 세계의 보물이다. 강대국들이 우리를 토막내어 지배하려고 애를 쓴 것은 그 때문이다.'"

표현은 조금씩 다를지라도 아랍 독재 체제 하에서 듣는 말의 후렴구는 모두 똑같다. "모두가 우리의 적이다." 그것은 언론과 교육을 통해 그들이 아주 어렸을 때부터 머릿속에 주입되었다. 그러니 그들이 친서구적이 될지 모른다는 기대는 하지 말아야 한다. 독재자를 없애고 싶은 마음이 없지는 않겠지만 국경 너머에는 더 큰 위협, 즉 서구가 있다는 말을 평생 들어왔으니 말이다.

투명성이 커지면 또 다른 이득이 생긴다. 우리가 아는 것에 공백 지점이 있다고 말하면 우리는 그 공백 주변을 어떻게 돌아다녔는지 설명할 수 있게 된다. 독재 체제에서 길을 찾기 위해 어떤 나침반을 사용했는지 말해줄 수 있는 것이다. 내가 설정한 전제에 대해, 나 자신의 시각에 대해 스스로 정직했더라면 얼마나 좋았을까.

그 전제와 시각은 내가 이집트에서 1년 동안 학생으로 지냈을

때 형성되었다. 그때 나는 동년배들에게 대수롭지 않은 질문이라
는 말투로 이슬람교가 민주주의나 인권과 조화를 이룰 수 있을지
물어보곤 했다. 그들의 대답은 매우 다양했다. 조화를 이룰 수 없
다, 왜냐하면 이슬람교는 동양적이고 민주주의는 서양적이기 때
문이다. 조화를 이룰 수 있다, 이슬람교는 민주주의의 최고 형태
이기 때문이다. 조화를 이룰 수 없다, 서양에는 서양식 인권이 있
고 우리는 우리식 인권이 있으니까. 조화를 이룰 수 있다, 이슬람
교는 민주주의와 인권을 뜻하는 또 다른 단어이니까.

　모두들 각자의 해석이 있었고, 코란 경구와 예언자의 발언, 역
사적 사례를 개인 차원에서 뒤섞어 그 해석에 대한 지지 근거를
대곤 했다. 누구 말이 옳은가? 당시 인류학 시험에서 이런 문제
가 나왔다면 아무도 옳지 않다고 대답해야 만점을 받았을 것이
다. 이런 해석 가운데 어느 하나가 신의 뜻을 구현하고 있다고 믿
지 않는 한(신에게 확인할 수도 없는 노릇이니) '이슬람교'란 것은 존
재하지 않는다는 결론을 내릴 수밖에 없다. 존재하는 것은 해석
뿐이고, 모든 것은 자신의 해석을 신의 법이라고 강요할 힘을 가
진 사람에 관련된 문제다. 기자로서 나는 이 견해를 고수했고, 무
슬림들이 여러 다른 방식으로 그들 종교를 해석한다는 확증도 발
견했다. 하지만 이슬람교가 본질적으로 비폭력적이거나, 혹은 불
관용적이라고 가정했더라면 어떤 결론을 내리고 귀국하게 되었
을지 누가 알겠는가?

사건의 재구성

일이 끝난 뒤에는 누구나 지혜로워지기 쉽다. 그래서 하는 말인데, 돌이켜보면 서구의 대형 언론사들이 9·11이 일어난 뒤 업무를 잘 처리했다고 생각되지 않는다. 우리는 빈라덴이 일반 무슬림들의 지지를 받았는지 어땠는지 알 수가 없다는 사실을 솔직하게 털어놓지 못했을 뿐 아니라, 두 번째의 큰 질문인 '그들은 왜 우리를 증오하는가?' 라는 질문도 올바르게 다루지 않았다.

거기서 문제는 '증오한다' 라는 단어 속에 이미 들어 있다. 서구 미디어에서 알카에다와의 싸움은 이미 알카에다에 대항하는 싸움이었다. 마치 영웅과 악당이 나오는 할리우드 영화처럼. 우리는 영화 속에서 영웅이 누구인지는 금방 알 수 있다. 그가 누구인지, 어떤 꿈을 가졌는지, 무엇을 두려워하는지를 모를 수가 없다. 악당은 순전한 악이며, 그에 대해 알아야 할 것은 원하는 대상인 권력, 복수, 돈뿐이다. 그런데 그가 그걸 원하는 이유는? 글쎄, 악당은 그냥 무조건 방해물이다. 그래서 영웅이 악당을 죽이면 항상 해피엔딩이 되는 것 아닌가. 악당은 동기도 없고 꿈도 없고 마음이 흔들리지도 않는다. 즉, 그는 실제로 인간이 아닌 것이나 마찬가지다. 서구의 대형 미디어가 근본주의에 부여한 역할이 이런 것이었다. "그들은 우리를 증오한다. 그러니 우리는 그들을 없애야 한다. 그 목적을 어떻게 달성할 것인가? 오늘 밤, CNN의

'중동 속으로 Inside the Middle East' 를 보라.”

 9·11 이후 서구가 알카에다를 보도한 내용은 이처럼 일방적이었는데, 돌이켜 생각하면 왜 그랬는지는 쉽게 알 수 있다. 누군들 그 악당의 동기를 설명할 수 있었겠는가? 팔레스타인과 알제리의 테러리스트들은 항상 자신들이 벌인 학살 행위의 동기를 서구의 대중에게 설명한다. 심지어 그들이 하이재킹이나 공격 시간을 되도록이면 미국 저녁 뉴스 직전으로 맞춘다는 것도 알려져 있다. 그렇게 해야 확실하게 헤드라인 뉴스로 뜰 수 있을 테니 말이다. 이런 테러리스트 조직들은 서구의 동조자와 정치적 분파도 갖고 있다. 그들이 이들 조직의 요구를 언론에 설명해주고, 오해를 없애고 대화에 참여하는 것이다.

 그런데 빈라덴은 동영상에서 아랍어를 썼다. 서구인들은 도저히 알아듣지 못할 이슬람 역사의 사례들을 사용했고, 시오니스트 십자군들에 관한 관용어들을 연설에 잔뜩 포함시켰다. 알카에다와 결탁한 정치 분파는 없었을 뿐만 아니라, 어떤 경우에도 9월 11일 이후 팽배했던 분노와 공포의 분위기에서 누군가가 그들을 대변하여 입을 열 여지는 없었을 것이다. 뿐만 아니라 반테러리즘 법안이 통과된 이후, 거의 모든 서구 국가에서 알카에다 동조자들은 즉시 구금되었다.

 알카에다는 서구의 여론에 대답할 수 없었다. 이는 아주 당연한 결과였다. 테러리스트에게 자유롭게 연설할 연단을 줄 사람은 없다. 빈라덴의 정체를 설명하고 분석하는 것은 거의 전적으로 그의 적들뿐이었다. 서구와 이스라엘의 분석가들, 아랍인과 무슬림 중에서 근본주의에 반대하는 이들 말이다. 그들은 두 가지 이미지에 집중했다. 이슬람판 히틀러인 빈라덴, 그리고 무슨 동물권익보호 운동가나 낙태금지 운동가들처럼 '나의 진리만이 진리다'라고 외치며 '무력으로 그것을 확립한 내 선택은 옳다'라고 말하는 일종의 극단주의자 빈라덴이 그것이다.

하지만 빈라덴에 관한 이야기에는 서구 언론에는 거의 등장하지 않은 세 번째 차원이 있다. 서구 정부들은 주요 아랍 독재 국가들을 지원해왔다. 사우디아라비아, 걸프 지역 국가들, 이집트, 요르단, 튀니지, 알제리 등에 수십 년간 돈과 무기와 기밀 정보를 제공해온 것이다. 빈라덴은 이 개입 사실을 모든 동영상에서 지적했으며, 그의 메시지는 한마디로 요약될 수 있다. "꺼져."

더 길게 말하자면, 이런 식으로 표현될 수 있다. "무슬림은 독재자들에 의해 억압당하고 착취당해왔기 때문에 가난하고 약하다. 너희 서구인들은 그 독재자들을 지지한다. 우리가 너희들을 공격하면 우리는 너희와 독재자 사이에 쐐기를 박아 넣게 된다. 어떤 경우든 이제 무슬림들은 그들을 억압해온 자들이 서구에서 받는 지원에 대해 알게 될 것이다. 그러면 독재자들이 무너지고 우리는 우리 영토를 재건설할 수 있을 것이다."

저명한 서구인들은 9·11 공격을 '서구 문명에 대한 정면 공격'

이라 이름 붙였다. 하지만 빈라덴이 한 이야기를 들으면 그가 자신의 계획을 '자기 방어 계획'이라 소개하고 있음을 알게 된다. 서구, 더 구체적으로 말하자면, 미국이 매질을 당하긴 했지만 알카에다의 총구가 겨누고 있는 곳은 사우디 왕가, 카이로의 정권, 다른 아랍 독재자들이다. 빈라덴에 따르면 이슬람 세계는 내전에 말려들었는데, 미국이 이 전쟁에서 그의 적을 지원하고 있다. 그래서 미국을 친 것이다. 알카에다는 뉴욕이나 런던을 지배하려는 것이 아니다. 적어도 우선적인 목표는 아니다. 이들의 최종 목표는 메카다.

빈 라덴의 메시지 가운데 이 부분은 대부분의 서구 뉴스에서 다루어지지 않았다. 이는 곧 서구인 가운데 적의 동기에 대해 아는 사람이 거의 없다는 뜻이다. 서구 국가들이 아랍의 독재자들을 지원하는 일에 대한 논의는 사실상 없었다. 서구의 지도적 인물들은 이슬람 세계의 무슬림들에게 신앙에 관해 토론하자고만 계속 요구했을 뿐이다. 그러나 이는 가능한 일도 아니다. 이집트나 사우디아라비아 같은 주요 국가에서 무슬림이 이슬람 신앙의 해석을 놓고 논의를 시작하면 그대로 감옥으로 가게 된다. 신앙에 관한 이야기는 정치에 관한 이야기이기도 하기 때문이다. 감옥에 가면 그 무슬림은 CIA가 애당초 그런 목적을 위해 훈련시킨 사람들에 의해 고문당하게 된다.

달리, 무엇을, 어떻게 해야 했는가?

내가 달리 무슨 이야기를 하고 싶었는지에 대해서도 9·11 테러가 벌어진 이후인 지금은 좀 더 정확하게 말할 수 있다. 한동안 편견은 있을지언정 알카에다가 서구에 소개라도 되어왔다. 하지만 9·11의 여파 속에서 무슨 투명 인간처럼 서구 미디어들은 거의 보지 못한 다른 그룹이 있었다. 비폭력적 이슬람주의자(이슬람주의는 이슬람교를 종교뿐만이 아닌 정치의 근간으로 삼고자 하는 정치 운동을 말한다—옮긴이)들이 그들이다. 즉 자신들은 폭력 없이 이슬람교의 보수적이거나 근본주의적 해석을 설명하고 알리길 원한다고 하는 무슬림들을 말한다. 이런 비폭력적 근본주의자는 서구인의 눈에는 보이지 않는 존재였지만, 수는 매우 많았다. 하지만 우리는 그들이 얼마나 많은지도 몰랐고, 정말로 정체가 무엇인지, 어떤 의제를 갖고 있는지도 알 수 없었다.

공산주의자, 시오니스트, 가톨릭교도 간의 차이처럼, 이슬람 근본주의자들 사이에도 견해와 해석 면에서 엄청나게 차이가 있고 광범위한 다양성이 존재한다. 다른 점이 있다면 이슬람 근본주의자들은 마음대로 속마음을 털어놓지 못한다는 것이다. 그들의 책은 금서로 묶였고, 웹사이트는 폐쇄되었으며 지도자들은 재판을 받는 중이거나 살해되었다. '근본주의자 국제연맹' 같은 것도 없을뿐더러, 바티칸 교황청이나 국제 시오니스트 연합은 웅장

한 회의장 같은 곳에서 중요한 안건을 나누고 결의안을 발표하지만, 이들은 그런 공간도 없다. 그러니 비폭력적 근본주의자가 진정으로 원하는 게 무엇인지 알아내려면 누구를 만나 이야기해야 하는가?

서구에서는 어떤 지도자가 자가당착에 빠지거나 기존 노선에서 벗어나면 해명을 요구받는다. 이를테면 그 전달의 당 회의에서 9·11이 인류에 대한 공격이라고 말해놓고, 언론에다가는 9·11이 미국의 중동 간섭에 대한 징벌이라고 말했다면 말이다. 어떤 지도자가 이런 행동을 한다면 그는 변명하거나 사임해야 한다. 민주주의에서 권력이 작동하는 방식은 이런 식이다. 그리고 지도자들과 인터뷰를 몇 번 하고 나면 그들이 대변하는 그룹의 견해가 어떤 것인지 타당하게 통찰할 수 있다. 하지만 독재 체제에서 지도자는 그 자신만 대변한다.

이 문제가 가장 첨예하게 나타난 조직은 반지하단체인 무슬림 형제단^{Muslim Brothers}이었다. 이는 모든 무슬림 국가에 지부를 둔 세계 최대의 근본주의자 운동 단체이다. 그들은 화질 나쁜 동영상에서 흥분한 어조로 서구를 협박하거나 납치한 희생자들을 죽이는 수염 기른 과격분자가 아니라 의사, 엔지니어, 과학자, 법률가들이다. 그들은 자신들이 비폭력적이라고 말한다. 하지만 과거에는 폭력을 썼으며, 하마스(1987년 팔레스타인 무장단체로 창설되었고 2006년 팔레스타인 자치정부 집권당이 되었다—옮긴이), 알제리 무장 무슬림 그룹GIA, 알카에다 등의 파벌로 쪼개졌다. 무슬림 형제단은 자신들에게 가해지는 비난에 대해, 유럽에서는 극좌파 분파가 테러를 감행하더라도 사회민주주의자 전체가 사회에서 매장되지는 않지 않느냐고 반박한다. 그렇기는 해도 형제단의 지도적 인물들은 걸핏하면 비민주적이거나 반유대주의적 감정을 드러낸다. 이런 행동을 흔히 나중에는 철회하거나 부인하고 수정하며, 그런 다음 그에 따른 발언도 부정하고 수정한다. 그러니 이들의 진짜 의제가 무엇인지는 여전히 불분명하다.

이런 상황에서 우리는 무슨 일을 할 수 있을까? 돌이켜보건대, 나는 기자들이 무지를 인정하는 것이 최선이었으리라고 생각한다. 나와 동료들은 이런 식으로 말할 수 있었을 것이다. "비폭력적 이슬람주의자들이 정말 계획하는 것이 무엇인지 추측하기는 불가능하다. 내가 이야기를 나눠본 것은 그들 중의 몇 십 명에 불과하다. 겉보기에 그들은 건전한 사람들이다. 그들은 모두 폭력을 쓰지 않고 자기들 지역의 전문학교나 병원, 법원 등을 통해서 이상을 실현하고 싶다고 말한다. 어쩌면 이들이 모두 날 속이고 있는지도 모른다. 하지만 적어도 나는 이들이 밤중에 잠도 자지 않고 서구를 어떻게 파멸시킬지 궁리하고 있다고는 생각하지 않는다. 그보다는 서구가 자기들을 파괴하는 것을 어떻게 막을지 궁리하고 있을 가능성이 더 크다. 우리 서구인들이 개발 원조라거나 의식 교육이라고 보는 것을 그들은 외국 세력이 인권운동가들과 막후의 정치적 압력을 통해 자기들을 변화시키려 하는 것으로 본다. 자기들의 신앙과 남녀의 사회 위치라든가, 동성애자와 이성애자 간의 관계, 노소 관계 등을 바꾸려 한다고 보는 것이다. 이슬람주의의 지지자들은 이런 종류의 간섭이 위협적이라고 느낀다."

거기에 이런 발언을 붙여 마무리했을 수도 있다. "그들은 자신들의 미래를 만들고 싶어한다. 하지만 그런 소망이 그들을 당장 테러리스트로 만드는 것은 아니다."

우리 기자들은 비폭력적 근본주의자들을 이런 식으로 더 가시적 존재로 만들도록 노력했어야 한다. 하지만 이렇게 설득하기란 항상 어려웠다. 우리는 우리가 보고 있는 게 무엇인지도 몰랐으니까.

이런 문제가 취재에 어떻게 영향을 주었는지 보여주는 보기가 하나 더 있다. 9·11 이후에 이집트 정권은 무슬림 형제단 단원들의 공개재판을 여러 건 실시했다. 공개재판은 말 그대로 공개되는 재판이다. 그래서 나는 재판이 있는 날 수에즈 운하 쪽으로 난 도로에 있는 군사법정에 갔다. 내 자리 옆에는 78명을 가두고 있는 창살 우리가 있었다.

마치 동물원에 간 기분이었다. 다만 우리 속에 들어 있는 것이 동물이 아니라 사람이라는 것이 다를 뿐이었다. 비둘기들은 지붕에 난 구멍을 통해 들락거리면서 구구 소리를 내며 울고 배설을 하곤 했다. 우리 바깥에는 이집트 전투 부대의 위대함을 찬양하는 간판이 붙어 있었다. 우리 곁은 혼란이었다. 아기를 안은 여인들과 슬픔에 잠긴 소년 소녀들이 발돋움질을 하며 손을 흔들거나 창살 사이로 먹을 것을 밀어 넣었다. 우리 안쪽에 있는 사람들은 벌써 몇 달째 바깥 세계와 아무 연락도 하지 못하고 있었다. 가족들은 그들이 이 법정을 떠나고 나면 반년마다 3분씩만 간신히 그들을 볼 수 있다는 사실을 알고 있다. 나는 이 이야기를 노트에 받아 적었다. 그것은 의미 있는 정보였다. 6개월마다 3분간의 면회라니.

그날은 군사재판의 판사가 쿠데타 음모를 꾸몄다고 고발된 남자들에게 불리한 증거를 평가하는 날이었다. 검사가 첫 번째 증거를 제시하자 지켜보고 있던 사람들이 소리쳤다. "기각하라! 기각하라!" 판사는 문제의 야구방망이(이 안건에 포함된 유일한 무기였다)를 쳐다보더니 한 직원에게 건네고는 말했다. "기각합니다." 사람들은 야구방망이가 증거로 성립하지 않는다는 이 판단에 갈채를 보냈다. "알라후 아크바르" 피고들 중 누군가가 말했다. 한 피고인은 소리를 치기도 했다. "판사님! 저는 쉰다섯 살입니다. 쿠데타를 꾸미기에는 너무 늙었어요. 저는 할아버지라고요!" 변호사들과 피고인 몇 명에게서 웃음이 번졌다. 두 번째 증거는 거리 서점에서 누구나 살 수 있는 책과, 기술과 항공 엔지니어링 분야의 잡지들이었다. 판사는 큰 소리로 "이 증거를 기각한다"라고 말했다. 더 많은 박수가 나왔다.

그다음에는 피고측 변호사가 나왔다. 그는 핵심 증인이라는 사람의 정체가 그 스스로 밝힌 것과 다르며, 경찰이 기습했다고 보고한 집과 실제 기습한 집이 달랐음을 어렵지 않게 입증했다. 그의 마지막 증거는 피고인들이 혁명 계획을 논의한 내용이 담겨 있다고 주장된 녹음 테이프였다. 거기에서 들을 수 있는 것은 통계 수치뿐이었다. 한동안 방청석의 분위기는 거의 즐겁다고 할 만했다. 이 정권은 뭘 하고 있는 건가?

그 대답은 두 달 뒤에 나왔다. 판사는 전원에게 여러 해 동안의 강제 노역을 선고했다. 피고인들은 항소할 권리도 없었고, 그 결정도 물론 판사가 한 것이 아니었다. 그가 내린 선고는 미리 결정되어 있었다. 아랍의 선거 결과와 똑같았다.

공개재판은 그런 식으로 진행되었다. 사실 이집트의 뜨거운 날씨에 강제 노역을 한다는 것은 연로한 사람들에게는 사형선고와 같았다. 그 판결은 수십 명에 대한 살인을 합법화한 것이나 마찬가지였다. 기부자의 모범생들이 그 우리 안에 갇혔더라면 서구 미디어와 정치가들은 사법 살인이라고 고함을 질러댔을 것이다. 하지만 그 피고인들은 근본주의자들이었다. 그들은 알카에다와 한 두름으로 묶이는 사람들이므로 정권은 자기들 마음대로 처리할 수 있었다. 이집트에서만도 수만 명의 사람들이 이와 비슷한 공개재판을 통해 투옥되었지만 그 누구도 끽소리도 못했다. 그 동안 이집트 체제는 미국으로부터 매년 20억 달러 상당의 무기와 현금을 받았다.

이미지 하나로 아랍 세계를 요약해주는 것이 바로 이런 공개재판일 것이다. 정권은 반대파에게 테러리스트의 위장을 뒤집어씌우고 (대개의 경우 은밀하게) 제거한다. 서구는 곁에 서서 지켜보고 있고, 필요하면 도와주기도 한다. 반대파가 이슬람식 버전의 파시즘인지, 기독교 민주주의의 이슬람식 버전인지 판단할 수 없는 것은 이 때문이다.

독재 국가에 진실은 없다. 그 체제가 그렇게 오래가는 것이 바로 그 때문이다. 하지만 중동을 불투명하게 만드는 것은 그것만이 아니었다. 내가 레바논과 성지(the Holy Land, 이스라엘)에 가야 했던 것도 그래서였다.

PART 2

미디어 전쟁

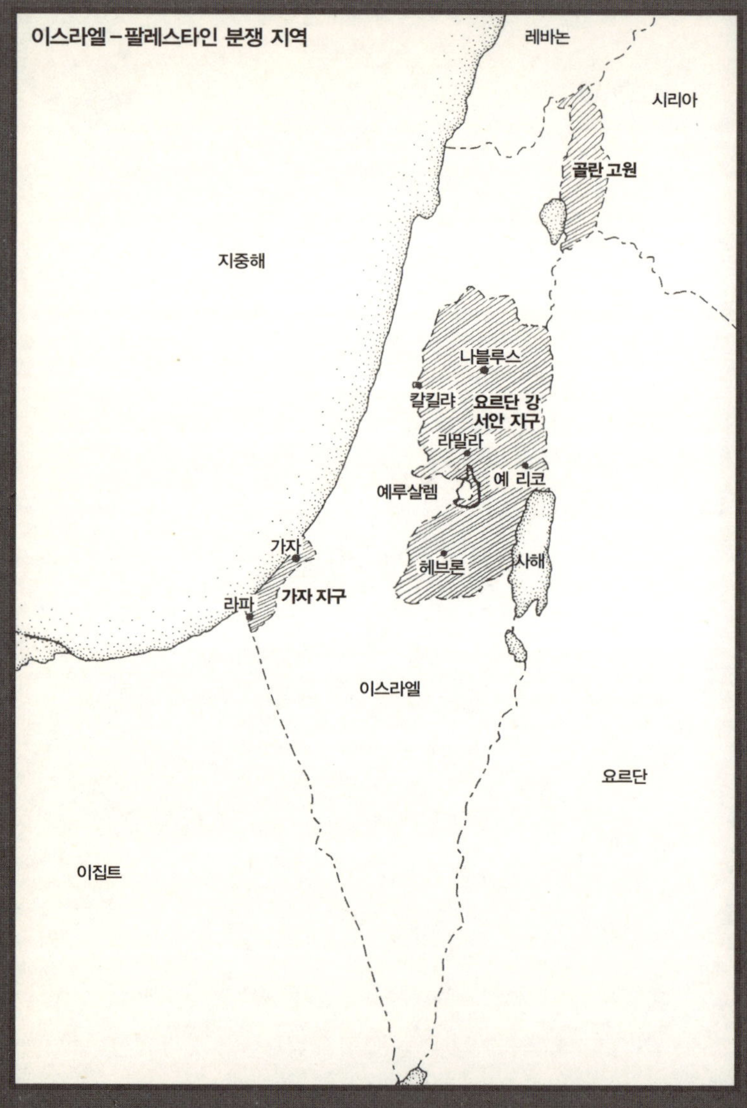

이스라엘-팔레스타인 분쟁 지역
레바논
시리아
골란 고원
지중해
나블루스
칼킬랴
요르단 강 서안 지구
라말라
예루살렘
예 리코
가자
헤브론
사해
라파
가자 지구
이스라엘
요르단
이집트

chapter 7

2차 인티파다, 이스라엘 - 팔레스타인 분쟁 속으로

유달리 규모가 큰 팔레스타인의 공격이 있은 뒤 이스라엘은 희생자들의 시체를 즉시 치우지 않기도 했다. 수상이 18개의 시체 자루와 불에 탄 버스를 배경으로 그 앞에서 성명을 발표하려고 했기 때문이다.

소설 속에서는 중요한 사건들이 순차적으로 일어나지만 생활 속에서는 그런 일들이 흔히 동시다발적으로 일어난다. 그러니 잠시 시간을 거슬러 올라가보자. 기자로서의 내 삶을 근본적으로 바꾸어놓은 9·11 공격 이전으로.

그때 나는 〈NRC 한델스블라트^{Handelsblad}〉라는 네덜란드의 한 정론지로 이직했다. 이곳에서는 배경 기사에 좀 더 집중할 수가 있기 때문이었다. 또 'NOS 유르날^{Journaal}'이라는 TV 뉴스 프로그램의 일도 했는데, 이 프로그램을 통해 TV라는 매체를 내부자 시각에서 연구할 수 있었다. 그리고 이사를 할 참이었다. 카이로의 대기 오염과 제3세계식의 혼란은 이제 겪을 만큼 겪었고, 불쾌한 일도 두어 가지 있었다.

나는 어떤 수감자의 네덜란드인 동료를 통해 이집트 감옥에 들어가 본 적이 있었다. 구역질 나는 곳이었다. 찌는 듯 더운 15평방미터가량의 감방에 20명가량의 남자가 갇혀 있었는데, 억지로 서 있을 수밖에 없다 보니 발이 뒤틀렸고, 변기가 감방 안에 있는 탓으로 감염된 상처가 온몸을 뒤덮고 있었다. 그런 광경을 간신히 지켜보고 나니, 이집트인들이 같은 인간에게 보이는 잔인함을 더 참아줄 수가 없어졌다. 뒤에서 앰뷸런스가 경적을 울리는데도 택시 운전사가 길을 비켜주지 않으려고 버티자, 나는 그에게 화를 폭발시킬 뻔했다.

그러다가 두어 주일 뒤 동물원에 갔을 때, 카이로에서 정말 벗어나야 한다는 것을 깨달았다. 녹슨 우리에 갇힌 병든 동물, 악취 풍기는 관목 덤불과 쓰레기 천지인 동물원. 가장 참기 힘든 것은 히스테리컬하게 소리를 질러대고 코끼리에게는 과일과 돌을 던지고, 기린의 입에 비닐을 집어넣는 몇몇 구경꾼들이었다. 결국 원숭이 한 마리가 패닉에 사로잡혀 가슴을 찢는 듯 비명을 질렀다.

당시 나는 네덜란드인 여자 친구와 함께 있었는데, 아이들은 우리에게도 계속 돌을 던져댔다. 아마 우리도 동물과 같은 범주에 속했던 모양이다. 그러다가 아이들이 서로를 부추기더니 마침

내 그중 하나가 용기를 내어 우리에게 달려들어 '화냥년'이라고 소리쳤다. 그 순간 나는 이성을 잃었다. 정신이 드니 아이들은 땅바닥에 쓰러져 있었다. 구경꾼들이 달려왔고 나는 사과하기 시작했다. 하지만 모두들 전적으로 이해한다는 태도였고, 아이들은 변명을 늘어놓았다. 그전에는 이런 아이들이 못되게 굴더라도 항상 침착했건만, 참지 못하고 주먹을 휘두르니 오히려 사람들이 떠받들었던 것이다. 바로 그때 그곳에서 결심했다. "여기서 벗어나야겠어."

지도를 펴놓고 생각했다. 이성적으로 보면 레바논(이스라엘 위쪽에 있는 나라)에 가는 게 가장 상책이 아니겠는가? 여행 가이드들이 으레 중동의 스위스라고 부르며 눈 덮인 산 아래 교육받고 국제화된 주민들이 사는 곳이었다. 그래, 레바논으로 가자……. 그런데 공교롭게도 내가 도착하자마자 그곳에 변화가 일어나기 시작했다. 이스라엘과 팔레스타인 사이에서 진행되고 있던 평화 협상이 새로운 폭력 분쟁을 야기한 것이다. 2차 인티파다(intifadah, '봉기'라는 뜻)로 알려진 분쟁이었다(2000년 9월). 그전에는 텔아비브와 예루살렘에 있던 동료들이 이스라엘과 팔레스타인을 모두 담당했지만 폭력 사태가 고조되자 나도 호출되었다. 이렇게 해서 나는 아랍 세계를 담당하면서 또 다른 '중요한 이야기'를 다루기 시작했다. 참으로 대단한 이야기였다.

확실히 9·11 공격이 있은 뒤 아랍 세계는 유럽인들에게 더 '가까워졌다.' 하지만 한 외교관이 설명했듯이, "아랍 소식이 외교 정책 뉴스라면, 이스라엘 소식은 국내 뉴스다."

텔아비브 주재 네덜란드 대사관에서 열린 리셉션에서 나는 그 외교관과 이야기해보았다. 카이로와 베이루트에서 이런 리셉션에 네 번 참석했는데, 매번 네덜란드 국가가 연주되는 동안 사람들은 전형적인 네덜란드인답게 킬킬거리며 서 있었다. 텔아비브에서도 그랬다. 하지만 이스라엘 국가가 연주되자, 많은 사람들이 진심으로 눈물을 글썽이면서 노래를 따라 불렀다. 이건 새로운 풍경이었다. 멀쩡한 네덜란드인들이 다른 나라의 국가를 부르며 눈물을 글썽이다니. 잠시 뒤, 손님 한 명이 내게 말했다. 텔아비브에 있던 자기 아파트를 네덜란드 국적의 어떤 유대인에게 팔았는데, 그 유대인은 모로코 청년 갱단 때문에 암스테르담이 더 이상 안전하지 않다고 생각하더라고 말이다. 또 다른 사람은 자기는 암스테르담에 있는 아파트를 팔았는데, 그것을 산 사람은 텔아비브가 팔레스타인의 공격 때문에 이제는 안전하지 않다고 느낀 네덜란드 국적의 유대인이었다고 했다.

네덜란드 사람들이 아랍 세계보다는 이스라엘과 팔레스타인에 감정적으로 훨씬 더 많이 개입되어 있음을 보여주는 직접적인 반응들도 있었다. 아랍 세계에 대한 내 기사가 실리면 그에 대한 편지를 몇 통 받곤 했지만 별로 많지 않았다. 아랍식 이름을 가진 어떤 사람이 자신이 태어난 지역이 부정확하게 묘사되고 있다고 비판하거나, 한 아랍 국가의 대사관이 자국의 인권 위반 사태에 대해 해명하려고 애쓴 적이 있긴 했지만, 그런 경우를 제외하면 아주 조용한 편이었다. 편지를 받는다 하더라도 우스운 내용이었다. 한번은 성서에 나오는 이스라엘인들처럼 시나이 사막을 돌아다닌 적이 있었다. 물론 나야 여행 장비를 갖추기는 했다. 또 그들은 오랜 세월 동안 그곳을 방랑했지만 나는 고작 사흘 돌아다녔을 뿐이다. 하지만 나도 그들처럼 별로 씻지는 못했다. 내가 이 이야기를 썼더니, 성서를 훤히 꿰뚫고 있는 한 근본주의자가 편지를 보내어 성서에 그들은 매우 깨끗했다고 나오니 이스라엘 백성들이 더러운 냄새를 풍겼을 리가 없다고 알려주었다. 나는 이런 편지들을 액자에 넣어 벽에 걸어두었다. 그리고 그냥 웃어 넘겼다. 아니면 아주 간결한 구독 취소 요구를 받기도 했다. "당신은 내가 알고 싶지 않은 것들을 말하고 있어! 당신 신문은 이제 그만 볼 거야!"

그러나 이스라엘과 팔레스타인의 문제로 오자 웃음은 곧 사라졌다. 기사 두어 편과 몇 번의 대담 뒤에 끝없는 홍수가 밀려들어왔다. 십자가 처형이 그려진 팩스, 협박 편지, 비난이 이어졌다. 아랍 세계에 관한 사실에서 오류를 범하기라도 하면 보도국에는 곧 이런 편지가 온다. "당신네 기자는 사실상의 오류를 범했소."
이스라엘에 관한 사실에서 오류를 범하면 편지 다섯 통이 온다.
"당신네 기자는 반유대주의자요." 한번은 전화를 받았더니 이런
말이 들렸다. "넌 곧 죽어." 텔아비브에 있던 내 동료는 네덜란드
어를 쓰는 이스라엘인에게 공격당하기까지 했다. "루엔데이크라
는 작자가 그런 기사를 계속 써대는 한 너도 무사하지 못해"라고.

　새로운 세계였다. 독자와 시청자들이 감정적으로 개입하기 때
문만은 아니었다. 나는 기사에서 가끔 '미디어 전쟁'이라는 말을
쓰곤 했는데, 이스라엘과 팔레스타인을 담당하기 시작한 뒤에야
그것이 진짜 무슨 뜻인지 이해하게 되었다. 미디어 전쟁에서는
모든 것이 다르다. 첫 취재부터 그 점이 분명해졌다.

이스라엘이 잘 차려 놓은 밥상

2차 인티파다가 시작된 지 두어 주일 되었을 때였다. 처음에는
사상자가 주로 팔레스타인측에서 발생했다. 그러다가 라말라(팔
레스타인 자치정부의 임시 행정수도)에서 마침 시내에 있던 여러 방송
사의 카메라맨들이 보는 앞에서 군중들이 이스라엘 예비군 두 명
에게 린치를 가하는 일이 일어났다. 바로 그날 저녁 이스라엘은
1967년 이후 처음으로 팔레스타인의 도시에 폭격을 가했다(1967
년 제3차 중동전쟁에서 이스라엘이 이 지역을 점령했다―옮긴이). 이것은

세계의 언론들을 성지로 불러 모으는 신호였으며, NRC 신문과 NOS 방송 채널이 나를 그곳에 파견하게 된 계기이기도 했다.

예루살렘의 유대인 구역에 있는 5성 호텔인 이스로텔에 프레스 센터가 있었다. 눈이 돌아갈 만큼 빠른 속도로 세워졌는데도 최고 시설을 갖춘 센터 안에서 나는 눈을 둥그렇게 뜨고 돌아다녔다. 헤즈볼라와 아랍 독재 국가의 프레스센터에도 간 적이 있었지만, 이곳은 차원이 달랐다. 공짜 커피와 차 여덟 종류와 과일 주스 세 종류, 롤빵, 샌드위치가 수북이 쌓인 테이블 주변에서 어정거리고 있으려니, 올리브색 군복을 입은 젊은 이스라엘 남녀들이 대단한 발언들이 담긴 종이를 나누어 주었다. 그들은 친근하면서도 효율적인 태도로 곧 시작될 기자회견과 그 뒤에 안보 전문가가 실시할 브리핑에 대해 유창한 영어로 설명해주었다.

너무나 전문적이었다. 린치 장면의 사진, 그 예비역 병사들이 묻힌 묘지로 가는 길에 대한 설명 등, 전 세계의 미디어가 필요로 하는 것 이상의 모든 내용이 숙련된 솜씨로 제공되었다. 팔레스타인인들에게 응급조치를 해주는 이스라엘 병사들이 담긴 저작권 없는 자료 사진들, 주요 언어들로 정부의 시각에 대해 필요한 만큼 설명해줄 수 있는 대변인들의 연락처, 정보로 가득 찬 관련 서류, 관련 웹사이트 자료, '테러와 점령, 무엇이 먼저였는가?' 라는 제목의 자료 더미.

이런 상황이 너무나 정상적이라는 듯이 양탄자 위를 이리저리 걸어 다니면서 휴대전화를 귀에 대고 본사의 보도국에 어떤 기사를 언제 어떻게 보내줄지 세부 내용을 논의하고 있는 기자들이 수없이 많았다. 기자들이 뉴스 프로그램 대담을 위해 사용하는 위성 연결 시설이 있는 예루살렘 캐피털 스튜디오도 호텔 바로 곁에 있었다. 편리한 장소였다. 기자들이 도착한 날 저녁 바로 방송에서 사건 설명을 해야 하는 경우가 많았으니 말이다.

이건 대체 어떤 세계인가? 인티파다가 고조되었으므로 나는 레바논과 성지 사이를 계속 왕래했는데, 갈 때마다 놀라움은 커져갔다. '낙관적인 기사'의 완벽한 재료가 기자들을 위해 마련되어 있었다. 유대교, 기독교도, 이슬람교의 아이들이 한 학교에 다닌다는 이야기, 이스라엘과 팔레스타인에서 가져온 올리브 나뭇가지(평화의 상징, 노아가 비가 그친 뒤 날려 보낸 비둘기가 올리브 나뭇가지를 물고 왔다는 성서의 이야기를 기반으로 한다—옮긴이), 합동 음악회 등에 대해 더 알고 싶으면 그저 이런 희망 프로젝트를 만든 팔레스타인이나 이스라엘 주최자들에게 전화만 걸면 됐다. 그러면 대단한 발언, 확인 가능한 정보, 효과적인 시각 자료들이 대령되었던 것이다.

하루는 이스라엘 정부의 공보부에서 전화가 왔다. "기자님이 독점적으로 활용할 수 있는 소식이 있습니다. 네덜란드어를 쓰는 한 유대인 여성이 이스라엘이 위험에 처했음을 깨닫고 입대했습니다. 영어를 쓰는 테러리즘 전문가가 그 위험이 어떤 것들인지 설명해줄 수 있습니다. 그런 공격에서 아들을 잃은 정착민도 있습니다." 한 미국 기자는 자기 방송사는 기자들을 두어 주일 동안만 파견한다면서 상황을 이렇게 설명했다. "우리는 점수를 따고 또 따야 해요. 그러니 누군가가 이미 완성된 대본을 갖고 나타나면 마구 덤벼들 수밖에요." 그 뒤로는 TV에서 눈이 붓도록 울고 있는 정착민이 나오면 나는 그가 아들의 무덤에 얼마나 많은 촬영 팀을 데려갔을지 궁금해졌다. 그런 일이 어떻게 준비되는 것일까? "여기는 정부의 공보부 사무실입니다. 아드님을 잃으신 데 조의를 표합니다. 여기 기자 세 명이 왔는데, 그들에게 당신의 슬픔에 대해 이야기해주신다면 애국적 임무를 다하게 될 것입니다"라는 식일까?

한번은 막 이스라엘의 폭격을 당한 가자 지구에 있는 6층짜리 건물을 방문한 적이 있다. 인근 주민들과 죽은 자들의 친척들과 이야기를 나누었고, 절망감과 혼란스러움 같은 전형적인 감정을 깔끔하게 보여줄 대상을 찾아보았다. 한 여성은 폭격을 당한 뒤에도 세탁기를 수리해야 한다는 생각이 여전히 머리에 남아 있었다고 말했다. "그러다가 그게 건물 잔해 밑에 파묻혀 있다는 것을 깨달았어요. 내 남편처럼." 빙고, 대단한 발언이다. 그러다가 어떤 사람이 완전한 새 유아복을 잔해 밑에 파묻는 것을 보았다. 그쪽으로 가고 있던 촬영 팀들을 위한 준비였다.

며칠마다 이런 식의 일을 겪었는데, 정말 놀라운 것은 이스라엘이 미디어 조작에 대해 공공연히 내놓고 논의하는 태도였다. 이스라엘은 수많은 민간인 사상자를 낸 장시간의 공격을 받고나면 24시간을 기다렸다가 보복한다. 그동안 세계의 언론들은 쉬면서 이스라엘의 고난에 대해 생각해볼 시간을 가진다. 그리고 이스라엘이 보복하기 시작하면 곧 그것이 머리기사를 지배하게 된다. 예루살렘에 있는 하다사 병원은 카메라 팀이 테러리즘의 피해자들을 방문하도록 허용한다. 한 이스라엘 대변인의 말을 빌리자면, '최대한 많은 피와 고통과 눈물을 보여줄 수 있도록' 하는 것이다. 유달리 규모가 큰 팔레스타인의 공격이 있은 뒤 이스라엘은 희생자들의 시체를 즉시 치우지 않기도 했다. 수상이 18개의 시체 자루와 불에 탄 버스를 배경으로 그 앞에서 성명을 발표하려고 했기 때문이다. 이스라엘인들이 대놓고 미디어 영향력을 이야기하는 또 다른 예는, 이스라엘 정부의 한 장관이 9·11 공격이 있은 뒤 환호하는 팔레스타인인 몇 명을 찍은 '영리한' 촬영 팀에게 진심으로 감사한 일이다. 그것은 근접 촬영 영상이었는데, 그렇게 하면 환호하는 사람 수가 많아 보인다. 그 동영상은 미국 TV에서 자주 재방영되었다. 이스라엘의 공보부는 그 영상 덕분에 CNN은 테러리스트들의 친척들을 인터뷰한 과오를 만회하기 위해 테러리즘의 희생자들에 대한 시리즈를 만들어야겠다는 압박감을 느꼈다고 자랑스럽게 발표했다. 또 유대계 미국인 기업가 한 명은 〈마이애미 헤럴드〉에 내던 광고를 철수하겠다고 위협해서 이스라엘에 비판적인 입장을 취한 기자 한 명을 잘라버렸다고 이스라엘 미디어들 앞에서 떠벌리기도 했다.

　기자가 되기 전에 나는 기자란 남을 몰래 관찰하는 사람이나, 사건을 기록하는 눈에 보이지 않는 마이크 같은 존재라고 생각했다. 선수들의 눈에 띄지 않는 경기장 어딘가에 앉아서 경기를 지켜보면서 해설하는 축구 해설자처럼 말이다. 하지만 축구가 전쟁일 수는 있어도 전쟁은 축구가 아니다. 이스라엘과 팔레스타인의 문제에서 미디어는 관련된 당파들에 의해 지속적으로 조작되고 영향을 받고 있었다.

　그것은 새로운 세계였다. 동료 기자들은 그 배후에 무엇이 있는지 설명해주었다. 미디어 전쟁이란 미디어의 관심이 많이 쏠리는 전쟁이라고 생각해왔지만, 실상은 그 이상이었다. 2차 인티파다와 같은 무렵에 벌어진 에티오피아와 에리트레아 사이의 국경 분쟁을 비교해보라고 동료들은 말했다. 이것은 고전적인 전쟁이었다. 두 진영이 각자가 가진 군사력으로 상대방과 싸운다, 힘센 편이 이긴다, 그러면 미디어는 그에 관해 보도한다. 하지만 이스라엘과 팔레스타인 간의 분쟁은 그와 다르게 움직인다. 양측이 가진 모든 것을 거기에 투입한다면 사태는 금방 끝날 것이다. 이스라엘은 핵무기, 스마트 폭탄, 최첨단 탱크, 전투기, 헬리콥터, 전함, 정찰 위성, 잠수함 등으로 상황을 제패한다. 24시간 이내에 이스라엘은 팔레스타인군을 몰아낼 수 있고, 원한다면 그 이웃들도 모두 몰아낼 수 있다. 이스라엘의 미디어와 정치인들이 심심하면 주장하는 것이 이런 것이다. 하지만 그런 일은 일어나지 않을 것이고, 그 까닭은 이 지역에 쏟아지는 엄청난 미디어의 관심 및 전 세계적 여론의 개입과 무관하지 않다. 이런 여론은 대체로 사람들이 미디어를 통해 보는 내용에 의해 형성된다.

이스라엘의 한 홍보담당자가 말했듯이, "무슨 일이 일어나는가가 아니라 그것이 CNN에서 어떻게 소개되는가 하는 문제다." 성지에서 신문 지면과 TV 스크린은 그저 분쟁을 보여주는 창문이 아니다. 이는 또한 분쟁이 벌어지고 있는 무대이기도 하다.

chapter 8

TV 뉴스의 딜레마

TV에서 한 팔레스타인 여성이 폭격으로 무너진 자기 집 앞에 서서 두 팔을 치켜들고 "내 아이들아!"라고 울부짖는 것을 보고 있으면, 화면 밖에 무엇이 있는지 도저히 알 수 없다. ……그 여성이 울부짖고 있을 때 60센티미터 떨어진 곳에서는 건장한 남자가 그녀의 치켜든 손을 비켜 얼굴을 클로즈업하기 위해 카메라 각도를 조정하려고 애쓰는 중이었다. 여성의 머리에서 60센티미터 위쪽에는 마이크 하나가 매달려 있었고, 그녀 가까이에는 인터뷰 담당자와 통역자가 있었으며, 군중이 모여 있었다.

그다음에 내가 간 곳은 라말라였다. 내가 가기 직전에 팔레스타인 군중이 이스라엘 예비군 두 명을 린치를 가하여 죽였고, 그로 인해 이스라엘이 팔레스타인 도시에 폭격을 가했다. 모든 채널이 그 모습을 내보냈다! 먼저, 환호하는 팔레스타인인들이 이스라엘인 시체의 일부를 들고 나오고, 그다음에 폭격이 시작된다. 기분 좋게 거리를 걸어가던 사람들이 경악하여 하늘을 올려다보고, 엄청난 쿵쾅거리는 소리가 들리고 연기구름이 보이며, 사람들이 사방으로 달아난다.

나는 겁이 났다. 그런데 라말라에 도착해보니 그곳은 평상시와 다를 바가 없었다. 시장이 열렸고, 고객이 있으면 택시는 섰다. "자, 거리 끝에서 우회전했다가 퍼실 분말 세제 광고판이 있는 곳에서 다시 우회전하면 이스라엘이 완전히 폭파시킨 경찰서가 보이는데……, 에이, 아니다, 그냥 절 따라오세요." 린치와 폭격이 있은 다음 날의 분위기는 이런 식이었다. 하지만 아랍이나 서구의 방송을 켜면 기자들은 린치와 폭격에 대한 보도에 뒤이어 '라말라 거리에 가득한 긴장감'이니 '끓어오르는 분노'니 '엄청난 우려'니 하는 것들을 흥분한 어조로 떠들어대고 있었다.

TV 프레임에 갇힌 사람들

TV가 사람들이 실상을 보는 시야를 어떤 식으로 결정하는지 내가 처음 알게 된 것이 라말라에서였다. 시청자는 자신들에게 무엇이 보이지 않는지 모른다. 눈으로 본 것은 신문 기사나 라디오 프로그램보다 훨씬 더 큰 인상을 남기게 마련이다. 내 동료 한 명은 이 점을 다음과 같이 깔끔하게 요약했다. "말은 사람의 마음을 겨냥한다. 하지만 이미지는 본능을 건드린다."

한번은 TV 뉴스 팀과 대담을 하던 중에 가자 지구에서 이스라엘의 폭격이 있은 뒤 소녀들이 생리가 끊겼다는 이야기를 했다. 스트레스 때문에 사춘기가 역행했던 것이다. 이스라엘의 폭력이 팔레스타인의 초등학생들에게 끼친 심리적 영향에 대해 꽤 심도 있는 기사를 두 편 썼기 때문에 이 사실을 알고 있었다. 그 기사들은 〈NRC〉에서 눈에 잘 띄는 위치에 실렸다. 하지만 그 대담이 나간 뒤 여러 편집자들이 전화를 걸어, 이스라엘의 폭력이 팔레스타인 학생들에게 미친 심리적 영향에 관한 기사를 쓸 수 있겠는지 물어보았다. 나는 내 기사를 안 읽었느냐고 물어보았다. 그러면 흔히, "아, 그러고 보니……"라는 식으로 대답했다.

성지에서 일어나는 미디어 전쟁에서는 TV가 왕이었다. TV 방송국 직원들이 일하는 것을 직접 보기 전까지는 항상 상당한 신뢰감을 갖고 뉴스를 보곤 했다. 그러나 알고 보니 거기에도 약점이 있었다. 예컨대 TV에서 한 팔레스타인 여성이 폭격으로 무너진 자기 집 앞에 서서 두 팔을 치켜들고 "내 아이들아!"라고 울부짖는 것을 보고 있으면, 화면 밖에 무엇이 있는지 도저히 알 수 없다. 그 감정은 거짓이 아니겠지만, 가자 지구에서 그런 장면이 촬영되는 것을 보고 나서는 시청자들이 보고 있는 것이 개인적 감정의 폭발이 아닌 다른 어떤 것이라는 사실을 깨달았다. 그 여성이 울부짖고 있을 때 60센티미터 떨어진 곳에서는 건장한 남자가 그녀의 치켜든 손을 비켜 얼굴을 클로즈업하기 위해 카메라 각도를 조정하려고 애쓰는 중이었다. 여성의 머리에서 60센티미터 위쪽에는 마이크 하나가 매달려 있었고, 그녀 가까이에는 인터뷰 담당자와 통역자가 있었으며, 군중이 모여 있었다. 촬영 팀이 있으면 사람들은 마치 빵부스러기에 끌린 오리처럼 모여든다.

그 촬영 팀은 이 여성을 어떻게 찾아냈는가? 물론 카메라맨이 그 여성을 발견하여 허락도 구하지 않은 채 촬영했을 수도 있다. 하지만 그보다는 인터뷰어가 몇 명의 후보자들 중에서 이 여성을 골라내고, 빛이 충분한지 점검하는 동안 예비적인 이야기를 좀 했을 것이고, 역광이 되지 않는지 해를 바라보고, 또 폭격 잔해가 보이기는 하지만 그것이 중심이 되지는 않도록 위치를 잡았을 것이며, 주변에서 소란 부리는 자들에게 조용히 해달라고 부탁했을 확률이 높다. 그러고 나서 음향 담당자의 신호가 있은 뒤 인터뷰 담당자는 통역자를 통해 물었을 것이다. "당신 아이들이 어찌 되었습니까?"

카메라가 꺼지면 울지 않는다

대학에 다닐 때 나는 표현 수단이 메시지가 된다는 이야기(TV에서는 형태가 내용을 결정한다는 이론)를 들어봤지만, 내가 무엇을 TV로 보여주고 보여주지 않는지에 주위 상황이 어느 정도 영향을 끼치는지 직접 레바논에 가서 촬영을 해보기 전에는 제대로 알지 못했다.

　내가 간 목적은 전직 장군인 아리엘 샤론Ariel Sharon이 이스라엘 정치계에 복귀하는 데 대한 팔레스타인인들의 반응을 취재하기 위해서였다. 샤론은 그 20년 전에 있었던 이스라엘의 레바논 침공 사건(1982년 6월)을 배후에서 주도한 수뇌부 인물이었다. 그때 (1982년 9월) 이스라엘 군대는 사브라와 샤틸라에 있는 팔레스타인 난민 캠프를 점령했고, 레바논의 기독교도 민병대가 1200명을 학살했다. 그 민병대를 무장시키고 훈련시키고 지원해준 것은 이스라엘이었고, 그 부대는 이스라엘의 조명탄 불빛 아래 이틀간 밤낮으로 사람들을 죽였다. 그 피바람으로 사브라와 샤틸라는 세계적으로 유명해졌고, 샤론은 사태에 대한 책임을 지고 정계에서 물러났다. 이제 그가 돌아온 것이다. 한 팔레스타인 아이스크림 장수의 말을 빌리자면, "옛 유고에서는 전범들이 감옥에 갔는데, 이스라엘에서는 수상이 됐다." NOS는 내게 일을 가르쳐주도록 동료 한 명을 보내주었다. 우리는 그 지역의 촬영 팀을 고용하여 난민 캠프로 갔는데, 거기서 내가 실수를 저지르고야 말았다. 아직도 그 일이 부끄럽다. 캠프에 있던 사람들과 이야기를 하던 중에 나는 인류학자들이 '불편한 자료inconvenient date'라 부르는 것을 만나게 되었다. 내가 하고자 하는 이야기의 방향과 일치하지 않는 정보를 만난 것이다.

팔레스타인인들은 사브라와 샤틸라에서 있었던 일보다도 그 두어 해 뒤에 있었던 소위 '수용소의 전쟁(War of the Camps, 1985년 4월에서 1988년 7월까지 레바논의 친시리아 계열 시아파 민병대가 친PLO 계열의 수니파 민병대 및 기타 PLO지지 세력과 싸우고 서베이루트의 팔레스타인 난민 캠프를 포위 점령한 사건 — 옮긴이)' 이라는 것이 훨씬 더 끔찍했다고 말해주었다. "난민 캠프 사건도 끔찍했지만 이틀밖에 안 끌었소." 반면 몇 년 뒤에 있었던 캠프를 지배하기 위한 전쟁은 오래도록 계속되었다. 그들은 당시의 굶주림, 시리아와 시아파 민병대(Amal Shiite militia, Amal이란 아랍어로 희망을 뜻한다)가 자행한 혐오스러운 잔혹 행위에 대해 들려주었다.

그때 나는 기자로서 허술하게 행동했다. 나는 기사의 각도를 바꾸거나 아니면 적어도 그 사건에 대한 내용을 기사에 담았어야 했다. 하지만 나는 원래 샤론의 복귀에 대한 기사를 쓰러 왔으므로, 20년간 뉴스거리였던 1200명의 죽음에 대해 이스라엘이 간접적 책임을 지게 하면서 시리아인들과 레바논인들이 저지른 훨씬 더 큰 학살은 잊히게 만든 이중 잣대를 그냥 놓치고 지나간 것이다.

우리는 작업을 계속 진행하여, 난민 캠프 사건에서 가족을 잃은 '제대로 된' 사람들을 찾아 나섰다. 음향 담당자는 조카 두 명을 잃은 남자를 데려왔다. 이 사람으로 충분한가? 이를 확인하기 위한 이상하고 어색한 대화가 이어졌고 알고 보니 그는 학살 현장에 있지 않았다. 직접 목격한 사람이 훨씬 더 좋겠다는 말을 어떻게 하면 예의바르게 할 수 있을까? 그런 다음 우리는 20대 중반의 젊은 여성인 소하를 만났다. 소하는 그때 이스라엘 군인을 보러 나갔다고 했다. "다들 유대인들은 뿔이 나 있다고 했기 때문에 난 그걸 보고 싶었어요." 소하는 캠프 밖에 나가 있었으므로 민병대에게 살해되지 않았지만, 그녀의 가족은 그만큼 운이 좋지 못했다. 자, 전화기 끄고, 카메라, 액션! 소하는 울기 시작했다. 그녀는 눈물을 흘리면서 이야기했다. 그러다가 카메라가 꺼지니 이내 정신을 가다듬었다. "민병대로부터 어떻게 숨어 있었는지 연기해보일까요?" 그녀는 아이 같은 표정을 짓더니, 벽 뒤에서 내다보는 시늉을 했다. "프랑스 TV 팀에게는 이렇게 해줬어요."

우리는 증인들을 계속 찾아다녔고 인터뷰가 잘되도록 두 손 모아 기원했다. 그런 다음에는 편집실에 가야 했는데, TV와 신문의 차이가 정말로 분명해진 것은 거기서였다.

우선, NRC에 실린 사브라와 샤틸라에 있는 팔레스타인 난민들에 대한 기사는 이렇게 시작했다.

미리엄 압델하디는 지금은 북이스라엘이 되어버린 고향에서 아버지가 달아날 때 가져왔던 무거운 라디오를 지금도 갖고 있다. 1948년에 이스라엘이 건국된 뒤 전쟁이 터졌고 유대인 병사들이 퍼뜨린 학살의 소문이 효과를 발휘했다. "우리는 그저 며칠 동안만 피해 있으면 될 것이라 생각했어요." 압델하디는 샤틸라에 있는 그녀 집에서 내게 말했다. "우리는 라디오와 배터리를 가져왔지요. 그러면 언제 돌아가면 될지 알 수 있을 테니까요. 하지만 유대인들이 우리를 돌아가지 못하게 했어요." 50년도 더 지난 지금, 자녀 여덟 명의 어머니인 압델하디는 여전히 돌아가기를 기다린다.[10]

미리엄 압델하디의 이야기는 난민 캠프에서 들은 것 중에 가장 호소력이 있었고, 그 낡은 라디오는 첫머리를 근사하게 만들어주었다. 그녀의 이야기는 팔레스타인인들의 뇌리를 떠나지 않는 것이 무엇인지 보여주는 일상적 실례이며, 그 라디오에 대한 집착은 그들의 인내심의 상징이었다.

하지만 압델하디의 이야기는 TV 뉴스에 나오지 못했다. 우선은 그녀의 라디오는 친구 집에 있는데 그가 집에 없었다. 또 그녀는 살해당한 자매들의 이야기를 하고 싶어했지만, 같은 이야기를 계속 반복했고 자세히 설명하려고 애쓰다가 횡설수설했다. 아래층의 상점에서는 웅웅대는 소리가 들렸고, 촬영 장비가 제대로 작동하기에는 집 안이 너무 어두웠다. 결국 찬장과 의자와 TV를 치워야만 우리가 움직일 수 있다는 것을 알게 되자 그녀는 다른 사람을 찾아보라고 공손하게 말했다.

그래서 이렇게 우리의 TV 뉴스거리는 없어졌다. 신문 기사에서는 그녀의 이야기, 라디오를 갖고 있는 친구의 전화번호로도 충분했지만 TV에서는 문제의 그 라디오를 보여줘야 했기 때문이다. 신문에서는 유고슬라비아와 이스라엘 전범들 간의 차이에 대한 아이스크림 장수의 발언을 인용할 수 있지만, TV 뉴스로 나가려면 그가 카메라 앞에서 그 말을 해야 한다. 그러나 그런 발언을 어떻게 하겠는가. 압델하디의 말이 횡설수설인 것은 신문 기사에서는 문제가 되지 않았다. 내가 그녀의 말을 편집하고 요약하면 되니까. 그녀의 말을 가지고 기사를 꾸밀 수 있었고, 워드프로세서가 있으니 어떤 방향으로든 끌고 나갈 수 있었다. 그러나 TV 몽타주는 영상으로 찍은 내용으로 작업해야 한다. 결국 TV 뉴스란 영상과 함께 기사를 전하는 것이니 영상이 없으면 기사도 없다는 건 당연한 애기 아닌가. "영상이 없다면 말로 설명하면 안 될까요?" 나는 내게 작업 요령을 가르쳐주던 동료에게 물었다. 하지만 TV에서는 그렇게 하기가 무척 힘들다는 걸 알게 됐다. 가위의 법칙^{The Law of Scissors} 때문이었다.

가위의 법칙과 위대한 테러리스트의 아버지

가위의 법칙이란 영상이 사람들에게 미치는 영향을 가리키는 말이다. 영상은 음향에 우선하는데, 해설이 영상과 다른 내용을 말하고 있다면 시청자는 영상 쪽을 따라가게 된다는 것이다. "우리는 이스라엘이 건국되는 동안 팔레스타인인들이 어떻게 민족 청소를 당했는지 점점 더 많이 알아가고 있다"라고 말하지만 화면에서는 축구 경기에서 FC 마카비 텔아비브가 골 넣는 장면을 보여준다면, 해설자가 말하는 내용이 머리에 들어가지 않을 것이다. 이런 것을 두고 TV 프로듀서들은 '가위가 열려 있다'라고 말한다. 골 장면을 팔레스타인인들이 달아나는 장면으로 바꾼다면, 양 가윗날은 가까이 닫힌다.

영상과 음향이 서로를 지원한다는 것은 TV 뉴스를 어떤 신문 기사보다 더 강력하게 만든다. 문제는, 당연한 말이지만, 세계에서 일어나는 수많은 일들을 다 촬영할 수 없다는 점이다. 화면을 비워두고 대본만 읽는 일은 있을 수 없는데 어떤 이미지를 넣든 그 이미지가 음성을 압도해버리니 문제인 것이다.

TV는 가위의 법칙에 의거하여 실재^{reality}를 촬영 가능한 것만으로 축소시킨다. 이런 현상의 결과는 자살폭탄 테러에 관한 미디어 전쟁이 발발하자 명백히 나타났다. 우리는 공격을 저지른 사람들에 대해 전혀 딴판인 이야기를 두 가지 할 수 있다. 이 자유의 투사들은 모든 희망을 다 잃었으므로 자신들의 명분을 위해 죽을 준비가 된 사람들이라고 말할 수 있다. 점령군 치하에서 산다는 게 끔찍한 건 너무나 분명하니까. 그런가 하면 이 테러리스트들은 분명 자신에 대한 사랑보다 이스라엘에 대한 증오가 더 큰 사람들이라고 말할 수도 있다. 이렇게 보면 팔레스타인인은 지독한 민족임이 분명하다.

이스라엘의 홍보기구는 당연히 두 번째 버전을 퍼뜨리는데, 그들을 엄청나게 도와주는 것이 자살 테러리스트의 부모들이다. 누군가가 자폭 테러를 일으키기만 하면 통신사의 촬영진은 즉각 그 부모들의 집으로 달려간다. 그러면 흔히 부모들은 촬영진 앞에 자랑스러운 일이라며, 다른 자녀가 같은 행동을 하더라도 항상 그들을 지지할 것이라고 말한다.

나도 이런 가족을 방문한 적이 있었다. 가자 지구에 있는 아부 크웨이크 일가였다. 그들의 스물한 살 난 아들인 아라파트는 가자 지구의 이슬람 대학 졸업반 학생이었는데, 온몸에 폭발물을 휘감고 이스라엘 군인들에게 덤벼들었다. 이제 아부 크웨이크 일가는 난민 캠프 안, 악취 가득한 낡은 콘크리트 집 앞에 앉아 이웃들의 축하를 받고 있었다.

아버지인 카삼은 아라파트가 작별 인사도 했다고 말했다. "반쯤 졸고 있었는데, 아들이 모퉁이에서 머리를 불쑥 내밀더니 재빨리 작별 인사를 하더군요." 그는 잠깐 멈추었다. "아들의 계획을 알았더라면 안아주었을 텐데." 한 이웃이 지나가자 카삼은 말했다. "내 아들은 죽지 않았어요. 순교자는 천국으로 직행하여 거기서 산답니다. 내 다른 아들들도 순교자가 되기를. 그리고 나도 그들과 함께할 수 있기를. 모든 유대인에게 죽음을!" 그는 사담 후세인이 모든 '순교자' 가족에게 주는 1000달러를 모스크에 기부하려 한다고 말했다. "내 아들이 돈을 원했더라면 협력자(collaborator, 적군에 협력하는 사람―옮긴이)가 되었겠지요." 그는 보는 사람들마다 붙잡고 말했다. "내 아들은 영웅입니다. 내 아들은 하늘에 있어요." 하마스 요원은 배포하고 있던 모하메드의 포스터를 그에게 전해주었다. 그는 공손히 그것을 받아 들었다. 1분 전에는 아들이었는데, 다음 순간에는 순교자가 되어 있었다. 대추와 코카콜라, 아라파트의 작별 편지 사본이 나누어졌고, 차가 나왔다. 설탕을 탄 차였다. 이 죽음은 쓰라린 죽음이 아니라는 듯.

자기 아들이 얼마나 창의적이었고 독실했고 근면했는지 이야기하고 난 뒤 카삼은 그가 집이라 부르는 폐허를 구경시켜주었다. 아라파트의 동생인 야세르가 우리 뒤를 따랐다. 이제는 그가 그 집의 장남이었다. 그런 대가족에서 장남은 큰 책임을 지는 자리다. "뭘 좀 보여줄게요." 그는 내게 속삭였다. "아버지가 있는 데서는 안 돼요." 그러고는 자기 방으로 향했다. 카삼이 따라오려고 움직였지만, 야세르가 안 된다고 손으로 막았다. 팔레스타인인의 아들이 그런 행동을 하는 것은 본 적이 없었다.

야세르는 문을 꽉 닫고 비닐 쇼핑백을 가져오더니 옷가지를 꺼내기 시작했다. "하마스가 이걸 갖다 줬어요." 그가 설명하길, 그 옷은 아라파트가 공격하러 갈 때 입었던 것이었다. 지독한 악취가 방에 가득 찼다. 야세르는 바지에 수없이 난 총알구멍을 손가락으로 만졌다. 재킷은 윗부분이 없었다. 이스라엘군이 가까이 가기도 전에 그의 몸이 수류탄으로 갈기갈기 찢겼기 때문이다. "난 이걸 어찌 해야 할지 도무지 모르겠어요." 야세르가 작은 소리로 말했다. "형이 스스로 내린 결정이었어요." 우리는 멍하니 서서 이집트의 축구 팀 포스터와 한 레바논 가수의 포스터를 바라보았다. 야세르는 쇼핑백을 치웠다. 막 나가려다가 나는 왜 아버지가 함께 오면 안 됐는지 물어보았다. 야세르는 눈을 껌벅였다. "아버지는 간신히 버티고 계세요. 이 옷을 보면, 총알구멍이나 이 찢어진 재킷을 보면……, 아버지는 돌아가실지도 몰라요."

　이후 나는 인터넷을 뒤져 가자 지구에 있는 몇 안 되는 정신과 의사 중의 한 명을 찾아냈다. 국제적으로 유명한 인권운동가인 이야드 세라즈[Iyad Serraj]였다. 내가 연락했을 때 그는 지도자를 비판했다는 이유로 팔레스타인 자치기구가 보낸 게릴라에게 두들겨 맞은 직후였지만, 그래도 나를 만나고 싶어했다.

　"저는 부[Voo]와 자주 연락합니다." 그는 전화로 이렇게 말했다. 무슨 소린가 했는데, VU, 암스테르담에 있는 자유대학[Vrije Universiteit]을 말하는 것이었다. 세라즈의 말에 따르면 아라파트의 부모는 외상에 대한 전형적 반응인 부인[否認] 현상을 보여주고 있었다. "당연히 그들은 자기들이 행복하다고 말하지요. 그건 애도를 미루는 한 가지 방법입니다. 그건 정상적인 반응이에요. 하지만 카메라가 가고 나면 분노와 우울이 닥쳐옵니다. 그런 사람들이 여기 오지요. 가끔이지만요. 정신과적 문제도 금기시되니까요." 벌써 몇 번 한 적이 있는 이야기인 듯 숙련된 태도로 세라즈는 자살 테러리스트로 자원하는 사람이 나타나는 즉시 하마스는 작별 인사 동영상을 찍으며, 당사자가 아무에게도 그 사실에 대해 말하지 못하게 되어 있다고 말해주었다. "하마스가 자원자를 부를 때까지 몇 달 걸릴 수도 있어요. 하지만 그 동영상은 일종의 계약이고, 그걸 취소하기는 힘듭니다. 하마스가 자원자들에게 그처럼 심한 압박감을 주는 이유가 뭘까요? 왜 아무에게도 말하지 못할까요?

부모들이 정말 그 일을 행복하게 받아들인다면, 왜 그 행동을 권하지 않습니까?"

나는 세라즈의 이야기가 사실인지 확인해보았다. 팔레스타인 인들에게서 정신과적 문제가 금기시된다는 말은 참말인 것 같았다. 어떤 수치도 기록되어 있지 않았고, 어떤 증빙 자료도 얻을 수 없었다. 또 몇 달 동안 가족을 잃은 가정을 몇 군데 찾아가보았다. 한 아버지는 사담 후세인이 순교자에게 주는 돈으로 개조한 집을 보여주었다. 또 다른 부모는 하마스가 와서 그의 아들이 자살 폭탄을 터뜨렸다고 말해준 것은 사건이 있고 몇 달이 흐른 뒤였다고 말했다. 아무도 자랑스러워하거나 기뻐하는 것으로는 보이지 않았고, 한 어머니는 아들의 자살을 '내 인생 최악의 재앙'이라고 말했다.

세라즈는 중요한 점을 지적한 것 같았다. 이 이야기를 어떻게 하면 방송할 수 있을까? 그는 TV에 나오는 것을 무척 좋아하는 듯했고 가끔 서구나 아랍 방송 채널에 그가 나오는 것을 보기도 했지만, 그의 이야기는 자랑스럽게 기뻐하는 팔레스타인 부모들의 영상에 비하면 그 위력이 너무 보잘것없었다. 이상적으로는 세라즈가 아니라 슬픔에 빠진 부모나 아라파트 아부 크웨이크의 동생이 실제로 어떤 기분인지 말해주는 모습을 보여주어야 할 것이다. 하지만 그들은 카메라가 꺼져야만 자기들 이야기를 한다. 물론 TV에서는 영상이 없으면 기사도 없다.

뉴스 제작 방식에 항복하다

TV 뉴스를 제작하는 데는 시간이 많이 소모된다. 나는 그 일을 별로 잘하지 못했다. 또 상황에 따라 내가 무얼 보여줄 수 있고 보여줄 수 없는지가 달라지기 때문에 심하게 제약받는 기분이었다.

팔레스타인인들이 TV에 익숙하지 않다는 것은 분명했다. 무슨 질문을 하든 그들의 대답은 5분씩이나 이어졌다. 방영될 분량 전체가 3분 12초를 넘지 못하는데 말이다. 편집하면 되지 않나? 처음에는 나도 그렇게 물었다. 하지만 그렇게 하면 화면이 툭툭 튀게 되고 내용이 산만해져 시청자들의 관심을 잃게 된다. 팔레스타인 사람들은 흔히 카메라가 꺼지기 전에는 흥미로운 이야기(당국의 부패상 같은 이야기)를 할 용기를 내지 못한다. 내가 직접 카메라 앞에서 그런 이야기를 하는 방법으로(전문용어로는 이것을 스탠드어퍼stand-upper라 부른다) 이 문제는 해결할 수 있었다. 그렇기는 해도 그 수법이 통하는 건 한 번뿐이었고, 통한다고 해도 팔레스타인인인들이 그 말을 직접 하는 것보다는 효과가 적었다. 또 사례를 몇 가지 더 소개하고 싶지만 그들이 오프더레코드로만 이야기할 것이라면 무슨 수가 있는가? 영상이 없으면 기사도 없다.

그러니 딱 미칠 지경이었다. 사정이 이러니 서구의 기자들이 연락책들에게 의지하게 되는 까닭이 더욱 분명해졌다. 기자들은 이스라엘에 있는 자기 집에서 당일치기로 팔레스타인에 가서는 미리 준비된 목록을 갖고 있는 연락책을 만난다. "사형을 앞둔 협력자, 돌을 던졌다가 살해당한 아이의 어머니, 검문소에서 유산한 여자, 땅을 잃은 농부, 억류당하여 고문당한 사람, 집이 무너진 뒤 삯바느질 가게를 연 네 자매…… 들이 준비되어 있습니다."

연락책은 하루에 최소 100달러를 받으며, 목록에 오른 사람들이 아마 이 돈의 일부를 나눠 가질 것이다. 그런데 어떤 식이든 그들이 그전에 만난 촬영 팀에게 잘 통한 내용을 그대로 되풀이하지 않으리라고 누가 장담할 수 있을까? 또 연락책들은 거의 대부분 낮 동안에는 팔레스타인 자치 기구에 고용된 직업을 가진 사람들이므로, 그들이 가장 필요한 시간에는 만날 수 없다. 이를테면 네덜란드 정부의 주요 기관장들이 어떤 지역에 재해가 난 직후에 야간 부업으로 CNN을 위해 일하는 것 같은 형국이다.

연락책에 대해 처음 알았을 때 나는 그것이 가증스러운 일이라고 생각했다. 하지만 두어 번 직접 TV 뉴스를 만들어본 뒤에는 그 충격이 줄어들었다. 프로그램이 그러하니 나도 주어진 상황에 최대한 적응해야 했다. 경쟁 진영들도 똑같이 한다는 이유 때문에라도 그랬다. 미디어를 조종하는 사람들은 가위의 법칙에 대해 알고 있었고, 나는 내가 할 수 있는 것이 프로그램을 근사하게 만들어줄 영상을 준비하는 일밖에 없는 한 내가 그들의 손 안에 있다는 것을 깨달아갔다.

이런 종류의 조종은 시간 압박이 클수록 더 쉽게 이루어진다.

라말라에 다시 가야 했을 때 나도 그런 압박감을 직접 맛보았다.

당시 이스라엘이 팔레스타인의 한 소수정당 지도자를 살해했고, 그 정당원들이 이스라엘 장관 한 명을 죽여 보복한 일이 있었다. 이스라엘은 살해자들을 내놓으라고 요구했고 당시 팔레스타인의 지도자이던 아라파트는 이를 거부했다. 그러자 이스라엘 탱크가 아라파트의 본부를 포위했다. 그때까지도 촬영 팀은 들어갈 수 있었다. 카메라 앞에서 아라파트는 촛불을 켜놓고, 자신은 압박을 받더라도 굴복하지 않을 것이며 필요하다면 순교자로 죽겠다고 성명을 발표했다. 아랍의 방송사들은 이 강력한 영상을 무한 반복으로 내보냈다.

교착 상태는 이스라엘과 아라파트가 복잡한 타협안을 만들어낼 때까지 지속되었다. 그것은 소수정당 지도자들은 수감되겠지만 영국의 감독하에 팔레스타인 감옥에 갇힌다는 내용이었다. 탱크는 철수됐고 팔레스타인 측 대변인들은 자신들의 승리를 소리 높이 외쳤다. "굴욕적인 포위는 끝났다. 아라파트는 국민의 영웅이다!" 통신사들이 이 소식을 보도했고, 이스라엘의 야당은 이렇게 불평했다. "우리 정부가 얼마나 바보인지 보라. 덕분에 아라파트가 국민적 영웅이 되어버렸다."

이런 반응 역시 통신사들에 의해 보도되었다. 아라파트가 행한 승리의 순시도 보도되었다. 의기양양한 팔레스타인인들이 길가에 늘어서고, 학생들이 노래했다. "피와 영혼을 바쳐 당신을 지지

합니다. 친애하는 아라파트여." CNN과 BBC가 이런 광경을 영상에 담았고, 팔레스타인 대변인들이 발표한 승리의 선언문도 모두 입수되었다. 힐베르쉼에 있는 편집자는 이 영상을 보고 기사 제목을 이렇게 만들었다. "포위는 풀렸고, 생존의 예술가 아라파트는 다시 해냈다." 이제는 내가 나설 차례였다. 단순 명쾌한 취재일 것 같았고, 서둘러 라말라로 갔다.

원래는 팔레스타인의 민간인들 이야기를 좀 들어보고, 뉴스에 맞는 영상을 찍은 다음 서예루살렘에 있는 스튜디오로 날쌔게 돌아와서는 몽타주를 만들겠다는 계획이었다. 하지만 라말라에 가보니 카메라 앞에서 입을 여는 사람이 아무도 없었다. 또 기쁨에 차서 자발적으로 거리에 나온 이들은 전혀 보지 못했고, 분위기는 가라앉아 있었다. 전화를 몇 군데 돌렸고, 자주 들르던 바, 신문사, 음식점에도 갔는데, 내가 들은 모든 이야기에 의거할 때 라말라의 일반 주민들은 전혀 행복하거나 자랑스러워하지 않는다는 판단이 내려졌다. 그들은 지도자가 또다시 이스라엘의 요구에 굴복했다고 생각했기 때문에 환멸을 느끼고 있었다. 아라파트의 순시는 카메라를 위한 설정이었고, 환호하는 군중이란 그 행사를 위해 불려 나온 100명가량의 팔레스타인 자치기구 직원들이었다.

신문기자라면 그런 순간에 다른 이야기를 꾸며내어 사실을 은폐할 수 있겠지만, TV로 그 다른 기사를 내보내기 위해 필요한 영상은 어디서 찾는다는 말인가? 그날 저녁 뉴스에 내 기사가 나가도록 예약되어 있었으며, 촬영 팀을 데려오고 여러 시간 걸려 몽타주를 짜 맞추고 또 라디오에 연결하기 위해 이미 수천 유로를 쓴 후였다. 다른 기자들과의 경쟁도 있었으니, 내가 영상을 내보내지 못하면 그들이 이렇게 흉볼 것은 불을 보듯 뻔했다. "저 루엔데이크라는 작자는 현실 업무도 제대로 감당 못하는 주제에, CNN이 오보를 냈다고 하는군." 결국 나는 구체적인 언질을 최대한 유보하는 기사를 만들었다. 거짓말은 하지 않지만 진실의 결정적인 부분에 대해 침묵함으로써 거짓말을 하는 정치인처럼 말이다.

chapter 9

미디어 전쟁이 시작되다

이스라엘에서는 참석자들은 흐느끼고 가족 중의 한 사람이 침착하게 애도의 말을 전하는 차분한 행사로 죽은 자를 묻는다. 서구인들은 이런 이미지를 이해한다. 하지만 흔히 히스테리컬한 혼란이 빚어지는 팔레스타인식 장례식 뒤에 숨어 있는 슬픔을 기자들이 어떻게 보여줄 수 있겠는가? 그들은 약한 면모를 남에게 보이지 않는다. 아랍인들은 집에서 슬퍼한다. 카메라가 없는 곳에서.

성지는 새로운 세계였다. 나는 극도로 신중하고 객관적으로 보기로 결심했다. 예전에는 '객관적이 된다는 게 도대체 가능한 일인가?' 하는 문제로 걱정해본 적이 없었다. 미국에서 두 번째로 큰 뉴스 채널인 폭스뉴스는 "우리는 보도하고 판단은 여러분이 한다"라고 말하지 않는가? 알자지라 방송은 자신들의 모토가 "상황의 양면을 보도한다"임을 선전하지 않았던가? 내가 일하는 신문인 〈NRC〉도 '사실과 의견 간의 분명한 구분'을 약속하지 않았던가? 이것이 고품질 저널리즘의 본질이 아닌가? 사실을 있는 그대로 보도하고, 사람들의 의견을 보도할 때 논쟁의 양면을 모두 보여주는 것 말이다. 나는 이런 방법으로 분쟁의 객관적 모습을 보여줄 수 있다고 생각했다. 그러나 순식간에 의혹이 피어올랐다. 시간이 지날수록 의혹은 점점 더 커지기만 했다.

한쪽으로 기운 미디어

처음에는 내가 선택하는 용어가 문제였다. 아랍 세계에서 나는 이미 편파적인 언어에 노출되어 있었다. 신앙을 토대로 하여 정치적 방향을 설정하는 무슬림은 근본주의자라 불린다. 반면 그들과 동일한 크기의 종교적 확신을 지닌 미국 대통령 후보는 서구의 거의 모든 미디어에서 복음주의자, 혹은 신앙심이 깊은 사람으로 보도된다. 그 미국인이 선거에서 이긴다고 해서 기독교가 진출하고 있다고 말할 사람은 거의 아무도 없다. 하지만 코란에서 정치적 영감을 얻는 무슬림이 우두머리가 되면 서방의 수많은 해설자들은 이슬람이 진군하고 있다고 말한다. 아랍의 어떤 지도자가 서구의 정부와 충돌하면 그는 반反서구적이라 불리지만, 서구의 정부가 반反아랍이라 불리는 일은 없다.

카이로에서 나는 이런 예를 몇 가지 수집했는데, 성지에 가자 그 목록은 급속히 길어졌다. 가령 하마스는 반이스라엘이지만 유대인 정착민들은 반팔레스타인이라고 불리지 않는다. 이스라엘 국민에게 폭력을 쓰는 팔레스타인인은 테러리스트이고 팔레스타인 국민에게 폭력을 쓰는 이스라엘인은 매파나 강경파이다. 평화적 해결책을 찾으려는 이스라엘 정치인은 비둘기파, 팔레스타인 측 상대자들은 온건파라 불린다. 이는 팔레스타인인이란 마음속 깊은 곳에서는 모두 광신자라는 의미를 함축하는 호칭이다. 표현을 180도 돌려놓고 보면 여기에 있는 이중적 잣대를 더 명료하게 볼 수 있다. '온건파 유대인인 시몬 페레스(Shimon Peres, 현 이스라엘 대통령)의 반이슬람 연설은 팔레스타인 비둘기파들 사이에 대단한 불안을 초래했다' 라는 보도를 상상해보라.

이렇게 각 진영에 따라 유사한 개념에 이름을 다르게 붙이는 것만으로도 편견이 생긴다. 하지만 성지에서 맞닥뜨리는 문제는 이런 어휘 사용의 비대칭성에 그치지 않는다.

아랍 독재 체제에서는 대개 모든 것에 대해 지칭하는 단어가 하나씩이다. 그래야 사정이 단순해지기 때문이다. 누구나 이집트를 그저 이집트라 부른다. 하지만 이스라엘은 시오니스트 집단이라거나 점령된 팔레스타인이라고도 불릴 수 있다. 문제의 그 영토는 점령 지역인가 분쟁 지역인가 해방 지역인가? 아니면 요르단 강의 서안인가, 유대인가, 사마리아인가, 혹은 팔레스타인 영토인가? 유대인 마을인가, 유대인 정착촌인가, 아니면 불법적인 유대인 정착촌인가? 내가 다루어야 하는 대상이 유대인인가, 시오니스트인가, 이스라엘 국민인가? 시오니스트라고 해서 모두 유대인은 아니며, 유대인이라고 해서 모두 이스라엘 국민은 아니고, 이스라엘 국민이 모두 유대인은 아니다. 그 반대 진영은 아랍인인가, 팔레스타인인인가, 무슬림인가? 아랍인이 모두 팔레스타인인이 아니며, 팔레스타인인이 모두 무슬림은 아니고, 무슬림이 모두 팔레스타인인은 아니다.

이것이 성지에서 만나게 되는 첫 번째 문제다. 객관적으로 이야기하고 싶을지라도 중립적 용어가 없는 것이다. 그렇다고 관련된 용어를 모두 늘어놓을 수도 없다. '오늘, 점령지 혹은 분쟁 지역 혹은 해방된 요르단 강 서안 혹은 사마리아 소재의 라말라에서, 팔레스타인인 혹은 무슬림 혹은 새로 이주한 아랍인 혹은 테러리스트 혹은 자유의 투사 두 명이 이스라엘 병사 혹은 이스라엘 방어군 혹은 시오니스트 점령 부대원에 의해 살해 혹은 도살되었다……' 라는 식으로 쓸 수는 없지 않느냐 말이다.

아랍 세계만 담당하고 성지의 소식은 언론을 통해 듣고 있던 무렵, 나는 어떤 사항이든 모두 하나 이상의 단어로 지칭된다는 것을 알아차렸다. 나는 그것이 그 지역의 관습인 줄 알았고, 문화부에서 다룰 좋은 주제라고 생각했다. 그쪽 사람들은 표현에 대해서까지 논쟁을 벌이는군, 하고 생각했지만, 그 한복판에 붙잡히게 되자 그것이 바로 그들이 논쟁하는 전부임을 깨달았다. 이런 단어들이 모여 관점을 드러내는데, 관점이 워낙 여럿이다 보니 단어도 그토록 많은 것이다.

모두 나름의 입장이 있다

성지를 새로운 세계로 만들어주는 또 다른 요인들이 있다. 바로 기자로서 모든 관점을 관찰할 수 있다는 점이다. 이스라엘은 민주주의이고, 그에 어울리게 전면적인 표현의 자유를 누린다. 나는 히브리어를 모르지만 영어판 신문이 있고 가끔은 이스라엘 TV 프로그램에 아랍어 자막이 나와 그 모든 것을 직접 살펴볼 수 있었다. 어쨌든 아랍어는 그 나라의 제2국어였으니까. 한편 팔레스타인 사람들은 이스라엘의 간접 점령과 팔레스타인 자치기구의 반독재 체제가 복합된 놀라운 상황에서 살고 있다. 당국은 각료들과 경찰, 경비대를 두고 있고, 몇 군데 고립 지역에 대한 '제한적 자치정부'의 지위를 누린다. 팔레스타인 사람들에게 이는 각 지역마다 두 가지 형태의 억압이 다른 비율로 섞여 있는 것과 다름이 없다. 그래도 억압을 피할 여지는 많았으므로 거의 모든 팔레스타인인인들은 사실 말을 하고 싶어했다. 내가 시간 여유를 두고 방문하고, 통역자가 따라붙지 않는다면 말이다.

이런 식으로 하여 나는 상이한 관점을 간파하고 비교해볼 수 있었고, 곧 이스라엘과 팔레스타인 간의 분쟁에 대해 내가 예전에 가졌던 관점이 부끄러워졌다. 그 관점이란 평화의 지지자와 반대자가 있는 승패의 관점, 누가 이길까 하는 질문을 신이 나서 던지는 관점이었다.

이제 나는 '그 평화의 반대자' 들과 이야기를 할 수 있었고 그들 중에 누구도 "평화라고? 미쳤어? 우린 그걸 바라지 않아"라고 말하는 사람은 없었다. 이들 역시 분쟁이 끝나기를 꿈꾼다. 다만 그것을 달성하려면 무엇이 필요한지에 대해, 또 평화를 이루지 못하는 것이 누구의 잘못인지에 대해 생각이 다를 뿐이다.

"평화란 그것이 공정한 평화일 때만 지속될 수 있다"라고 하마스와 이슬람 지하드는 말한다. '공정한' 이라는 말은 팔레스타인 난민들이 이스라엘이 건국될 때 떠나야 했던 자기들 집으로 돌아갈 수 있게 되는 것을 뜻한다. 하마스는 이스라엘은 국가가 아니라 인위적인 구성체, '시오니스트 집단' 이라고 말한다. 이들은 '평화 협정' 은 팔레스타인을 무력한 집단으로 만들 것이고 결국 세계는 팔레스타인을 잊을 것이며, 이스라엘은 은밀하게 그들을 끝장내버릴 것이라고 말한다. 하마스가 평화 협정은 사실상 항복 협정이라고 주장하는 것은 이 때문이다.

하마스와 지하드는 평화 협정이라는 말에 따옴표를 친다. 이런 성향은 그들과 이스라엘 우파의 공통점이다. 비록 후자는 내 말을 인정하지 않았지만 말이다. 리쿠드당(이스라엘 우익 정당)에 따르면 '평화 협상' 은 이스라엘이 저지르는 치명적인 오류이다. 아랍은 유대인 국가를 무너뜨리기 위해 계속 싸울 것이다. 일부 리쿠드당원들은 그것이 평화 협정peace process이 아니라 분할 협정piece process이라고 말한다. 적들은 이스라엘을 조각조각 나눠 가질 것이란 얘기다.

평화 협정의 가장 격렬한 반대자는 아마 근본주의 유대인 정착민일 것이다. 그들은 신이 자기들에게 약속의 땅을 주었다고 믿는다. 그것은 이스라엘만이 아니라 가자 지구, 동예루살렘, 유대와 사마리아, 즉 요르단 강 서안까지 모두 포함하는 지역이다. 이 지역은 점령 지구가 아니라 해방 지구이며, 근본주의 유대인 정착민에 따르면 1평방미터의 땅이라도 아랍인 신입자들에게 넘어가게 하는 평화 협정이란 평화가 아니라 신의 분노를 가져온다고 한다. 이를 막기 위해서라면 못할 일이 없다. 정착민 이갈 아미르는 1995년에 수상 이츠하크 라빈^{Yitzhak Rabin}을 저격하여 이를 입증했다.

이것이 바로 '평화의 반대자' 라는 단순한 개념의 배후에 있는 혼란스러운 현실이다. 이 주제를 더 오래 다룰수록 더 많은 관점이 내 앞에 등장했다. 미국에만도 적어도 3000만 명은 되는 기독교 근본주의자들은 서안에 오직 유대인만 살게 될 때 종말이 올 것이라고 믿는다. 이스라엘-팔레스타인 평화운동의 무신론자 파벌은 유대인, 무슬림, 기독교도를 위한 각각의 국가를 수립하기 위해 노력한다. 아랍 민족주의자들은 이라크에서 모로코에 이르는 지역을 관할하는 단일한 아랍 연합을 수립하여 이 지역 무슬림과 기독교도, 유대인을 모두 포괄하고 싶어한다. 대^大 이스라엘을 주장하는 사람들은 이라크의 티그리스 강에서 이집트의 나일 강에 이르는 유대인 국가를 꿈꾼다. 또 이스라엘의 제3당인 샤스 당은 초정통주의 유대인들로 구성되어 있다. 이들은 군복무 의무를 거부하고 홀로코스트가 동화된 유럽 유대인들에 대한 신의 징벌이라고 여긴다.

헤드라인이 편견을 만든다

아랍 세계에서 나는 계속 주민들과 정당들의 신념과 견해를 짐작만 해야 했다. 그런 것이 아랍 독재 체제 지도에 있는 공백 지점들이었다. 그런데 이스라엘과 팔레스타인의 경우에는 지도가 적어도 일고여덟 개는 있었고, 용어집까지 딸려 있었다. 짐작에 짐작을 거듭하던 나는 이제 정보의 바다에서 허우적대고 있었다. 공격이 있었다거나 새 정착촌이나 외교적 돌파구가 발표됐다고 해보자. 이때 유대인, 기독교도, 이슬람 근본주의자들, 이스라엘 정부, 팔레스타인 자치기구, 초정통파 유대인, 평화운동의 무신론자 파벌들이 보일 반응을 어떻게 다 열거할 수 있겠는가?

　이는 불가능한 일이다. 또 문제가 거기서 끝나지도 않는다. 며칠간 밤에 TV 채널을 훑어보다가 발견한 사실인데, 몇몇 채널에서는 크게 보도되는 일들이 다른 채널에서는 언급도 되지 않거나 완전히 다르게 소개되곤 했다. 이스라엘에 공격이 가해지면 '여덟 명의 사망자를 낸 학살 사건으로 온 나라가 깊은 충격을 받았다'라는 제목 하에 끔찍한 사진과 슬픔에 빠진 가족들, "저들이 죄 없는 유대인을 죽이고 있다"라고 규탄하는 대변인 등의 영상이 이어진다. 하지만 그런 사건이 짧게 보도될 수도 있다. "오늘 이스라엘의 점령에 대한 반대가 불타올라 텔아비브에서 이스라엘인 여덟 명이 죽는 사건으로 이어졌다"라고. 이스라엘 정부의 새 정착촌 발표에 대해서도 빗금이 쳐진 새 정착 지점을 보여주는 지도와 함께, 기껏해야 "팔레스타인 자치기구는 이런 정착촌의 확대를 평화 협정에 대한 새로운 공격이라 불렀다"라는 등의 사무적인 발언으로 보도될 수 있다. 그러나 땅을 빼앗겨 절망한 팔레스타인인들의 모습과 "이스라엘은 그 땅에 오직 유대인들만 살 수 있는 정착촌을 세우려고 하면서 어찌 땅 대신에 평화를 가질 수 있겠는가?"라고 분노를 터뜨리는 팔레스타인 대변인들을 함께 보여주는 큰 뉴스가 만들어질 수도 있다.

이렇게 동일한 사건에 대해 근본적으로 다른 기사가 나올 수 있었는데, 서구 미디어는 그런 다른 이야기들 중에서 방송할 것을 골라야 했다. 내가 성지에 있던 기간에 그들이 선택했던 이야기들은 협상 테이블에 앉은 두 진영에 관련된 사건들과 그에 대한 의견들이었다. 두 진영의 우선적 관심사가 뉴스를 지배했는데, 그들의 입장은 정면으로 배치되었다. 예컨대, 이스라엘 정부는 이번 공격 역시 팔레스타인인들이 평화를 원하지 않는다는 것을 증명했다고 하지만 팔레스타인 자치기구는 점령이 문제라고 말하는 식이었다.

국제 미디어, 그리고 그 시청자, 독자, 청취자들은 이런 방식을 통해 이 지역을 이해한다. 이처럼 시야가 협소해지면서 생기는 문제가 바로 객관화라는 문제다. '사실만' 소개하겠다고 약속할 수는 있지만, 어느 쪽의 사실을 말하는가? 사건의 양면을 모두 알고 있다고 자랑할 수는 있지만 그 사건에 두 가지 이상의 측면이 있다면 어쩔 것인가?

또 두 진영만 조명한다 하더라도 편파적인 용어의 문제도 있다. 당시 가장 큰 사건은 평화 협정이 좌절되었다는 것이었다. 팔레스타인 자치기구의 대변인은 말했다. "평화 협정은 평화와 땅을 맞바꾸는 것이다. 그러므로 우리는 '불법적인 유대인 정착촌'을 해체하고 '점령 지구'를 '돌려줄 것'을 요구한다. 이스라엘은 자기들 것이 아닌 땅으로 어찌 협상하겠다는 것인가?" 이스라엘 대변인은 말했다. "평화 협정은 평화와 땅을 맞바꾸는 것이다. 우리의 협상안은 다음과 같다. 팔레스타인이 양보하는 대신에 이스라엘은 '분쟁 지역'의 일부를 '포기'하고, 나머지 '유대인 정착촌'은 계속 이스라엘 것으로 둔다. 협상이란 항상 주고받는 것이 있게 마련이다." 양편의 입장은 모두 그럴듯해 보였다. 하지만 미디어가 누구의 용어를 쓰느냐에 따라 이편 아니면 저편이 더 좋은 사람으로 보이게 된다.

이스라엘의 해석이 미디어를 지배하는 이유

상황을 객관적으로 보도하고 싶다면 이보다 훨씬 더 많은 문제를 해결해야 한다. 미디어 전쟁은 동정표에 관한 문제이기도 하다. 대중은 일반적으로 스스로를 약자와 동일시하게 마련이므로, 양 진영은 자신들을 피해자로 보이도록 조종하고 싶어한다. 그들은 TV에서 자기 편 사상자의 피를 최대한 많이 보여주고 상대편은 최대한 나쁘게 보이도록 애쓴다. 이런 태도가 말이 안 되는 건 아니지만, 기자들은 최대한 객관적이고 싶어하니 문제가 생긴다. 만약 한쪽 편이 자신의 피해를 상대방보다 훨씬 더 잘 전시한다면 어떡하나? 나는 성지에 처음 가자마자 이런 상황을 겪었는데, 내가 본 게 무엇인지는 나중에 가서야 깨달았다.

그것은 팔레스타인인이 라말라에서 린치 사건을 벌여 내가 서둘러 성지로 파견되고, 전 세계 수백 명의 동업자들도 그곳으로 몰려들었을 때의 일이다. 도착 후 나는 기자 출입증을 받기 위해 한 호텔에 설치된 프레스센터에 갔다. 그곳에서는 미리 준비된 사건 설명이 기다리고 있었다. 두 이스라엘인이 미쳐 날뛰는 군중에 의해 갈가리 찢겼으니, 이스라엘이 방어해야 하는 그 증오가 얼마나 맹목적인지 보라는 식이었다. 사진, 인용하기 좋은 이야기들, 정보 자료 문건을 비롯한 모든 것이 하나의 메시지를 전달하기 위해 재단되어 있었다. "저들은 죄 없는 유대인을 죽이고 있다. 문제는 팔레스타인인들의 증오와 테러리즘이다.”

다음에 나는 라말라로 갔는데, 거기는 프레스센터도 없었고, 기자들이 왔다고 등록할 필요도 없었다. 정보부에 전화를 해도 아무도 받지도 않았고, 한참 기다린 뒤에 녹음된 응답만 들었다. 린치 당한 이스라엘 군인은 예비군이었다. 세계에서 가장 잘 훈련되었을 군대의 병사 두 명이 첨예한 대립이 일어나고 있는 도시의 중심부에서 무얼 하고 있었는가? 기자라면 시간을 들여 이에 대해 알아내야 했다고 생각할지도 모른다. 하지만 그렇게 하기에는 뉴스가 너무 빠른 속도로 진행된다. 팔레스타인 측이 사건에 대한 해석을 미리 마련해두지 않는다면 이스라엘의 해석이 지배하게 되는 것이다.

이스라엘 정부는 미디어 전쟁에서 팔레스타인 자치기구보다 훨씬 더 준비가 잘 되어 있었다. 이스라엘 정부가 자신들에게 크게 불리한 사건을 처리하는 방법을 보니 그 차이가 어떤 식으로 보도에 작용하는지 알 수 있었다.

이스라엘 총탄에 살해된 팔레스타인 여성과 아이들의 사진은 수시로 등장했다. 팔레스타인인에 의하면 이런 사진은 분쟁의 핵심을 보여준다. 문제는 점령이고, 그 점령을 유지하기 위해 이스라엘 군대가 죄 없는 팔레스타인 민간인에게 잔혹한 폭력을 저지르고 있음을 강조하는 것이다.

이때 이스라엘 정부는 자신들에게 불리한 보도가 잠잠해지기

를 기다리는 대신에 (팔레스타인 자치기구는 흔히 이렇게 하지만) 반격
을 감행한다. 성실한 인상의 이스라엘 저명인사들이 서구 TV 채
널과 오피니언 지면에 등장하여, 자신들은 조국이 수치스럽다고
말하고, 유대인 국가에 묻은 이런 오점은 깊이 있게 조사되어야
한다고 선언한다. 홍보관들은 유감을 표시하고 이스라엘은 절대
로 죄 없는 아이들과 여성과 노인들을 죽일 의도가 아니었다고
강조한다. 그렇게 해서 유대인 국가에게 무슨 이득이 있겠는가?
라고. 또 희생자가 정말 이스라엘의 총알에 죽었는지에 대해 이
점은 아주 면밀하게 조사되겠지만 그렇게 하자면 시간이 좀 걸린
다고 말한다. 그러고는 '분쟁 지역'에서 어떻게 폭력이 일어나는
지가 얼마나 모호한지, 이런 '비극'이 발생하는 곳이 얼마나 좁
은 지역인지 설명하곤 한다. 또 '테러리스트'들은 이스라엘이 팔
레스타인 민간인을 사고로 죽이기를 바라면서 주거 지역에 일부
러 숨어 있으므로, 이 비극에 온통 관심이 집중된 와중에 미디어
종사자들이 뜻하지 않게 테러리스트들의 손에 놀아나고 있다고
말한다.

　이스라엘 정부는 바로 이런 방식으로 피해를 최소화한다. 점령
문제는 언급하지 않고, 사건과 자신들을 분리시키며, 사건을 아
주 드문 것으로 보이게 하고, 사실에 관한 의혹을 심어두며, 책임
을 떠넘기면서. 나는 이런 일을 두어 번 겪고 나서야 팔레스타인
이 린치 사건에 얼마나 무능하게 대처했는지 알게 되었다. 그들

이 이스라엘과 같은 전문적 홍보 기구를 갖고 있었다면, 서방에서 인기 있는 팔레스타인 정치가가 있었다면, CNN이나 미국의 신문 사설에다 가족들이 겪은 비극에 대해 공포와 동정심을 즉각 표명할 만한 인권운동가나 작가가 있었더라면 사태가 어찌 되었을지 상상해보라. 대변인들은 사흘 뒤에야 밝혀진 사실을 즉시 설명할 수 있었을 것이다.

사실은 린치 사건이 있기 전날, 한 팔레스타인 청년의 시체가 토막이 난 채 근처의 유대인 정착촌에서 발견되었다. 군중들이 '이 이스라엘 점령의 희생자'를 그의 마지막 휴식처로 떠메고 왔을 때(라말라에 촬영 팀들이 있던 것은 그 때문이었다) 이스라엘 특공대 두 명이 또다시 학살하기 위해 시내로 들어왔다는 소문이 돌았다. 사람들은 이미 격렬하게 분노하고 있었다. 그 전주에 이스라엘군이 팔레스타인 민간인을 50명 이상 죽였기 때문이다. 그러니 팔레스타인 대변인은 그런 잔학 행위는 어떤 이유로도 해명될 수 없다는 점을 강조해야 했다. "린치가 팔레스타인 자치기구에게 무슨 이익이 되겠습니까? 팔레스타인인들은 UN과 국제법에 따라 자신들이 얻을 자격이 있는 것 이상을 원치 않습니다. 우리의 나라, 그리고 30년 이상 계속되는 이스라엘 점령의 종식, 바로 그것입니다."

이스라엘 정부라면 그 사건을 이런 식으로 처리했을 것이다. 하지만 팔레스타인 자치기구는 그렇게 하지 않았다. 사건이 난

뒤 그들이 한 일은 린치 관련 사진을 즉각 모조리 압수하는 것이
었다. 아랍 촬영 팀은 모두 그에 따랐지만 이탈리아 기자 한 명이
자신이 찍은 것을 유출시켰다가, 당국에 의해 여러 주 동안 시달
리고 위협받았다.

시장조사와 블랙북: 차원이 다른 전략

성지에 가기 전에 나는 이스라엘의 로비에 대해 들은 적이 있었
다. 이스라엘 정부는 유럽과 미국에서 가장 값비싼 변호사와 홍
보 회사들을 고용할 돈이 있으며, 최고 학력을 가진 동조자, 로비
스트 그룹, 리쿠드당과 노동당, 세계 시오니스트 기구, 그보다 작
은 규모의 시오니스트 연합들 등 수천, 수만 명의 지지를 기대할
수 있다는 것도 알고 있었다. 미국에서는 활발하게 활동하는 시
너고그와 수많은 기독교 근본주의 운동 단체들이 보수 언론에 막
대한 영향을 미치고 있다는 것도.

그렇기는 한데, 나는 이스라엘 미디어 정책이 얼마나 앞서 가
고 있는지는 몰랐다. 이스라엘의 대사와 로비스트들은 여러 서구
국가들에서 TV 방송사와 케이블 뉴스 채널, 주요 일간지와 주간
지의 대표적 편집자와 프로듀서들도 찾아간다. 미국의 친이스라
엘 유대인 클럽과 기독교 근본주의자 클럽들은 '좋은' 기자와 논
평자들에게 초청 강연을 부탁하며, 입맛이 당길 만큼 높은 보수

를 지불한다. 또 예전 모사드(Mossad, 이스라엘 비밀정보기관) 직원들은 미디어 센터를 차려놓고, 팔레스타인과 아랍 언론을 철저하게 탐색하여 반유대주의, 반미주의, 반서방주의 선전을 찾아낸다. 이들이 작성한 보고서는 이스라엘 언론에 칼럼, 기사, 그리고 의회 질의의 형태로 (출처도 밝히지 않고) 글자 그대로 사용된다.

한번은 한 청량음료 제조업자가 이스라엘이 '갭 분석^{gap analysis}'을 실시했던 이야기를 해주었다. 갭 분석이란 어떤 제품군 전반의 가치와 특정한 브랜드 제품의 가치 사이의 간격이 얼마나 큰지 조사하는 마케팅 기법이다. 예컨대 청량음료를 좋아하느냐고 물었을 때 '예'라고 말한 사람이 펩시를 좋아하느냐는 질문에는 '아니오'라고 대답한다면, 이 사람은 광고 캠페인에 민감한 사람일 것이다. 그 사업가는 자신이 조사를 의뢰한 시장조사 전문회사의 의뢰인 명부에 익명의 고객도 한 명 포함되어 있더라고 말했다. 나는 계속 캐물어 그 의뢰인의 정체를 알아냈다. 이스라엘 홍보기구가 서구의 몇몇 특정한 집단을 대상으로 갭 분석 조사를 의뢰했던 것이다. 질문은 이러했다. 이스라엘이라는 국가에 대해 어떻게 생각하는가? 이스라엘 정부에 대해 어떻게 생각하는가? 결과는 캠페인에 활용되었다. 가령 이런 과정을 통해 특별히 '선발된' 의회의원, 편집장, 칼럼니스트, 논평자, 노조 위원, 학생 지도자를 이스라엘에 초청하는 것이다.

일은 이런 식으로 이루어졌고, 투자에는 보답이 있었다. 팔레스타인의 통신사 와파^{Wafa}가 이스라엘의 항공기가 독이 든 과자를 뿌린다고 발표한 적이 있다. 하지만 증거는 제시되지 않았다. 이스라엘 홍보기구는 놀라운 속도로 움직였다. 이런 종류의 선전이 결코 드문 일이 아님을 보여주는 '블랙북^{Black Books}'을 기자들만이 아니라 네덜란드의 국회의원, 칼럼니스트, 편집자에게까지 보냈다. 그 내용은 팔레스타인 자치기구는 이스라엘군이 우라늄 폐기물, 독가스, 방사성 물질을 사용한다고 공식적으로 경고한 바 있고, 팔레스타인 TV는 유대인을 원숭이와 돼지에 비유하는 설교를 방영했으며, 팔레스타인 교과서에는 반이스라엘적인 글이 실려 있다, 등등이었다.

이스라엘 정부는 이런 재료를 진작부터 수집해두고 있다가 써먹기 좋은 시점이 오기를 기다리고 있었다. 와파의 독과자 발언은 완벽한 기회였다. 기자, 칼럼니스트, 국회의원들이 선동의 일례로만 이 일을 언급하는 것이 아니라 이 일을 '팔레스타인인들에게 어떤 식으로 이스라엘을 증오하도록 주입시키는지' 추정하는 토대로 삼도록 했던 것이다.

그 작업은 전문가적인 솜씨로 탁월하게 수행되었고, 상대편에서는 그에 상응하는 작업이 시행되지 않았으므로 매우 효과적이었다. 이스라엘 교과서 가운데 이스라엘이 건국하기 오래전부터 팔레스타인인들이 그곳에 살고 있었다는 사실을 언급하지 않는 것이 많다. 어떤 랍비들은 예루살렘에 있는 아크사 모스크를 태워 없애고 싶어한다. 이스라엘의 장군들은 팔레스타인을 '암 덩어리'라고 불렀다. 초정통파 유대인들은 아랍인들을 절멸시키자고 졸랐다. "이것이 그 나라 군인들이 팔레스타인인을 그렇게 많이 쏘아 죽이는 이유인가?"라든가 "이스라엘이 과연 평화를 원하기는 하는가?"라는 질문에 연결할 수 있는 장기적 캠페인의 재료는 이처럼 얼마든지 있다.

하지만 팔레스타인 자치기구는 그 어떤 '블랙북'도 배포하지 않았다. 기자들이 가끔 이스라엘의 선전에 대해 다룰지는 모르지만, 그런 보도는 주변적인 것에 불과하다. 미디어 전쟁은 마케팅의 문제다. 메시지를 대상 집단에 전달하는 빈도는 그 메시지의 내용만큼 중요하다.

이 게임에서 이스라엘 정부의 솜씨는 말 그대로 차원이 달랐다. 2차 인티파다 당시 충돌과 교착이 반복되는 동안, 하마스가 정전 상태를 깨버린 적도 두어 번 있었지만 그 외에는 이스라엘이 갑자기 팔레스타인의 거물급 인사를 죽여버리는 바람에 정전이 깨어졌다. 이런 살해 사건이 발생하면 곧 경계의 확대와 추가적인 안전 조처 등에 관한 언론 보도가 재빠르게 쏟아지곤 했다. 이는 효과가 있을 때가 상당히 많았다. 뉴스에서는 '정전停戰을 끝장내버린 이스라엘 측의 암살'이 아니라 '살해에 뒤이은 이스라엘의 공포'라는 이야기가 더 많이 언급되었던 것이다.

때로는 인기 있는 시몬 페레스가 미디어 순회 여행을 떠나곤 했다. 한번은 이스라엘에 있는 11명의 네덜란드 특파원을 만나는 것이 아니라 그가 직접 네덜란드에 왔다. 페레스와 인터뷰를 하는 것은 국내 편집자들이고, 그들은 까다로운 질문을 던질 만큼 사정을 충분히 알지 못했다. 추가로 깊이 있고 비판적인 질문을 하는 것도 어차피 불가능했다. 각 매체에 할당된 시간은 고작 10분씩이었기 때문이다.

2차 인티파다가 시작되었을 때 이스라엘 군대는 돌 던지는 사람들에게 총구를 들이대고 허리 위쪽을 조준할 때가 많았다. 수십 명의 아이들이 살해되었고 부상자는 수백 명이 넘었다. 이스라엘의 한 홍보관은 이에 대한 질문을 "이스라엘이 무슨 권리로 점령에 항의하여 돌을 던지는 사춘기 아이들에게 그런 폭력을 가할 수 있는가?"에서 "도대체 왜 팔레스타인의 부모들은 아이들을 그런 위험 앞에 내놓는가?"로 돌려놓는 데 성공했다. 또 그 대답은 블랙북에 있었다. "그들이 우리를 증오하기 때문이다, 그들이 어떻게 선동되는지 보라."

팔레스타인인들은 서방의 미디어에 대해 불평하곤 한다. 나도 그 이유를 이해하게 되었다. 하지만 나는 사실이 왜곡되는 이유를 그들과는 다르게 본다. 팔레스타인인들은 흔히 유대인의 음모가 있다고 의심한다. 즉 배후에서 미디어를 조종하는 사악한 세력이 있다는 것이다. 나와 동료들은 열띤 논쟁에 들어가곤 했는데, 가끔은 농담으로 얼버무린다고 해서 끝나지 않을 때도 있었다. "나 이제 전화 좀 하면 안 될까? 이스라엘에 있는 내 비밀 보스가 내일치 기사를 불러줄 시간이 되었으니 말이지" 따위의 농담 말이다.

내가 보기에 그 속에 음모는 없었다. 그보다는 이스라엘 정부가 쥐고 있는 카드 패가 아주 많다는 편이 사실에 더 가깝다. 뿐만 아니라, 평균적인 서구인이라면 어떤 정치적 상식을 가졌든 상관없이 이스라엘에게 더 동정심을 가진다는 사실 때문에 그들은 더 유리한 입장이다. 이는 그 나라가 유대인의 것이기 때문이라기보다는 서구 국가이기 때문이다. 이스라엘은 유명한 클래식 음악가를 배출했고, 서구적인 문학과 영화를 만들어내고, 유럽의 챔피언스 리그에서 경기를 하고, 유러비전 노래경연대회(1년에 한 번씩 유럽방송연맹 회원국이 벌이는 노래경연대회로 유럽 국가 간의 국제 중계 네트워크인 유러비전을 통해 방송된다— 옮긴이)에도 참여한다. 유럽인들의 생김새는 팔레스타인인보다는 이스라엘인과 더 비슷하니, 그 때문에 이스라엘이 겪는 고통을 이해하기도 더 쉽다. 〈뉴욕 타임스〉의 독자 의견란에는 유대인 정착민들이 테러리즘의 그늘 속에서 살아가는 상황을 묘사한 내용이 자주 실린다. "다들 다이어트를 한다. 우리가 통제할 수 있는 건 체중뿐이니까." 한 정착민은 이렇게 썼다. 이런 식의 비유는 스스로도 수시로 다이어트를 하며 사는 서구 독자들에게 잘 통한다.

팔레스타인인들이 고통을 표현하는 방식은 이와 다르다. 가자 지구의 한 구호 단체는 팔레스타인인과 팔레스타인에 있는 서구 인들에게 인티파다를 상징하는 것으로 보이는 사진을 골라보라 고 했다. 서구인들은 슬퍼하는 어머니, 우는 아이들, 부서진 건물 등을 골랐고, 팔레스타인인은 행진하는 남자와 움켜쥔 주먹 등을 골랐다.

나는 팔레스타인인들의 장례 시위에 자주 가보았다. 서구식 PR 의 기준에서 보면 그것은 최악이다. 분노한 아버지는 외친다. "이 게 정의야? 이게 정의냐고? 내 딸은 열한 살인데! 이게 정의야?" 시신은 높이 들려 운구되고 공중에 조총이 울리고, 노래 소리가 울려 퍼진다.

이스라엘에서는 참석자들은 흐느끼고 가족 중의 한 사람이 침 착하게 애도의 말을 전하는 차분한 행사로 죽은 자를 묻는다. 서 구인들은 이런 이미지를 이해한다. 하지만 흔히 히스테리컬한 혼 란이 빚어지는 팔레스타인식 장례식 뒤에 숨어 있는 슬픔을 기자 들이 어떻게 보여줄 수 있겠는가? 그들은 약한 면모를 남에게 보 이지 않는다. 아랍인들은 집에서 슬퍼한다. 카메라가 없는 곳에 서.

최고의 카드 : 홀로코스트

이스라엘에게는 카드 패가 하나 더 있다. 고국에 돌아와 이스라엘과 팔레스타인의 상황에 대해 동료들과 이야기할 때마다 그 점이 느껴졌다. 대화 도중에 내가 이스라엘을 옹호하고 싶어지면 한 마디만으로도 충분했다. 홀로코스트.

거의 모든 사람들이 즉각 이해했다. 구태여 다음과 같은 설명을 덧붙이지 않아도 그걸로 충분했다. "2000년 이상 유대인들은 비유대인들에 의해 차별당하고 박해받고 학살당하고, 가스실에서 절멸되었다. 유대인들이 자기들만의 나라에 있어야만 안전할 수 있는 것은 분명하다. 구약성서가 2000년 전에 유대인 국가가 있었다고 말한 곳 외에 달리 어느 곳이 그런 나라를 세우기에 적격이겠는가?"

반면 그와 대비되는 팔레스타인의 관점을 이해시키고자 하면 그때는 열 마디로도 충분하지 않았다. 그들 측에서 핵심 논점은 홀로코스트가 아니라 수백 년 이상 자신들의 땅을 못살게 굴어온 서구 국가들의 처사였다. 이는 십자군 전쟁으로 시작되었고, 식민제국주의로 증진되었으며, 아랍 세계의 심장부에다 기존 주민들을 몰아내고 이상한 서구 국가인 이스라엘을 수립하는 것으로 완결된 과정이다. 문제는 서구인들의 집단의식으로는 십자군과 식민주의가 홀로코스트에 비해 뚜렷하게 와 닿지가 않는다는 것이다. 팔레스타인인들의 관점을 전달할 방법은 오직 역지사지밖에 없다. 가령 이런 식이다.

어떤 해괴한 사람이 미국의 대통령이 되어, 프리지아 출신의 조부가 있는 사람을 모두 죽여 없애기 시작했다고 상상해보자(프리지아는 네덜란드에 있는 반자치주이며 고유 언어도 있는 지방이다). 사태가 확대되어 상상할 수 없을 정도의 대학살이 일어난다. 그러다가 프리지아인을 억압하던 체제가 마침내 무너지고, 살아남은 프리지아인들은 더 이상 미국에서 살고 싶지 않아진다. 프리지아인들은 자기들만의 나라를 갖는 계획을 세우고, 옛 문헌에서 프리지아 땅이었다고 말한 곳 이상으로 합당한 장소가 없다는 결론에 이른다. 네덜란드는 저항했지만 UN은 투표로 그 계획을 승인해주었고, 프리지아 출신의 조부를 가진 사람들이 전 세계에서 모여든다. 또한 미국은 그들을 대폭적으로 지원한다. 네덜란드 국민은 원래 자기들은 프리지아인들과 갈등 없이 살았다고 항의하지만, 프리지아인들에 대한 동정이 국제 여론을 주도한다. 이에 이런 제안이 나온다. 국토의 절반은 프리지아가 되고 네덜란드 국민은 나머지 절반에 사는 걸로.

네덜란드인들은 이 제안을 받아들이지 않는다. 그래서 전쟁이 일어나지만 미국의 지원을 받은 프리지아인들이 이기고, 네덜란드 영토의 더 많은 부분이 프리지아로 넘어간다. 비프리지아계의 난민 수십만 명이 네덜란드의 대도시로 넘어오며, 긴장감이 고조된다. 특히 네덜란드인들이 프리지아인에 대항하여 게릴라전을 벌이게 되면서 긴장감은 더욱 심해진다. 프리지아의 대변인들은 CNN

에 나와서 이는 '테러리즘'이라고 아우성치고, "저들이 죄 없는 프리지아인들을 죽이고 있다!"라고 외친다.

한편 네덜란드 국민들은 자기 나라의 지도부가 뭐 하는 사람들인지 의심하기 시작한다. 군사 쿠데타가 일어나고 네덜란드인들이 외국에서 무기를 가져오려고 하자 신생 프리지아 국가는 선제 공격을 벌여 네덜란드의 남은 영토와 독일 및 벨기에 일부도 점령한다. 비프리지아계 네덜란드인 무리는 독일과 벨기에 국경을 넘어 도망하며, 그곳에서도 쿠데타가 이어진다. 프리지아인들의 침공을 막아야 한다고. 그동안 프리지아 군대는 점령된 네덜란드 지역을 강압적으로 통치한다. 경제의 목을 죄고, 가장 좋은 땅을 압수하여 정착촌을 만들며, 정착촌에서 프리지아로 통하는 직통 도로를 낸다. 평화 협상이 이어지며, 네덜란드에는 전체 12개의 주州중에서 셋만 가지라는 제안이 나온다. 림뷔르흐, 브라반트의 일부, 젤란트 제도 가운데 하나 이렇게. 이런 조각들을 네덜란드라고 부를 수는 없다. 네덜란드인들은 군대도 가질 수 없고, 국경에는 모두 프리지아 부대가 지키고 있다.

성지에 파견된 기자들이 빠지게 되는 함정 가운데 하나는 점점 몸을 사리게 된다는 것이다. 나는 팔레스타인의 관점에서 본 분쟁에 관한 기사를 쓰면서 이 한 문장을 지웠다. "PR이라는 측면에서 볼 때 홀로코스트는 이스라엘에게 금맥이다." 그런 글을 신문에 실을 수는 없다. 그랬다가는 홀로코스트의 생존자 가운데 한 명이 그 글을 읽고 내 의도와는 다르게 받아들일 위험이 있을 테니 말이다. 그래도 솔직히 말한다면, 서구와의 역사적 관계 덕분에 이스라엘은 그들의 캠페인을 출범시킬 출발점을 얻은 것은 사실이고, 그곳에서 나는 매주 그 실례를 보았다. 아랍 국가가 중국이나 러시아에서 미사일을 구입하면 이스라엘에서는 즉시 기자회견이나 브리핑이 열린다. "텔아비브는 미사일의 사정거리 안에 있다!" 이는 곧 그들이 새로운 홀로코스트의 위협을 받고 있다는 뜻이다. 한편 미국으로부터 받는 수십억 달러로 이스라엘이 장만해둔 파괴력은 그 이웃 나라들이 가진 파괴력을 다 합친 것의 몇 배가 되는지도 모를 만큼 크다. 하지만 이 사실에 대해서는 아무 브리핑도 없다.

또 과거의 반유대주의를 떠올리면, 이스라엘은 평화를 원하지만 '유대인들을 몽땅 바다로 처넣고 싶어하는' '아랍 군중들'에 둘러싸여 있는 약자로 보인다. 이런 표현에서 팔레스타인인과 아랍인들은 나치와 같은 종류의 증오심에서 행동하는 존재로 부각된다. 이웃들은 이 '원하는 것은 오로지 양지바른 장소뿐인' 유대인들을 미워하지 않는다는 것을 입증해야 하는 것이다. "저들은 죄 없는 유대인들을 죽이고 있다"라는 말이 그토록 뛰어난 발언이 되는 것도 바로 그 때문이다. '저들'이란 말은 '모든 팔레스타인인은 죄가 있다' 라는 것을 암시하고, '죄 없는' 이란 '증오심 때문에'라는 뜻이며, '유대인'은 '이스라엘이나 시오니즘의 차원이 아닌 가엾은 유대인의 목숨 하나하나'를 뜻한다.

이것은 상상할 수 없이 강력한 메시지이다. 서구 미디어에 실린 수많은 기사에서는 이스라엘은 평화를 사랑하는 피해자라는 메아리가 울려나온다. 그러나 기록에 따르면 유대인 집단들은 영국이 팔레스타인을 점령하고 있던 기간과 1948년 전쟁, 또 그 이후에도 피로 얼룩진 테러 공격을 감행했다. 그들은 UN 대사 한 명을 죽였고, 영국 외무부 장관을 폭사시키려 했으며, 종종 폭력을 써서 팔레스타인인들을 원래 살던 곳에서 쫓아냈다. 하지만 대부분의 서구 미디어들은 이런 집단들을 '유대인 지하조직'이라 설명한다. 1956년, 1967년, 1982년에 이스라엘은 이웃 나라를 공격했지만, 그런 공격은 흔히 예방적 차원의 공격으로 간주된다. 남부 레바논을 점령함으로써 이스라엘 '방어군'이 '있는' '보안 구역'이 생겼다는 식이다. 이 군대는 '공격'하는 것이 아니라 '행동' 혹은 '개입'한다. '보안군'은 '작전'을 수행하며 그 작전에서는 '위험분자'들이 제거된다. 암살은 '예방적 군사 공격'이며, 민간인 사상자는 '실수'이다.

기자들은 이스라엘 정부가 홀로코스트를 활용하는 것을 상당히 불만스러워하지만, 어떻게 이스라엘에게 유대인의 역사상 가장 큰 재난은 빼고 생각하라고 요청할 수 있는가? 생각해보라. 10초만 할애하면 당신을 약자 입장에 몰린 피해자로 보이게 할 수 있고, 이 재난을 당신과 다르게 보는 사람들을 최악의 불한당으로 몰아붙일 수 있는 카드를 쥐고 있다면 당신은 어떻게 하겠는가? 당연히 그런 카드를 활용하려 할 것이다. 특히 생사를 건 투쟁에 직면해 있다면 더욱 그렇지 않겠는가?

모두 아주 합리적이다. 하지만 여기서 양편 이야기를 모두 소개한다는 객관적 저널리즘의 원칙이 가진 새로운 취약점이 드러난다. 온갖 조작 따위는 제쳐두더라도, 이스라엘과 서구 사이의 문화·역사적 관계로 인해 이스라엘이 TV에 1분 동안 모습을 보이는 것이 팔레스타인이 같은 시간 동안 등장하는 것보다 훨씬 더 많은 대중적 공감을 얻는다면 어찌 해야 하는가?

팔레스타인은 졌다

성지에서 나는 팔레스타인인들에 대한 취재도 물론 담당했는데, 이는 곧 현장을 돌아다니며 보도해야 할 때가 많았다는 뜻이다. 한번은 지적 장애자인 아들이 이스라엘 저격수의 총에 맞아 죽은 한 팔레스타인 가족을 방문한 적이 있다. 사건 당시 통행금지가 내려져 있었지만, 지적으로 뒤떨어진 아이에게 무슨 수로 그 사실을 알아듣게 설명할 수 있었겠는가. 그 집 인근에 사는, 유대인 정착촌에 총격 사건이 있었다는 이유로 집이 불도저로 파괴된 가족도 방문했다. 그 가족의 안주인은 떨리는 목소리로 이렇게 말했다. "이웃집에도 가봐요. 그들은 사정이 더 나빠요. 유대인들은 우리에게는 소지품을 꺼낼 여유를 5분 주었어요. 그래서 금과 할아버지의 약을 챙겨 나올 수 있었어요." 라말라에서는 순교자들과 인티파다의 희생자들을 기리는 포스터를 만든 컴퓨터광들을 만났다. 그들은 죽은 이들의 사진과 아크사 모스크, 죽음의 원인과 날짜에 대한 글귀들, 코란 구절 등을 가지고 장난하고 있었다. "아크사 모스크를 조금 더 축소시키면 코란 구절에 끼워 넣을 수 있을 거예요."

칼킬야에서 나는 팔레스타인의 IT 전공 학생들을 만나보았다. 이스라엘이 도시 주위를 차단했기 때문에 그들은 이제 라말라의 대학에 갈 수 없었다. 그저 해킹으로 이스라엘 정착민들의 신용카드 사용 내역을 뒤져보고, 그들 이름으로 엄청난 분량의 포르노를 주문하면서 시간을 죽이고 있었다. 예루살렘에서는 정착민들의 자동차를 되파는 팔레스타인 사람과 이야기했다. 정착민들이 차를 도난당했다고 보험 회사에 신고하는 사이, 그 차는 뒷길을 통해 이스라엘 경찰이 들어오지 못하는 팔레스타인 도시로 옮겨지곤 한다. 그곳에서 새 번호판을 붙여 되파는 것이다. 베들레헴의 어떤 묘지업자는 일이 너무 많아 감당할 수가 없다고 말했다. 가자 지구에서는 한 팔레스타인 사업가와 함께 취하도록 술을 마셨다. 그의 공장은 정착민들에게 약탈당했고, 그 뒤에는 불도저에 박살나버렸다. 그의 사무용품과 말도 그 속에 그대로 있었는데…….

　이런 종류의 인간적 관심사를 다룬 기사는 반응이 좋았지만 이 분쟁을 다룬 뉴스의 중심은 정치 뉴스였다. 정치 뉴스라면 양편의 입장을 모두 담아내야겠지만, CNN을 보고 있자면 팔레스타인 대변인이 계속 요점을 놓치고 자신들의 입장을 제대로 전달하지 못한다는 느낌을 지울 수 없었다. 가끔 희망 섞인 내용을 담은 워싱턴발 연설이 있을 때나 이스라엘의 선거, 평화 논의의 중지와 재개 등 정치적 사건이 일어날 때마다 그랬다.

　이스라엘 대변인은 잘 다듬어진 솜씨로 단 하나의 요점을 시청자들의 뇌리에 박아 넣는다. "이스라엘은 평화를 원하지만 저들은 죄 없는 유대인을 죽이고 있다"라고. 이와 대조적으로 팔레스타인 대변인의 문장은 지루하게 이어진다. "팔레스타인 국민들은…… 야만적인 이스라엘의 범죄를…… 절대로 용납하지 않을 것이다.…… 물론 우리는 그것을 전적으로 거부한다." 이런 식의 장광설은 TV 진행자의 질문에 답이 되지 못할뿐더러, 시청자들을 횡설수설한 즉흥적인 대답 앞에 방치하는 것이다.

　처음에 나는 이것이 팔레스타인인들의 능력 부족 탓이라고 생각했다. 하지만 인간적 관심사 기사를 쓰게 되고 당국 소속이 아닌 팔레스타인 저명인사, 의사, 인권운동가, 사업가, 학계 인사들과 자주 이야기하면서 그 생각은 바뀌었다. 이들은 박식하고, 자기 생각을 정확히 표현할 줄도 알고, 아이러니도 즐기는 유능한 사람들이었다. 왜 이런 사람들이 CNN에 나오지 않는가? 나는 그들에게 자기 나라의 미디어 이미지가 얼마나 형편없는지 아느냐고, 그런데도 당국은 왜 아무런 조처도 취하지 않느냐고 물어보기로 했다.

그들은 기다렸다는 듯 기꺼이 이야기를 해주었는데, 대답은 항상 세 가지 요점으로 시작되었다. '우리는 이스라엘에 비해 가진 돈이 적다, 서구인들은 이스라엘인의 죽음이 팔레스타인인의 죽음보다 더 중요하다고 생각하는 인종주의자들이다, 홀로코스트의 문제가 끼어들어 중상모략을 당한다' 가 그것이다. 나는 이야기가 끝날 때까지 기다리다가 그렇다고 해도 왜 팔레스타인인들이 가진 기회도 최대한 활용하지 못하는지는 해명되지 않는다고 말했다. 그런 다음엔 이렇게 물었다, "왜 CNN에는 팔레스타인 자치기구의 대변인 대신 당신 같은 사람이 나오지 않는가?"

그러면 그들은 대개 깊은 좌절감에 크게 한숨을 쉬었다. "우리 당국은 무능한데도 개선되기를 원하지 않는다. 당국이 무능한 것은 아라파트가 모든 고위직을 자기와 PLO 시절부터 함께한 측근들에게만 주기 때문이다." 거의 모든 팔레스타인 저명인사들은 이렇게 말했다. 그런 측근들은 수십 년 동안 도피 생활을 해온 사람들이라 그들이 경험한 서구 민주주의는 매우 한정되어 있었다. CNN에 나오는 팔레스타인 대변인들이 항상 결의안 4조 7항이 어떻고 "합법적 국제관계"가 어떻고 하며 이야기를 시작하는 이유는 그 때문이었다. 이들은 자신들의 제안이 UN 결의안에 따른 것임을 아는 사람들만을 대상으로 말을 했다. 아라파트의 수뇌부는 민주주의에서 자신에게 유리한 결과를 얻으려면 그런 정책 입안자들을 선출하는 대중을 설득해야 한다는 생각은 조금도 하지 않았던 것이다.

하지만 나와 대화한 사람들은 진짜 문제는 다른 데 있다고 강조했다. 성공적이지 못한 미디어 정책은 팔레스타인 자치기구의 권위적인 조직이 낳은 직접적인 결과라는 것이었다. 이스라엘에서 정치가는 재선되기를 원하고, 그런 다음에는 기억되기를 원한다. 따라서 그들은 최대한 많은 사람들을 만족시키려고 노력한다. 똑똑한 미디어 정책을 펼치는 것은 그들이 목표를 달성하는 데 도움이 될 수 있다. 하지만 아라파트의 최우선 관심사는 오로지 권좌에서 밀려나지 않는 것이었다. 영어가 유창하고 호감 가는 인상의 팔레스타인 여성이 CNN에서 좋은 반응을 얻는다면 서구의 시청자들은 그녀에 대해 더 많이 알고 싶어할 것이다. 신문과 TV가 그녀를 인터뷰하러 오고, 좌파 정치가들은 그녀와 사진을 찍고 싶어할 테고. 그러나 영향력이 커지면 그녀는 지도자에게 위협이 된다. 카리스마 있는 하난 아쉬라위^{Hanan Ashrawi}(90년대 초반에 팔레스타인의 입장을 유창하게 옹호했던 여성)가 주변으로 밀려난 것은 이 때문이었다. 점령에 항의하는 미디어 친화적이고 평화적인 대중 시위를 팔레스타인 자치기구가 무산시킨 것도 이 때문이었다. 그런 시위가 지도자에 대한 항의로 이어질 수도 있을 테니까.

"우리 대변인은 효과적인 미디어 정책을 만드는 데는 관심이 없어요. 그의 업무는 오로지 지도자의 비위를 맞추는 것뿐입니다." 자치기구 밖의 팔레스타인인들은 이를 갈면서 이 사실을 인정했다. 그 대가로 대변인들은 국가가 대주는 비용으로 자녀를 최고의 미국 대학교에서 공부시키고 가족들은 최고의 병원을 이용하게 하는 등 온갖 특권을 누리며 세계적 유명인사가 된다. 그들이 너무 일을 잘해서 지도자에게 위협적인 존재가 되면 그런 것을 모두 잃게 된다. 팔레스타인 자치기구의 최고 층위에서 중요한 것은 능력이 아니라 충성심인 것이다.

아랍 세계를 취재하면서 나는 뭔가를 놓치고 있었다. 그와 마찬가지로, 성지에서도 내내 한 가지 사실을 깨닫지 못하고 있었다. 팔레스타인에도 독재자가 있다는 사실 말이다. 그곳에서의 억압 수준은 이웃 나라의 주민들이 겪는 것만큼 심하지는 않지만, 그래도 지도자와 그 패거리들은 초법적인 존재이고 그들 자신의 이익을 제일 먼저 챙긴다.

팔레스타인 자치기구는 1993년 오슬로 평화 협정이 체결된 뒤 유럽의 돈과 미국의 노하우에 의해 만들어졌다. 이스라엘 역시 이를 지원했는데, 왜 그랬을까? 이스라엘에서는 몇 년마다 새 정부가 들어서므로, 모든 협약을 유보시키거나 재해석하거나 새로운 조건을 갖다 붙일 기회가 생긴다. 하지만 독재국은 독재자가 어떤 것에 동의하면, 그 결정이 그대로 유지된다. 평화 협상의 핵심은 '무엇이 합리적인가?' 하는 물음이다. 이스라엘에서는 집권당인 노동당이 야당인 리쿠드당을 핑계 삼아 팔레스타인인들의 요구가 비현실적이라고 말할 수 있다. "반대파가 우리를 얼마나 심하게 압박하는지 보시오. 우리가 아니라 반대파를 상대하게 되면 당신들이 얻는 것은 지금보다도 더 적을 거요." 거꾸로 리쿠드당이 집권하더라도 그쪽 당수는 지지자들을 가리키면서 더 이상은 양보할 수 없다고 말할 수 있다. 그렇지 않으면 자기 당이 반란을 일으킬 테니까.

　팔레스타인 자치기구는 이런 식으로 이스라엘 측의 요구에 대응할 수 없다. 공식적으로는 그들 등 뒤에서 압박을 가하는 정치적 반대파가 없기 때문이다. 모두 아주 당연한 이야기다. 그러니 나도 이스라엘과 서구 정부가 어떤 미사여구를 늘어놓든, 왜 실제로는 독재자와 상대하는 편을 더 좋아하는지 더 잘 이해하게 되었다. 민주적으로 선출된 지도자보다는 한 명의 강자를 상대하고 조종하는 편이 더 쉬우니까. 게다가 독재자는 미디어 전쟁의 싸움터에 최고의 인물을 내보내지 않는다.

chapter 10

그리고, 우리가 보지 못한 팔레스타인

어떤 이누이트족이 화를 내며 말하고 있다. "내 이름은 메나힘인데, 예루살렘은 내 거야!" 다음 칸에는 화가 난 흑인이 말한다. "내 이름은 다윗인데 예루살렘은 내 거야!" …… 화가 난 인디언이 말한다. "내 이름은 벤야민이고 예루살렘은 내 거야!" 마지막 칸에는 어리둥절한 표정의 팔레스타인인이 말한다. "내 이름은 모하메드인데, 난 예루살렘에서 태어났어, 그런데 그게 분명 착오였던 모양이네."

성지에서 일하는 것은 굉장한 경험이었다. 그곳에 대한 네덜란드의 관심이 엄청났기 때문이다. 하지만 개인적으로는 나쁜 측면도 있었다. 혹시 그런 측면을 잊어버리기라도 할라치면 그냥 〈NRC〉나 NOS 방송국의 독자 편지란이나 홈페이지 게시판을 열어보면 됐다. 거기서는 다들 공격적이었고, 누군가가 무엇 때문에 언짢아지는지 도저히 알 길이 없었다.

성지 밖에서 날아온 편견의 화살

대개는 내가 점령 지구의 팔레스타인인을 담당했고, 텔아비브에 있는 내 동료가 유대계 이스라엘인과 이스라엘 내부의 팔레스타인인, 즉 이스라엘계 아랍인 수백만 명을 담당했다. 대체로 우리는 서로 시각의 균형을 맞추는 편이었는데, 한번은 동료가 휴가를 갔다. 그때 나는 막 팔레스타인인들이 겪는 고통에 관한 기사 세 편을 마친 참이었는데, 큰 사건이 없는 시절이어서 그중 두 편이 1면에 실렸다. 그러다 보니 기사 내용이 한쪽으로 치우쳐 있었고, 나는 목숨을 걸고 다음의 기사를 썼다.

테러리즘이 이스라엘에 어떤 영향을 미치는지 알고 싶다면 그 타격을 가장 심하게 받는 도시인 예루살렘에서 버스를 타보면 된다. 문이 열리고 승차 계단을 올라서면 곧 차 안의 모든 눈이 당신에게 꽂힌다. 아랍인인가? 긴 코트를 입고 있는가? 아니면 가방을 들고 있는가? 버스 운전사는 당신이 아랍 말투를 쓰는지 안 쓰는지 알아보기 위해 일부러 질문을 던진다.

'금연, 창문 밖으로 쓰레기 투척 금지' 라는 안내문 아래에 있는 의자에 앉는다. 옆에는 "버스 타고 동물원에 갈까요?" 라고 묻는 포스터가 붙어 있다. 버스가 출발하고 사람들은 한숨을 돌린다. 몇 시간만 있으면 안식일이 시작되며, 사람들은 저마다 장을 보고 있다. 공격하기에 딱 좋은 시간이다. 밤중에 놀러 나온 젊은이들 한복판에서 두 발의 폭탄이 연달아 터진 벤 예후다의 교차로를 지난다. 지난

3월 초의 추운 밤에 한 무리의 정통주의 유대인들이 폭사한 길을 따라 줄지어 선 행상들을 지나간다. 공격의 표적이었던 이곳에 지금은 지루한 표정의 요원들이 금속 탐지기를 들고 지키고 서 있다. 또 다른 정류장에 멈춘다. 이번 인티파다에서 이미 열두 대의 버스가 폭발로 부서졌다. 사망자가 80명, 부상자는 500명이며, 수천 명의 목격자들이 트라우마로 시달리고 있다. 버스에 타는 사람들을 계속 살펴보는지 물어보자 버스에 타고 있던 군인 메나힘은 대답한다. "항상 봅니다. 승객이 의심스러운 모습으로 긴장하고 있는지 그저 자연스럽게 있는지 봅니다." 하지만 폭탄은 아무래도 폭탄이다. 설사 군인이 덤벼든다 하더라도 테러리스트가 단추를 누를 시간은 항상 충분하다는 것은 메나힘도 알고 있다.

테러리스트들은 점점 더 독창성을 더해간다. 초정통주의 유대인이나 군인, 혹은 머리칼을 탈색하고 기타를 들고 있지만 그 속에 폭탄을 숨긴 히피로도 변장하는 것이다. 또 여성 자살폭격대원인 샤히다스shahidas가 등장한 이후로는 여자들도 주의해서 살펴야 한다. 여기에다 이스라엘 유대인들의 적어도 4분의 1은 중동 혈통이며, 따라서 아랍인들과 매우 비슷하게 생겼다는 사실도 추가하라.

이제 버스 승객들이 얼마나 큰 죽음의 공포를 견뎌야 하는지 분명해졌을 것이다. 그런데도 왜 그들은 계속 버스를 타는가? 메나힘은 군대가 그렇게 하도록 강요한다고 말한다. "우리는 히치하이크를 하지 못하게 되어 있습니다. 마치 공격이 없었던 것처럼 살아야 해요. 그렇지 않으면 테러리스트가 이기는 겁니다." 하지만 버스를 타는 많은 이스라엘인들의 이유는 다른 데 있다. 사상 최악의 경제 위기를 겪고 있기 때문이다. 부자들은 아이들을 위해 자가용을 사거나, 피자 가게나 다른 위험한 장소에서 아르바이트를 할 필요가 없도록 용돈을 준다. 최근에 이스라엘 언론은 자녀를 안전한 미국 대학교에 보낸 저명 정치가 명단을 공개했다. 목록은 아주 길었다. 진정한 보호책은 하나뿐이다. 그 나라를 떠나는 것. "팔레스타인의 작전은 세계에 있는 모든 유대인들에게 메시지를 보내는 것이다. '너희들이 있는 그 자리에 그대로 있고, 이스라엘에 오지 말라.' 헤즈볼라는 공격을 감행할 때마다 위성 채널을 통해 이렇게 상기시킨다. 하마스의 지도자인 마흐무드 자하르Mahmud Zahar는 이를 더 칼날처럼 간명하게 표현한다. "폭탄을 쓰는 목적은 이스라엘인들에게 겁을 주어 떠나게 만들려는 데 있다."

나라를 떠나는 이스라엘인이 많지는 않지만, 그래도 무서워하는 것은 사실이다. "아랍인이 버스에 탔다는 이유로 내리고 나면 나는 항상 죄책감을 느낀다. 그래도 달리 내가 어떻게 행동해야 하는가?" 익명을 요구한 한 청년은 말한다. 최종 목적지에 가까워지자 메나힘은 묻는다. "당신도 무섭습니까?" 그렇다고 대답하자 그는 천천히 머리를 끄덕이고 총을 쓰다듬으면서 위로하듯이 말한다. "겁낼 이유는 없어요." 그는 부드럽게 미소 짓지만 눈은 여전히 버스 문에 못 박혀 있다.[11]

이 기사도 1면에 실렸고, 보도의 균형이 회복되었다고 생각했다. 그러나 친이스라엘 기자 클럽인 '펜을 잡으시오^{takeapen.org}'는 생각이 달랐다. 그들은 모든 미디어를 감시하며 회원들을 부추겨 항의 편지를 써 보내게 만드는데, 다음은 그들이 보낸 편지의 내용이다.

이 내용 아래에는 글을 쓴 로비스트의 이름이 적혀 있었다. 그들의 회원 한 명이 이런 반응이 있었다고 〈NRC〉에 전했다.

이런 편지를 보내는 사람들 중에는 정말로 심하게 공격적인 사람들이 있었는데, 갈수록 무슨 들을 만한 이야깃거리를 갖고 있는 사람들이라고 생각하기가 힘들어졌다. 그들의 논리는 아랍 체제들의 논리와 비슷했다. "우리에 대해 비판하지 말라. 적들이 그런 비판을 써먹을지도 모르니. 그리고 누구든 비판하는 사람은 반드시 적이다."

나는 네덜란드에서 강연을 두어 번 한 적이 있다. 강연이 끝나면 깔끔하게 차려입고 말 잘하는 사람들이 다가오곤 했다. 폭격을 당할 때 어떤 기분인지 물어보거나, 휴가 때 요르단에 갈 예정이니 조언을 좀 해달라는 등의 이야기를 젊은 세대들과 나누는 동안 그들은 초조한 표정으로 기다렸다. 그런 다음 그들 차례가 되니, "강연 잘 들었습니다. 하지만 제 남편과 저는 당신이 이스라엘에 대해 쓰는 기사에 대해 매우 언짢아지곤 합니다"라고 말했다.

누구나 저마다의 대답이 있겠지만, 내 대답은 다음과 같았다. "이스라엘이 하는 행동 때문에 언짢다는 건가요, 아니면 내가 그것에 대해 쓴다는 사실이 언짢다는 건가요?" 그러면 무표정한 눈이 나를 빤히 쳐다본다. 이자도 저들 편이구나, 하는 것이다.

나는 팔레스타인 편에 서서 공격하는 사람의 글도 읽지 않는 편이었다. 특히 아랍어를 전혀 할 줄 모르는 사람이 쓴 글이라면 더욱 그랬다. 팔레스타인인인들 가운데 '이스라엘은 아주 나쁘다'라는 말 이상으로 영어를 할 줄 아는 사람은 아마 5퍼센트 이하일 것이다. 그러니 팔레스타인 사람들에 대해 그토록 걱정이 된다면, 가서 그들의 말부터 배울 일이다. 걱정하고 있는 이들이 누군지는 알아야 하니까.

한번은 내 상관이 라디오 인터뷰에서 이렇게 말한 적이 있었다. "이스라엘과 팔레스타인의 문제에 대해서는 어떤 것도 올바르게 할 수가 없어집니다. 비판의 균형이 조금 잡히는 정도만 되어도 우리는 충분히 잘 해낸 거지요." 그가 현 상황에 대해 어느 쪽에도 서 있지 않음을 인정하고 중간 지점을 채택하려고 애쓰는 것은 감동적일 만큼 솔직한 행동이었다. 하지만 그가 공적으로 그런 사실을 인정하자 로비스트들은 더욱 시끄러워지고 더 극단적으로 치달았다. 그들이 극단으로 치달을수록 중간 입장도 그들 쪽으로 휩쓸릴 위험은 더 커진다.

사실 나를 한 번도 공격하지 않고 한결같이 지지해온 그룹이 딱 하나 있다. 그들은 내 기사가 아랍 쪽에 부정적이든 유대인 쪽에 부정적이든 내 작업을 칭찬했다. 신나치가 그들이다.

동예루살렘으로 가다

비합리적인 비판은 충분히 고려할 만한 비판까지도 맹목적으로 대하게 만든다. 최소한 내가 이스라엘 평화운동 단체나 팔레스타인을 지지하는 몇몇 '다른' 투사들의 비판을 이해하는 데 2년 가까이 걸렸던 이유는 그랬다. 그들이 미디어를 비판하는 것은 이야기의 양면을 보여주면 팔레스타인의 관점에서 불리해지기 때문이 아니다.

그들은 한 걸음 더 나아가서, 양편이 싸운다면 양편 모두 잘못이 있다는 기초적 접근법을 비판한다. 그들이 볼 때 이 분쟁은 1980년대의 남아프리카 아파르트헤이트 정책을 다룬 것과 같은 방식으로 다루어야 한다. 이들 평화운동가는 폭력은 비난받아 마땅한 일이며 테러리즘도 당연히 그렇지만, 우월한 군사력을 가진 사람들이 본질적으로 방어력이 없는 다수의 사람들을 억압한다면, 그 사실이 문제의 핵심이 되어야 한다고 말한다. 아파르트헤이트 정책이 지속되는 동안 이 흑인과 백인의 싸움이 양편 모두의 잘못이라고 말하는 사람은 없었다.

이런 종류의 비판은 성지에 처음 간 이후 계속 들었지만 도무지 납득하지 못했다. 그 이유는 간단하다. 점령하에서 산다는 게 어떤 것인지 제대로 이해하지 못했기 때문이다. 그러다가 특파원으로서의 마지막 해에 점령 지구인 동예루살렘에 가서 살게 되자 사정이 달라졌다.

이스라엘에 있던 내 동료 기자들은 다들 내게 가지 말라고 선의의 충고를 했다. 내가 도저히 적응하지 못하리라는 것이었다. 난 그저 그곳으로 이사하면 이스라엘과 레바논 사이를 끝없이 왕복해야 하는 지겨움에서 벗어날 수 있을 것이라고 기대했다. 그래서 나는 떠났고, 이렇게 가벼운 마음 상태는 지옥 같은 이삿짐 운반에 대해 쓴 당시의 기사에도 드러나 있다.

가끔 자신이 이제는 정신이 허술해졌다는 사실을 깨닫는 데 시간이 좀 걸릴 때가 있다. 지난주에 이사하느라 지옥 같은 사흘을 보내고 암만의 한 괜찮은 식당에 앉아 숨을 고르고 있을 때 내가 바로 그랬다. 이사를 도와준 친구와 나는 수프를 주문했는데, 좀 식어서 나왔다. 다시 내오라고 돌려보낸 뒤 나온 것도 미지근했다. 또 돌려보냈는데, 여전히 미지근했다. 한 번 더 돌려보냈는데, 그래도 미지근했다. 웨이터에게 손짓하여 이리 오라고 했다. 숟가락에 수프를 떠서 그의 손가락을 담가보라고 했다. "어때요?" "미지근하네요." 나는 찻주전자를 가리키면서, 저 정도로 뜨겁게 해달라고 말했다. 내 머리가 어떻게 된 건 아닌지 의심스러워진 것은 내가 그 뒤에 숟가락을 빨았기 때문만은 아니었다(낭비하지 않으면 부족함도 없다고 하지 않는가). 무엇보다 내 행동이 얼마나 이상한지 깨닫는 데 5분씩이나 필요했다는 사실 때문이었다. 웨이터는 아마 주방에서 이렇게 생각했을 것이다. "난 서양 사람들을 항상 옹호해왔지만 여기까지야. 공정 선거가 치러지기만 하면 난 근본주의자를 찍을 거야."

베이루트에서 예루살렘으로 짐을 옮기는 데는 사흘이 걸렸다. 직선거리로는 운전하여 네 시간 걸리는 거리지만 국경이 폐쇄되었고, 레바논과 이스라엘이 어떤 식이든 사람들이 만나면 스파이 짓이라도 하려는 건 아닌지 의심하다 보니 이삿짐 회사를 구하기가 무척 까다로웠기 때문이다. 키프러스(지중해 동부의 섬나라)로 짐을 보내면 그쪽에서 짐을 모두 새 상자에 재포장하여 보내주는 방법도 있었지만 놀랄 만큼 부패한 레바논 세관 관리들은 CD 한 장마다 10달러씩 요구한다. 그리고 만약 이스라엘에 수많은 서류들을 제대로 갖추어 오지 않으면 소지품들은 항구에 그대로 묶이고 보관료로 매일 70달러씩 내야 한다. 더욱이 이스라엘의 이삿짐 회사는 소지품을 항구에서 동예루살렘으로 운반해주지 않겠다고 했다. 그곳에 팔레스타인인이 살기 때문이라는 것이다. 이쯤 되니 이런 목소리가 들리는 것 같았다. "중동에 오신 것을 환영합니다."

그래서 우리는 베이루트에서 택시를 빌려 짐을 잔뜩 싣고 시리아를 거쳐 요르단으로 가기로 했다. 거기서 우리는 느슨한 국경 관문인 알렌비 다리를 통해 이스라엘로 들어가려고 했다. 나는 엄격한 세관 관리를 만나게 되리라고 예상했다. 위성 전화기, 가스 마스크, 1만 달러, 여권 페이지마다 가득 찍힌 사증 도장들……. "혹시 빈 라덴 씨입니까?"라고 묻는 건 아닌지.

첫 번째 걸림돌은 시리아 국경에서 만났다. 네덜란드 관광객들은 그곳에서 통과 비자를 받을 수 있었지만 기자들은 불가능한데, 불행하게도 내 여권에는 기한이 만료된 시리아의 기자용 입국 비자가 찍혀 있었다.

"통과 비자는요?" 나는 최대한 절망하는 눈빛으로 물었다.

"담당국에서 허가를 얻어야 하는데, 지금 문 닫았어요."

"20달러?" 나는 운전수를 시켜 제안했다.

"얻을 수 있는지 한번 알아보지요."

네 시간 뒤, 40달러가 줄어든 채, 우리는 통과 비자를 받아 진짜 세관 관문으로 갔다. 소지품의 가치를 평가하여 그것을 기준으로 보험료를 매기는 '공식적인' 절차가 있기 때문에 긴장된 순간이었다. 그 돈은 요르단 국경에서 돌려준다고 했다. 마치 그만한 돈을 항상 준비해두고 있다가 돌려주기라도 하는 것처럼 말이다. 잘도 그러겠다. 우리는 대안을 제시하여 상황을 타개했고, 조금 지난 뒤 검사는 받지 않았지만 100달러가 줄어든 상태로 골란 고원의 눈 덮인 산들을 지나 운전하고 있었다. 시리아 해변을 벗어나는 데는 또 100달러가 더 들었고, 그런 다음에야 우리는 마침내 숨을 쉴 수 있었다. 요르단은 그나마 비교적 괜찮은 나라였기 때문이다. 그다음에, 보수 문제로 운전사와 좀 옥신각신했고, 뒤따라오던 차에 탄 누군가가 미친 듯이 운전하다가 우리를 거의 골짜기로 밀어버릴 뻔했고, 그다음에는 국경이 폐쇄되었다. 팔레스타인 첩자 두 명이 잡혔다는 것이다. 거의 돌아서려는 찰나, 국경이 다시 열렸다.

동예루살렘에서는 더 심한 난관이 기다리고 있었다. 내가 살 집을 수리해주기로 한 팔레스타인의 페인트공, 배관공, 목수들이 일주일이나 자기들 마을에서 나올 수가 없었다. 우리는 모든 짐을 친구

레바논의 숙소를 떠나니, 더 이상 초연한 태도를 유지할 수가 없었다. 이 사실을 금방 깨달은 것은 아니었다. 이사한 직후 나는 행복의 화신이라 할 만했으니까. 동예루살렘에서의 생활은 정말로 할 이야기가 많아 보였다. 하루는 IKEA에 늘어선 긴 줄에서 시끄럽게 떠들어대는 아이들 무리와 수염을 텁수룩하게 기른 한 유대인 정착민 뒤에 서 있었다. 그는 오른팔로 갓난아기가 누워 있는 요람을 들고, 왼쪽 어깨에는 기관총을 메고 있었다. 이스라엘에서 정착민들은 중화기를 소지할 수 있었다. 동예루살렘은 점령 지구였고 우편 서비스도 없었으므로, 근처의 유대인 정착촌에 사서함을 얻어야 했다. 이스라엘 통신회사는 동예루살렘에 들어와서 ISDN선을 설치해주기 싫다고 했다. 테러리스트들이 득시글대는 판이니 너무 위험하다는 것이었다.

그곳은 태풍의 눈이었다. 농담에서도 그런 사실을 알 수 있었다. 주임 랍비가 로마 교황을 방문했는데, 신에게 전화를 할 일이 생겼다. 교황은 그에게 전화기를 주고 말했다. "주소를 알려주시면 전화요금 청구서를 그쪽으로 보내드리지요." 한 달 뒤에 엄청난 액수의 청구서가 왔고, 랍비는 한숨을 쉬며 지불했다. 그런 다음 교황이 예루살렘에 답례차 방문했다. 그도 신에게 전화를 해야 했다. 긴 통화를 끝낸 뒤 교황은 청구서를 보내도록 주소를 알려줄까 하고 물었다. 랍비는 망설이더니 어깨를 으쓱했다. "괜찮아요. 여기서야 시내 통화인데요, 뭘."

예루살렘의 살라딘가에 있는 큰 팔레스타인 서점은 이런 만화를 내다붙였다. 첫 칸에는 어떤 이누이트족이 화를 내며 말하고 있다. "내 이름은 메나힘인데, 예루살렘은 내 거야!" 다음 칸에는 화가 난 흑인이 말한다. "내 이름은 다윗인데 예루살렘은 내 거야!" 카우보이 모자를 쓴 미국인이 발을 쿵쿵 구르면서 말한다. "내 이름은 시몬이고 예루살렘은 내 거야!" 화를 펄펄 내는 러시아인이 말한다. "내 이름은 슐로모인데, 예루살렘은 내 거야!" 화가 난 인디언이 말한다. "내 이름은 벤야민이고 예루살렘은 내 거야!" 마지막 칸에는 어리둥절한 표정의 팔레스타인인이 말한다. "내 이름은 모하메드인데, 난 예루살렘에서 태어났어, 그런데 그게 분명 착오였던 모양이네."

성지에 사는 사람들은 자기 자신들도 농담의 대상으로 삼을 줄 안다. 하지만 뉴스에는 그런 이야기가 언제 나오는가? 나와 함께 일한 한 이스라엘인 기술자는 자기 개에게 벼룩이 있다고 불평하며 이렇게 말한 적이 있다. "벼룩약을 사야 해요. 독일제로. 독일 사람들은 그런 걸 잘해요. 해충을 박멸하는 일 말이에요." 그는 이런 이야기도 해주었다. 미국인, 러시아인, 이스라엘인이 각각 한 명씩 알림판 앞에 서 있다. "죄송합니다, 재고 부족으로 오늘은 고기가 없음." 미국인은 말한다. 부족하다는 게 뭐지? 러시아인은 말한다. 고기가 뭐지? 이스라엘인은 말한다. 죄송하다는 게 뭐지?

팔레스타인인들과 함께한 불안의 나날들

그곳은 완전히 신세계였다. 나는 처음에 도착했을 때 얼마나 기뻤는지 집들이 파티를 열었다. 손님들 중에는 집주인과 그의 누이와 이웃 사람들이 있었다. 텔아비브에서 온 네덜란드 외교관이 스웨덴 동료인 스벤과 함께 왔다. 스벤은 사뭇 놀란 표정으로 내게 오더니 말했다. "자네 집주인과 그 누이 말인데, 저 사람들은……, 좋은 사람들이군!" 난 잔을 들어 올렸다. 어떤 사람일 거라고 예상했기에? "글쎄, 그래, 별 뜻은 없는데, 그들은……, 알잖아." 이날은 스벤이 팔레스타인 민간인과 처음 말을 나눠본 날이었다. 텔아비브에서 동예루살렘까지는 59킬로미터이고 국경 검문소도 없다. 이스라엘은 동예루살렘을 병합했으며, 자기 나라

의 일부로 여기기 때문이다. 하지만 텔아비브에 3년간 있었는데
도 스벤은 여기에 한 번도 와본 적이 없었다. 그저 이스라엘의 공
보부가 하는 이야기를 그대로 받아 적고만 있었던 것이다.

집주인과 그의 누이는 점령 상태가 어떤 것인지에 대해 눈뜨게
해주었다. 그렇게 내 행복은 끝이 났다. 이웃집 사람에게 배운 것
이 가장 많았다. 그녀는 가톨릭교도였는데, 1948년 하이파(이스라
엘 북부 도시)에서 태어났다. 이스라엘이 건국되자 가족은 동예루
살렘으로 피신했고, 다시는 돌아가지 못했다. 당시 동예루살렘은
요르단 영토였지만 1967년에 이스라엘이 그곳을 차지했다. 그러
니 내 이웃은 결국 예전에 그녀 가족으로부터 모든 것을 앗아간
나라의 통치를 다시 받게 된 것이었다.

그녀는 여전히 평화롭지 못했다. 새벽 3시에 전화가 걸려온다.
전화기를 들 때마다 2, 3초간 아무 소리가 나지 않다가 전화가 끊
긴다. 며칠 동안 계속 이런 전화가 걸려와 그녀는 완전히 지쳐버
렸다. 빈집털이를 하려는 속셈이었을까? 그녀는 왜 경찰에 가지
않았느냐는 내 질문에 대답을 하지 않았다. 그저 "난 힘 없는 노
파야"라고만 되풀이했다. 나는 너무 화가 나서 케이블을 당겨 내
가 전화를 받을 수 있게 해보았다. 혹시라도 남자 목소리를 들으
면 저쪽이 겁을 낼지도 모르니 말이다. 그날 밤 정말로 전화벨이
울렸다. 수화기를 집어 들었지만 아무 소리도 나지 않았다. 5분
뒤에 다시 울렸다. 또 침묵이 이어졌다. 그래서 난 영어로 머릿속

에 떠오르는 온갖 욕을 퍼부었다. 그러자 또 전화가 왔는데, 이번에는 저쪽에서 갑자기 억양이 매우 강한 영어로 말하기 시작했다. 그는 자기가 누구인지, 왜 전화를 거는지는 말하지 않으려고 했지만 자신을 요르단에 사는 내 이웃의 친구라고 소개했다. 그런 뒤에 그는 전화를 끊었다. 그런데 그는 요르단이라는 단어의 r을 아랍식 발음이 아니라 쉰 소리가 나는 히브리식 r 발음으로 소리 내고 있었다. 그는 이스라엘 사람이었다. 그 이후로 전화는 그쳤다.

"그런 식의 전화가 많이 옵니다." 집세를 내러 가니까 집주인이 이렇게 말했다. 신경쇠약의 기미가 좀 보이는 그는 50대 후반의 점잖은 의사였다. "이스라엘 정착민들은 늙은 팔레스타인 사람들에게 그런 식으로 겁을 주지요. 그런 다음 사람을 보내 집을 사겠다고 제안합니다. 현재 가격의 두세 배 비싼 값을 불러요. 집을 팔아도 죽을 때까지 그 집에서 살 수 있습니다. 하지만 그 뒤에는 정착민의 것이 되는 거지요. 또 이런 사람들은 이스라엘 여권도 주겠다고 말합니다. 그건 그들이 이스라엘 정부와 한 패거리라는 뜻이에요."

이것이 바로 이스라엘이 동예루살렘에 살고 있는 모든 비유대인들을 몰아내려 하는 '유대화 정책Judaisation policy'이었다. 집주인은 밤에 전화하는 사람들의 제안을 추호도 고려해본 적이 없다고 했다. 그러나 이스라엘 여권이 있으면 외국 여행을 할 수 있다. 자녀들은 미국에서 공부하고 배우자를 찾을 수도 있다. 가톨릭교를 믿는 팔레스타인인이 몇 명이나 예루살렘에 남아 있을까? 이 집을 놓고 벌이는 싸움에서 승자는 결국 이스라엘이 될 것이 틀림없었다.

내 이웃이 겁에 질려 내 집 문을 두드린 일을 예로 들어보자. 그녀는 그날 저녁 통행금지가 내려질 거라고 말해주었다. 이스라엘의 독립 기념일이었는데, 모든 팔레스타인 사람들은 안전을 위해 집 밖에 나가지 말아야 했다. 동예루살렘에 거주하는 팔레스타인인들까지도 그래야 했던 것은 처음이었다. 그녀는 와들와들 떨고 있었다. 1948년의 일이 되풀이될 것처럼 보였기 때문이다. 나는 데이트 약속을 취소하고(미안해, 내일은 집 밖으로 나갈 수가 없어) 부근의 슈퍼마켓에 먹을 것을 구하러 갔다. 애석하게도 나보다 먼저 온 사람들이 많았다. 시계를 보았다. 더 큰 슈퍼마켓에 갈 시간이 아직 있는가? 하지만 설사 거기 도착하더라도 시간 내에 돌아오지 못하면 어떻게 하나? 그렇게 되면 호텔에서 자야겠지. 그러면 여권을 갖고 가야 하고, 곧 보내야 할 기사가 있으니 노트북도 갖고 가야 하는데…….

결국 난 집에 머물렀고, 한 시간 뒤 이웃은 다시 내 문을 두드렸다. 그녀는 가택수색이 있을 거라고 했고, 귀중품을 모두 숨기라고 미리 알려주었다. 그녀 말대로 해야 했다. 군인이 총을 들이대고 귀중품을 가져가버리면 그걸 무슨 수로 증명하겠는가? 통행금지가 시작되었고, 집 밖에서 차 한 대가 쉿소리를 내며 지나갔다. 무모한 팔레스타인인들이었을까 아니면 정착민이었을까? 유대인들은 통행금지의 대상이 아니었다. 그러던 중에 폭발음이 들려 잠시 다녀간 이웃이 걱정되었다. 하지만 그것은 단지 이스라엘 축일을 기념하는 불꽃놀이일 뿐이었다.

그 얼마 뒤 우리 집에 도둑이 들었다. 자동차가 없어졌고 집이 몽땅 털렸으며, 이웃은 초조해하고 있었다. 경찰서에 가볼까? 하고 집주인에게 말했다. "도와주고 싶은데요, 그러려면 경찰에 제출할 보고서는 직접 쓰시는 편이 좋을 겁니다." 내가 무척 불쾌해하니까 그가 마지못해 그렇게 말한 이유를 설명해주었다. 그가 경찰에 가면 경찰관이 이렇게 말할 공산이 크다는 것이었다. "당신이 거기 산다고? 거긴 우리가 관심이 있는 지역인데. 우리에게 아무 말도 하고 싶지 않다고? 당신 운전면허 좀 체크해봐야겠네. 의사면허 유효기간이나 다른 서류들도. 시간이 좀 걸릴 거요. 다음 달에는 매일 오후에 보고하러 오시오. 우린 당신이 이스라엘 경찰과 얼마나 좋은 친구인지 다들 잘 보도록 그 동네로 산책을 좀 갈 테니까."

나는 근처의 정착촌인 네베 야코브에 있는 경찰서에 혼자 갈 수밖에 없었다. 아무도 영어를 할 줄 몰랐고 하고 싶어하지도 않았으므로 나는 아랍어를 할 줄 아는 경찰에게 넘겨졌다. 그는 한 팔레스타인 남자를 조사하느라 바빴는데, 그 남자는 검문소 바로 너머에 사는데도 매일 그곳을 통과하기 위해 편도 두 시간씩 줄을

서야 했다. 그래서 유대인만 쓰는 특별 도로로 다닐 수 있는 통행
증을 얻으러 온 것이었다. '유대인만 쓰는 특별 도로' 라니. 이런
유의 표현에 내가 얼마나 빨리 익숙해졌는지, 참 희한한 일이다.

"내일 다시 오시오." 경찰관은 퉁명스럽게 내뱉었다.

"하지만 어제도 그렇게 말했고, 그 전날도 그랬잖습니까. 오늘
이 열 번째입니다."

"그러면 열 번 더 오시오."

경찰이 더 무서울까, 도둑이 더 무서울까? 점령된다는 게 이런
것인가? 나는 내가 인터뷰하는 모든 사람에게 이런 상황에 대해
물어보기로 결심했다. 다음은 그 사람들의 이야기이다.

평화 협상이 시작되기 전의 일이었다. 나는 열여섯 살이었고, 이웃
에 사는 여자아이와 일생에 단 한 번 경험하는 그런 종류의 사랑을
하고 있었다. 그러던 어느 날 누군가가 우리 집 벽에 반이스라엘 구
호를 휘갈겨 썼고, PLO 깃발도 걸었다. 다음 날 군인들이 아버지를
윽박질러 낙서를 지우게 만들었다. 난 흥분하여 대들었다가 체포
되었다. 여섯 달 뒤 석방되었지만 내 이름은 유대인들 사이에 퍼져
있어서 이스라엘에서 노동 허가를 얻는 일은 꿈도 꾸지 말아야 했
다. 내게는 장래가 없었고, 그 여자아이는 다른 사람과 결혼했다.

여덟 살 난 내 아들은 소리를 듣지 못한다. 우리가 사는 곳은 예루

살렘인데, 청각장애자를 위한 특별학교는 라말라에 단 한 곳 있다. 하지만 라말라까지 10킬로미터를 가려면 특별통행증이 필요하다. 물론 유대인들은 뭔가 대가를 원했다. 내 사촌이 하마스 대원이지만 나는 그를 배신하고 싶지 않았다. 그러니 내 아들은 라말라의 기숙사에 있어야 하고, 매주말 몰래 아이를 데려왔다가 데려다주고 있다. 아들은 불안해하지만 소리를 듣지 못하니 저녁에 전화하여 안심시켜줄 수도 없다.

내 아버지는 시장이다. 내가 파리에서 공부할 돈은 충분히 있다. 포도주, 문학, 저항이 있는 곳……. 하지만 내 머리 위에는 항상 구름이 덮여 있다. 내가 만약 신분증 원본을 잃어버리면 이스라엘은 다시는 파리로 못 돌아가게 할 것이다. 한번은 한 여자와 놀고 있다가도 완전히 패닉에 빠진 적이 있었다. 곧바로 내 방으로 달려가서 신분증이 원래 넣어둔 곳에 안전하게 있는지 찾아봐야 했다.

평화 협정이 체결되기 전의 일이다. 사업을 하던 내 형은 PLO에 연줄이 있는 어떤 위세 등등한 가문과 마찰이 생겼다. 어느 날 그들은 형을 시골로 불러내어 살해했다. 그 뒤 그들은 모든 담벼락에다 그가 이스라엘에 부역했다고 써 붙였다. 우리가 무슨 일을 할 수 있었겠는가?

아버지는 심장에 이상이 있었는데, 가자 지구에서는 치료를 할 수가 없었다. 우리는 요르단으로 가기 위해 허가증을 신청했지만 받지 못했다. 서류를 정확하게 작성하지 못했다는 것이다. 아버지는 돌아가셨다.

나는 어제 막내아들과 심하게 다투었다. 어른이 되면 어떤 사람이 되고 싶은지 물어보았더니 아들은 순교자가 되겠다고 했다. 나는 억압받는 사람들에게는 군인도 있어야 하지만 사상가와 발명가와 과학자도 있어야 한다고 말했다. 아들이 날 비웃었다. 평생 나블루스 밖으로도 나가지 못하고 좋은 대학에도 못 가는데, 학교에서 열심히 공부한들 무슨 소용이 있느냐는 것이었다. 그래, 아들 말이 맞다.

이런 이야기는 잊어버리기 힘들다. 수염 기른 남자들이 화를 내면서 하는 말도, 무능한 대변인들이나 연극하듯이 울어대는 희생자들이 한 말도 아니기 때문에. 바로 그 때문에 그렇다. 이런 이야기를 한 사람들은 차분한 사람들이었다. 가족이 와해되지 않게 버티려고 애쓰는 아버지와 어머니들, 다음 세대가 자신들과 같은 삶을 살게 되리라는 것을 깨달은 노인들이 한 말이었다.

여기서 나올 수 있는 유일한 결론은 점령은 테러나 마찬가지라는 것이다. 단지 차이점이 있다면 영원히 지속되고 테러리스트들이 아니라 군인과 비밀기관들에 의해 강요된다는 것이다. 점령은 주민들이 아무 권리도 갖지 못한다는 점에서 독재 체제와 비슷하다. 이스라엘의 '보안기관'은 언제라도 당신 집으로 쳐들어와서 당신이나 가족을 끌고 갈 수 있고, 당신을 고문하거나 재판도 없이 여러 해 동안 가두어둘 수 있다. 집단 징벌로든, 유대인을 위한 새 정착촌을 건설하기 위해서든, 언제라도 불도저가 당신 집을 깔아뭉갤 수도 있다.

미디어는 왜 이들을 저버렸는가?

팔레스타인은 1967년부터 바로 이런 식으로 살아왔다. 평화 협정도 별다른 변화를 가져오지 못했다. '팔레스타인 자치기구'는 사실 이스라엘 점령자와 주민들 사이에 끼어 있는 하나의 층이다. 평화 협정이 체결되기 전에는 팔레스타인 사람들은 무엇을 하든 이스라엘에 허가를 요청해야 했다. 그 뒤에는 팔레스타인 자치기구에 요청해야 했는데, 자치기구는 또 이스라엘에 허가를 받아야 했다.

차를 도둑맞기 전 그리스 번호판을 단 내 자동차를 타고 가고 있노라면, 두어 시간마다 테러 진압용 특수부대원이 나를 불러 세웠다. 그들은 민간인 복장일 때도 있었고 군복을 입은 경우도 있었다. "어디서 오는 길입니까?" 나는 히브리어를 전혀 몰랐으

므로, 그들이 "당장 차에서 내려, 안 그러면 쏜다!"라고 소리치는
지, "눈도 깜짝하지 마. 움직이면 쏜다!"라고 소리치는지 알 길이
없었으니, 내 피부색이 희다는 사실에 대해 신께 감사할 만큼 가
슴이 철렁할 때가 자주 있었다. 경찰도 지독하게 불안하기는 마
찬가지였을 것이다. 테러리스트라면 경찰이 다가올 때까지 기다
렸다가…… 쾅! 하면 그만이니 말이다. 하지만 그런 열아홉 살
짜리 군인들을 향해 팔을 들고 다가갈 때 맛보는 그 무기력한 느
낌이란…….

　군인들은 때로 내 집 앞에다 검문소를 설치하고는 18~40세의
모든 팔레스타인 남자를 차에서 내리게 하곤 했다. 군인들이 서
류를 검사하고 검열하는 동안, 그들은 때로는 몇 시간씩 뜨거운
햇볕을 그대로 받으며 서서 기다려야 했다. 조금이라도 불평하는
사람은 머리를 호되게 구타당했다. 다만 흰 피부인 내가 다가가
지켜보면 거의 예외 없이 구타는 멈추곤 했다.

　이스라엘 평화운동가들이 반대하는 점령이란 이런 것이다. 하
지만 그들의 말을 알아듣는 사람이 거의 없다. 어떻게 해야 알아
듣게 할 수 있을지 생각하다 보면 이런 상황을 이해할 수 있다.
점령 지역에서 설치는 세력은 아랍 독재국가에서 설치는 세력과
종류가 같다. 취재하여 기사로 쓸 만한 사태 변화는 없다. 이는
곧 기자들이 쓸 수 있는 건 끽해야 일상생활에 관한 배경 기사뿐
이라는 뜻이다. 다른 식으로 말해보자. 뉴스의 물줄기는 항상 사

건들에 의해 형성된다. 점령 그 자체는 절대로 뉴스가 되지 못하지만 새로 공격이 시작되면 그것은 뉴스가 된다. 내가 대담이나 분석 기사에서 점령에 대해 언급할 수는 있지만, 그 언급은 추상적인 것에 그친다. 그러니 자기 나라에서 내 글을 읽는 (고객 불만 전화와 옴부즈맨 제도와 계약 유지 조항등을 누리면서 사는) 독자들이 점령이 어떤 것인지 어찌 상상할 수 있겠는가?

　TV로 구체적인 사례를 들어 그 실체를 보여주어야 할 테지만, 그렇게 하기는 무척 힘들다. 2차 인티파다가 일어나기 전에, 텔아비브의 바에 몰래 출입하는 팔레스타인 동성애자들이 많았다. 이스라엘의 비밀요원들은 그들 사진을 찍은 다음, 그들을 만나서 자기들을 위해 일하지 않으면 고향 마을에 그 사진을 유포하겠다고 위협했다. 이런 식의 이야기는 점령 세력이 사람들을 얼마나 무자비하게 짓밟는지를 보여준다. 하지만 이런 사정을 영상으로 만들 수 있을까? 동성애자들은 TV에 나오지 않으려 할 것이다. 왜냐하면 그의 성향이나 이스라엘에 협력한 사실이 밝혀지면 끝장이기 때문이다. 비밀요원들은 아무것도 인정하지 않거나 국가 기밀이라 둘러댈 것이다. 기껏해야 이스라엘의 인권운동가들이 거론하는 정도에 그치는 수준인데, 그게 무슨 관심거리가 되겠는가.

　폭탄 한 발이 터질 때마다 우리에게 전달되는 것은 상황을 이스라엘의 시각에서 보는 이미지이다. 불타버린 버스나 시커멓게 변한 식당은 끝없이 반복되고, 매번 전달하고자 하는 메시지는 2

초 만에 분명해진다. 이것이 테러다. 하지만 점령이라는 메시지를 전해줄 것은……, 탱크나 서류를 점검하는 군인들이나 길게 줄 서 있는 민간인들의 사진뿐이다. 그런 장면 배후에 있는 비참함, 억압, 부당함을 어떻게 엇비슷하게라도 보여줄 수 있을까? 기자들이 할 수 있는 것은 이것을 자세히 설명하는 방법밖에 없지만, 언어로 전달될 수 있는 것은 기껏해야 시청자의 머리에 뭔가가 들어가는 정도가 최대한이다. 시청자들이 본능적으로 받아들일 테러 공격 영상은 준비되어 있는데 말이다.

2차 인티파다가 시작된 이후 3년 동안 이스라엘의 폭력에 의해 죽은 팔레스타인 민간인 수는 팔레스타인의 폭력으로 죽은 이스라엘 민간인의 세 배 이상이었다. 그런데도 거론되는 것은 처참한 공격 이야기뿐 처참한 점령이라는 말은 없었다. 팔레스타인의 공격으로 이스라엘인이 여섯 명 죽은 사건이 일어나자 '중동 지역에는 긴장감이 고조되고 있다' 라고 했지만, 이스라엘의 폭력으로 팔레스타인인 15명이 죽은 사건이 있었던 한 주는 '상대적으로 평온한 시기' 로 가볍게 치부되었다. 팔레스타인 자치기구는 '테러리즘에 대해 충분히 조처하고 있는지' 를 계속 해명해야 했지만 이스라엘 정치가들은 '점령에 대해 충분히 조처하고 있는지' 를 설명해야 했던 적이 전혀 없었다. BBC 웹사이트에서 네티즌들은 테러를 중단시키는 방법에 대해 논의하지만 점령을 중단시키는 문제를 논의하는 토론은 없다.

　테러를 점령과 비교하게 되면 이야기가 어찌나 편향되어 보이는지, 도저히 바로잡을 수가 없다. 신문에서도 마찬가지다. '굴욕'이라는 단어를 쓸 수는 있겠지만 직접 맛보기 전까지 그게 무슨 의미인지 알게 뭔가? 적어도 내게는 그랬다. 그것을 직접 경험하고 난 뒤 내가 쓴 기사가 다음의 글이다. 한 독자가 화가 나서 편지를 보내어 내가 저널리즘의 한도를 넘어갔다고 항의했다. 그의 말이 맞다. '굴욕'이란 저널리즘의 한도 내에서 설명할 수 있는 것이 아니니 말이다.

　변기 앞에 무릎을 꿇고 앉아 있는 내게, 손 하나가 포크를 쥐여주었다. 나는 그 포크로 변기 물속에서 인분 덩어리를 찍어 삼켜야 했다. 주위에서는 마구 웃어댔다. 난 작년에 이런 악몽을 꾸었고, 그 뒤로 모든 꿈이 그렇듯 잊혔다. 하지만 어제 봉쇄된 도로 위에서, 그 꿈이 너무나 생생하고 자세하게 기억났다.

　완전히 일상적인 도로 봉쇄였다. 팔레스타인 사람들의 자동차가 길게 줄지어 있었고, 유행하는 헤어스타일과 최신 휴대폰을 가진 열여덟 살가량의 이스라엘 병사 네 명이 그 앞을 막고 있었다. 병사 한 명이 저물어가는 저녁 햇살을 받으면서 팔뚝보다 더 굵은 손전등으로 한 대씩 가까이 오라고 손짓하고 있었다. 차에 탄 남자들은 모두 내려 차가운 공기 속에 맨가슴을 드러내고, 폭탄을 숨기고 있지 않음을 입증해야 했다. 다른 병사는 최첨단 무기로 다른 승객들

(늙은 여자와 어린아이들)을 겨누고 차에 그대로 앉아 있도록 했다.

마침내 참을 대로 참은 한 팔레스타인 사람이 일을 저질렀다. 처음에 그는 고분고분하게 점퍼를 올렸지만 차로 돌아오면서 바지를 내렸고, 차에서 기다리고 있던 팔레스타인 사람들이 모두 웃음을 터뜨렸다. 그가 차에 탔을 때 커다란 손전등을 들고 있던 군인이 그 사람더러 창문을 내리라고 하더니 그의 머리를 세 번 갈겼다. 그러고는 가라고 손짓했다.

내가 악몽을 다시 기억해낸 것은 바로 그때였다. 그 전날 나는 한 팔레스타인 동료와 함께 제닌에 갔다. 그곳을 출발해 돌아오고 있었는데 하필 내 동료가 절대로 들어가면 안 되는 곳에서 도로 봉쇄에 걸리고 말았다. 우리는 배가 고팠고, 화장실에 가고 싶어 미칠 지경이었지만 병사들은 우리를 두 시간 동안 기다리게 만들었다. 그런 다음 우리는 아무 설명도 듣지 못한 채 가도 좋다는 허가를 받았다. 처음에는 그런 줄 알았다. 200미터 가자 도로는 또다시 봉쇄되었다. 이번에는 국경 경찰이었다. "군인들이 방금 가도 좋다고 했는데요. 그들에게 전화 걸어봐요. 아니면 같이 그쪽으로 가도 되고요"라고 말했지만 경찰은 다른 데로 가버렸고, 우리는 12월의 매서운 추위 속에서 하릴없이 또다시 두 시간을 기다리느라 거의 얼어 죽을 뻔했다. 그럴 때 당신은 어떻게 하겠는가? 그냥 참고 농담 따먹기나 하든가, 아니면 동료가 6개월 이상 '행정적 억류상태'로 끌려갈 위험을 무릅쓰고 난동을 피우든가 둘 중의 하나다. 경찰이 내게 고개를 끄덕였다. 당신들은 가도 돼. 마침내 우리는 떠날 수 있었지만 이번에도 설명은 없었다. 돌아오는 동안 내내 평소에는 유쾌한 내 동료가 말이 없었고, 나도 내 감정을 분석해보느라 조용했다.

어제 봉쇄된 도로에서 나는 내가 느낀 감정이 무엇이며 내 무의식이 그것을 어떻게 번역했는지 이해했다. 바로 굴욕이다. 나는 제닌에서 그런 일을 단 한 번 겪었지만, 이스라엘 애녀석들에게 머리를 얻어맞는 일을 35년 동안 당해온 사람들은 어떤 기분일까? 조금 지나면 그것은 분명 성난 꿈보다 더한 것을 야기할 것이다.[13]

이런 농담이 있다. 이스라엘인 두 명이 텔아비브의 해변에 앉아 신문을 읽고 있다. 한 명은 고급 신문을, 다른 한 명은 반유대주의 쓰레기 신문을 들고 있다. "자네는 왜 그따위 신문을 읽나?" 한 명이 묻는다. "나도 예전에는 자네처럼 정론지를 읽었어. 하지만 이제는 더 이상 감당할 수 없어. 자살 특공대원과 대량살상 무기와 경제 붕괴와 유럽에서 벌어지는 반이스라엘 시위……." 그는 자신이 읽고 있던 신문을 가리킨다. "이제 이걸 읽으면 기분이 훨씬 좋아져. 알고 보니 전 세계적인 유대인 음모가 있고, 우리가 실제로 전 세계를 조종하고 있더라고."

chapter 11

그러나, 사실은 이랬다

이제 내가 별다른 시도를 하지 못한 가장 중요한 이유를 말할 차례다. 세 번째 이유는 나 자신도 더 이상 상황을 이해하지 못했기 때문이다. 이스라엘은 이 미디어 전쟁에서 거의 매달 오스카상을 싹쓸이하는 것으로 보였다.

성지에도 뉴스거리가 많지 않고 조용할 때가 있다. 그럴 때 지면 메우기용으로 쓰는 인간적 관심사 이야기들 가운데 하나가 '예루살렘 신드롬'이라는 것이다. 진지한 의학 저널에도 그에 대한 글이 실린 바 있다. 간단하게 말하면 예루살렘의 구시가지를 방문한 관광객들이 메시아가 오고 있다는 생각에 사로잡히는 현상을 뜻한다. 그들 중 대부분은 며칠간 치료를 받은 뒤에 그런 생각에서 벗어날 수 있지만 나머지는 메시아가 나타날 것으로 예상되는 장소 근처의 호스텔에 여러 해 동안 묵으면서 기다린다. 나는 그들이 어떤 사람들인지 왜 그런 행동을 하는지 알고 싶었으므로, 수소문하여 그들이 묵고 있는 호텔의 주인과 만났다. 그는 말했다. "아주 간단해요. 내 손님들은 문제가 있는 사람들인데, 스스로는 그걸 해결하지 못해요. 그러니 어떤 다른 사람이 대신 풀어줄 수 있다고 생각하는 거지요. 그게 메시아이고요." 이 주인은 분별이 있는 사람이었고, 신앙이 무엇인지 물어보니 "제 부모님은 무슬림입니다"라고 대답했다. 그는 어떤 손님이 '예언자 예사야Yesaya' 라고 서명한 고객 명단을 보더니 중얼거렸다. "내가 메시아라면 이런 추종자를 보고 별로 좋아하지 않을 것 같아요."

이스라엘-팔레스타인 평화 협정의 진실

인터넷이나 위성방송을 통해 중동 지방에서 평화에 관한 논의가 어떻게 진행되고 있는지 파악해가는 과정에서 나는 예루살렘 신드롬을 상기하지 않을 수 없었다. 다들 이 신드롬에 사로잡힌 것 같았다. 아랍인만이 아니라 유대인과 서구인들도 마찬가지였다. 내가 아닌 다른 누군가가 문제의 원인이니, 내가 아닌 다른 누군가가 뭔가를 해줘야 한다는 식으로 군다는 것이다. 그들 스스로의 처신이 나아지면 모든 것이 나아질 텐데도. 평범한 팔레스타인인들은 지도자에게, 아랍 국가들에, 유럽이나 미국에 기대를 건다. 아랍 방송에 따르면 변해야 하는 것은 언제나 서구의 정책이다. 이스라엘은 자기 외의 세계가 반유대주의이기 때문에 문제라고 치부한다. 그리고 9·11 이후로는 서구의 논평가들 가운데 서도 이슬람교는 계몽되어야 한다거나 무슬림은 이런저런 일을 해야 한다고 계속 말하는 사람들이 점점 더 많아지고 있다.

모두들 자신의 책임을 포기하는 모습을 보면 별로 희망이 생기지 않았다. 내가 기자로서 그곳에 있던 마지막 해에는 나 자신도 그들과 다를 바가 없지 않나 종종 의심하곤 했다.

축구 경기에서 한쪽 팀이 8대 1로 이겼다고 하자. TV 기자가 할 일은 그저 골 들어가는 장면을 보여주는 것이라고 말할지도 모른다. 패자는 그냥 더 잘했어야 했다고. 하지만 경기장의 경사도가 기울어져 있었다면 어찌 해야 할까? 선심 중의 한 명이 이긴 팀 선수의 친척이라면, 그래서 그가 준 파울 가운데 몇 번이 사실은 파울이 아니었다면? 단지 이긴 팀이 심판의 눈을 속이는 재주가 월등하게 나았을 뿐이었다면? 패한 팀의 코치를 싫어하는 팬들이 많았다거나, 그가 코치가 되도록 상대 팀이 사주했다면?

어느 모로 보든 아라파트는 이스라엘과 서방 국가들에 의해 '팔레스타인 사람들의 유일한 대표자'로 임명되었다. 1차 인티파다의 지도자이던 민주적 성향의 인사들을 몰아내고 그렇게 된 것이다. 그가 오랜 세월 동안 '안보 기구'라는 것을 구축하여 경쟁자들을 게임에서 내쫓을 수 있게 도와준 것은 유럽, 미국, 이스라엘이었다.

기자라면 점수 이외의 면에도 눈을 돌리고, 그 팀이 왜 실력 발휘를 하지 못했는지, 다른 선수들이 참가했더라면 어떤 경기를 했을지 알아봐야 하지 않을까? 중간 입장만 고수하려는 기자는 결과적으로는 뉴스 사이클에 가장 영향을 잘 미칠 수 있는 팀의 편을 드는 셈이다.

이것은 커뮤니케이션학 시험의 윤리 과목에 출제된 2점짜리 관념적인 질문 같은 게 아니다. 미디어 전쟁에서는 언론이 어떻게 접근하느냐에 따라 정치적 결과가 뒤따른다. 내가 지금까지 본 것 중에 가장 맹렬한 미디어 전쟁, 즉 데이비드 캠프에서 진행된 평화 협상이 실패하는 과정에서 그런 일이 일어나는 것을 보았다. 2000년 여름, 당시 지도자이던 바라크^{Barak}와 아라파트 사이에서 협상이 제대로 이루어지지 않자 이스라엘 정부는 즉시 잘 준비된 안을 내밀었다. 전례 없는 관대함으로 바라크는 '점령 지구의 95퍼센트 이상의 땅'을 돌려주겠다고 제의했다. 그런데 팔레스타인이 그 제안을 거부했다. 이는 마치 그들이 애당초 평화를 한 번도 원한 적이 없으며 그들의 유일한 목표는 이스라엘을 없애는 것임을 증명하는 꼴이었다. 그 직후에 터진 2차 인티파다는 이런 가설에 매끈하게 끼워 맞춰졌다. 이제 저들이 공개적으로 싸우러 나왔다는 것이다. 하지만 이런 공세에 대해 팔레스타인 대변인은 '야만스러운 이스라엘의 범죄'나 '국제적 합법성' 따위를 운운하는 즉흥적인 해명 이상으로 좋은 대응을 하지 못했다. 그런 불평은 익히 들어본 것 아닌가.

  1년쯤 지난 뒤 미국의 한 전직 정책 실무자가 데이비드 캠프 회담에 관한 자세한 사실을 밝혔는데, 알고 보니 그 '95퍼센트'란 잘못된 계산법이었다. 그에 따르면 당시 그 안은 동예루살렘과 서예루살렘 주변의 땅은 점령 지구로 간주하지 않았다. 이스라엘이 내놓지 않을 5퍼센트는 팔레스타인 한복판을 관통하는 띠 모양의 땅이었다. 국경도 이스라엘이 계속 쥐고 있을 테니, 그 안이 그대로 실행되었다면 팔레스타인 도시는 거주 가능한 구역이라고 할 수 없는, 누더기 같은 땅이 되었을 것이다. 어떤 외교관이 했다는 "죄수가 감옥의 95퍼센트를 장악한다"라는 말이 맞다.

  이것이 바로 이스라엘 정부가 내놓은 그 '전례 없이 관대한 제안'이었지만, 팔레스타인 대변인은 자기들 지도자가 그 제안을 거부한 까닭을 한 번도 설명하지 않았고, 자기들 관점에서 해석한 데이비드 캠프 회담의 의미도 말해주지 않았다. 그랬으니 이스라엘의 수많은 평화운동가들이 할 말이 없어져버렸다. 팔레스타인은 평화를 원한다면서 왜 이스라엘의 이 관대한 제안을 거부했단 말인가?

  팔레스타인 쪽 시각이 제대로 대변되지 않은 탓으로 정치적인 결과가 따랐다. 이는 한 번의 사건으로 끝나지 않았다. 2002년 봄 아랍 연맹은 이스라엘이 점령 지구에서 완전히 철수한다면 완전한 평화를 약속하겠다고 제의했다. 거기에는 숨은 조건(팔레스타인 사람들의 귀환권)이 있었지만, 아랍 연맹이 그런 제안을 한 것은 역사상 처음 있는 일이었다. 같은 날 저녁에 하마스는 이스라엘에 대규모 공격을 가해 헤드라인을 장식했고, 그 뒤 모두들 알다시피 미국과 이스라엘 정부는 아랍평화계획^{Arab Peace Initiative}에서 손을 떼버렸다. 이스라엘은 숨은 조건에 대해 언급하지도 않았고 역제안을 내놓지도 않았다. 그저 철저하게 무시해버린 것이다. 아랍 세계는 서구 언론에 강력한 로비를 하지 않는 한 자신들의 제안을 의제로 돌려 놓을 수 없었다. 그 제안은 서구 뉴스 사이클에서 간단하게 사라져버렸고, 하마스는 아랍 미디어만 쥐고 흔들었다. 이스라엘과 서구는 평화를 원한다면서 왜 이 제안을 무시했는가? 라면서.

이런 상황에서는 아랍 세계와 서구 사이의, 또 이스라엘과 팔레스타인 사이의 간극이 드러난다. 내가 끼어들어 이스라엘 대변인이 사실을 왜곡하고 있다고 말했어야 했을까? 팔레스타인 대변인의 표현은 도무지 알아듣기 힘들었지만 그가 말한 '국제적 합법성'의 의미는, 또 그가 말하고 싶었던 것은 혹시 이것이…… 아닐까? 라고.

내가 입을 다물 수밖에 없었던 이유

한 층위 더 깊이 내려갈 수 있다. 이 분쟁은 해결 불가능하며, 유대인과 무슬림은 영원히 싸울 운명이라는 말은 여러 번 나왔다.

하지만 그게 사실이라면 1000년 전에는 그들이 어찌 잘 지냈을 까? 중세 때, 네덜란드를 제외하면 유대인들이 비교적 안전하게 있을 수 있었던 유일한 곳이 이슬람 세계였다. 20세기 중반까지 도 아랍 세계, 터키, 이란에 수백만 명의 유대인이 살고 있었다. 가스실을 지을 기술은 언제든 있었지만 무슬림들은 한 번도 가스 실을 지은 적이 없었다.

평범한 팔레스타인인이나 이스라엘인들과 이야기를 하다 보면 항상 그들이 서로에 대해 똑같은 말을 한다는 것을 알게 된다. "저들이 우리를 증오한다"라는 말이다. 그럼 나는 묻는다. "당신 도 저들을 증오합니까?" 대답은 이렇게 나올 것이다. "물론 아니 지요, 우리는 평화를 원합니다."

나는 반드시 한쪽 편에게 다른 편을 증오하느냐고 물었으나 대 답을 듣는 경우는 백 번도 아니고 열 번도 채 안 됐다. 자신들이 느끼는 두려움을 감히 드러내어 상대편이 자신들이 약하다고 생 각하는 일은 없기를 바라기 때문인 것 같았다. 이는 한쪽 진영의 자기 방어를 상대편 진영은 공격으로 해석하는, 그리하여 서로의 불안만 확증해주는 악순환을 만든다.

이 순환을 깨고 싶다면 근본적으로 다른 종류의 저널리즘이 실 행되어야 한다. 그런 저널리즘에서는 보도가 8대 1 따위의 점수 에만 국한되지 않고, 어느 한 팀이 왜 형편없이 졌는지 그 이유를 설명하지도 않는다. 대신에 미디어는 22명의 선수들이 어찌 하여 자신들을 대립하는 두 팀으로 보게 되었는지, 그런 상황을 타개하려면 어찌 해야 하는지를 설명하게 된다. 서로 분노하여 싸우는 양쪽 대변인을 상대하는 것이 아니라, 평화운동을 하는 누군가를 상대하게 된다. 폭력 사건이 일어나면 희생자와 가해자의 입장만 맞바뀐 또 다른 폭력 사건과 비교하는 것이 아니라 그날 어떤 폭력도 자행하지 않은 99.99퍼센트의 팔레스타인인과 이스라엘인에 대한 이야기를 함께 하게 된다.

두려움은 자기실현적인 예언이 될 수 있지만 희망과 신뢰 또한 그러하다. 뉴스가 공포를 유발하는 광경을 보여주는 것이 아니라 희망과 신뢰를 고취하는 일상의 일을 더 많이 다루게 되면 상황이 어떻게 변할까? 자신들이 희생해봤자 미디어가 사건을 무시하여 아무도 그 소식을 듣지 못하리라는 것을 알 때에도 사람들은 자살폭탄을 터뜨리려고 할까?

그런데도 나는 상호보완적인 견해를 제시하려 노력한 적이 한 번도 없었다. 사설란에 그런 글을 쓴 적은 딱 한 번뿐이다. 내가 망설인 이유는 세 가지다. 먼저 나 자신이 보는 저널리즘의 역할 때문이었다. 나는 세계를 보여주는 대신에 바꾸고 싶다면 기자증을 반납하고 운동가가 되어야 한다고 생각했다. 그렇게 실행한 동료 저널리스트들을 알고 있다. 또 그와 반대 방향으로 이동한 운동가들도 알고 있다. 그들은 말했다. "모든 것은 미디어에서 시작된다. 운동은 부차적이다."

이 발언은 뉴스 산업이 작동하는 방식을 운동가들이 얼마나 모르고 있는지 보여준다. 바로 그 방식이 내가 상보적인 제안을 하지 않은 두 번째 이유였다. 그렇게 하기가 거의 불가능했다. 기자가 '기사를 만든다'라고 보는 것이 통념이지만, 현실에서 보도란 빵 공장에 있는 컨베이어벨트와 같다. 기자들은 컨베이어벨트의 한쪽 끝에 서 있으면서 만들어져 나온 흰 빵을 자신들이 구운 척하고 있다. 실제로 한 일이라고는 그것을 포장한 것뿐인데.

기자들의 목소리를 들을 수 있는 TV 뉴스를 예로 들어보자. "또다시 피로 얼룩진 중동 지역의 하루가 지났습니다. 이스라엘은 테러 용의자인 팔레스타인인 다섯 명을 살해했습니다. 팔레스타인 자치기구의 말에 따르면 그들은 평범한 경찰이었다고 합니다." 이 특정한 소식에 관한 기사를 싣겠다는 결정은 기자가 아니라 편집자의 몫이다. 그전에 통신사들은 영상과 세부 내용이 갖추어진 기사 내용을 그들에게 제공했다. 편집자들이 이를 놓고 회의를 하고, 내게 연락을 하는 것은 그다음 순서다. 나도 기삿거리를 제안할 수 있지만, 결정은 그들이 하며, 그 기사에 수반되는 영상은 일차적으로 통신사와 CNN이 선택한 주제를 토대로 한다.

나의 해석을 일반 대중에게 말할 수 있는 연단이 하나 있었다. 바로 TV 뉴스의 대담 시간이다. "예루살렘에 있는 특파원에게 넘깁니다. 요리스, 평화 협상의 결과는 어떻게 나왔습니까?" 이런 질문은 대담 전에 미리 논의되는 것으로 내가 방향을 움직일 수는 있었다. 하지만 편집장은 내 이야기를 반드시 뉴스에 관련된 것으로만 제한했다. 또 그 45초씩 세 번 주어지는 기회 동안 얼마나 많은 이야기를 할 수 있었겠는가? 신문 독자라면 기사를 읽은 뒤 천장을 바라보았다가 생각해보고 다시 읽고 또다시 생각해볼 수 있다. 그러나 훨씬 더 강력한 매체인 TV에서는 모든 것이 한꺼번에 당신에게 쏟아지며, 한 사람이 7분을 이야기해봤자 아무도 관심을 보이지 않는다. 발언자 본인의 관심조차 끌지 못한다. 사람들은 글을 쓰고 고칠 수도 있고 동료에게 보여줄 수도 있고 버리고 다시 쓸 수도 있다. 그러나 대담에서는 모든 것을 단 한 번에, 즉시즉시 제대로 처리해야 한다. 대중이 그 주제에 대해 배경 지식이 전혀 없다는 것을 당신이 알고 있을 때에도 마찬가지다. 넥타이를 잘못 골랐거나 혀를 한번 잘못 놀리기라도 하면 시청자의 관심은 그대로 흩어져버리고, 전달하려는 논점은 그냥 사라진다. 게다가 분노한 투고자와 로비스트들은 메모지와 DVD 녹화기를 갖고 TV 앞에 앉아 기다리고 있다.

　내 동료 TV 기자들은 대담을 잘하려면 연습을 많이 해야 하고 사건의 핵심을 끌어내는 방법을 배워야 한다고 말했다. 하지만 이 미디어 전쟁에서 일어나고 있는 싸움이란 바로 그것에 관한 것이다. 문제의 핵심이 점령인가, 테러인가? 이 전쟁의 목표가 유대인의 안전인가 팔레스타인의 자유인가? 나는 점차 단련되었다. 하지만 그것은 그날 폭발로 죽은 사람이 몇 명인지는 말할 수

있지만 왜 그렇게 죽었는지는 말하지 못한다는 사실을 받아들인
다는 뜻이었다.

"할 수 있는 일이 아무것도 없다"

이제 내가 별다른 시도를 하지 못한 가장 중요한 이유를 말할 차
례다. 세 번째 이유는 나 자신도 더 이상 상황을 이해하지 못했기
때문이다. 이스라엘은 이 미디어 전쟁에서 거의 매달 오스카상을
싹쓸이하는 것으로 보였다. 여러분은 내가 그 우위를 조절하고
균형을 맞춰줄 뭔가를 제시했어야 한다고 말할지도 모른다. 그에
대해서는 장황하지만 이렇게 대답할 수 있다.

이스라엘에 유리하도록 사태를 설명하는 유명인사가 네덜란드
정치계에든 미디어계에든 항상 있다. 노동당이 선거에서 승리하
면 이스라엘은 평화를 택한 것이다. 리쿠드당이 이기면 그들이야
워낙 강고한 매파이므로 평화를 실현시킬 능력이 있을 거라고 말
한다. "나는 유대인에게 공감한다. 하지만 팔레스타인 사람들을
위해 해결책을 찾아내야 한다고도 생각한다"라는 요지의 기사는
심심하면 실린다. 하지만 "나는 팔레스타인 사람들에게 공감한
다. 하지만 유대인들을 위해 해결책을 찾아내야 한다고도 생각한
다"라고 주장하는 그 반대 의견은 거의 본 적이 없다. 이스라엘이
존재할 권리에 관한 논의는 네덜란드에서는 사실상 금기인 반면

팔레스타인이 국가를 가져야 하는지 아닌지는 얼마든지 의문의
대상이다.

　나는 처음에는 네덜란드가 친이스라엘이라는 인상을 받았다.
하지만 기자로 지내던 마지막 해에는 네덜란드의 저명인사들이
이스라엘을 나치에 비견하여 말했고, 유럽인을 대상으로 한 대규
모의 조사 결과에 따르면 질문을 받은 사람들 중 많은 사람들이
이스라엘을 '세계 평화를 위협하는 가장 큰 세력 가운데 하나' 로
여긴다고 대답했다. 이건 대체 무슨 소리인가? 성지에서 행해지
는 가장 큰 왜곡이 사실 무엇인가? 이스라엘 체제의 언론 동향인
가? 아니면 공정하지 못하게 이스라엘 측의 인권 위반 사례를 집
중 조명해, 정말로 끔찍한 일들이 성지에서 벌어지고 있다는 생
각을 사람들에게 심어주는 것인가?

　그래서, 나치와 이스라엘을 비교하는 이야기가 한 번 더 나온
뒤 나는 난생처음으로 분노에 찬 사설을 썼다. 그런 식의 비교는
완전히 논점을 벗어난 것이며, 이스라엘 유대인들이 느끼는 존재
론적 공포, '이것 봐, 이교도들이 또 시작하네' 라는 공포를 더 키
워줄 뿐이라는 내 믿음을 밝힐 필요가 정말로 있었기 때문이다.
그러면서도 내 글이 이스라엘이 중동에서 가장 나쁜 나라라는 이
미지를 구축하는 것을 조장해오지는 않았는지 걱정이 되기도 했
다. 나는 이스라엘이 자행한 불법을 열거하는 글을 수없이 썼지
만, 인근 지역의 독재자들이 자행하는 훨씬 더 큰 탄압과 학살에

대해 쓴 기사는 거의 실리지 않거나 심하게 검열당했다.

반세기 동안 살해된 팔레스타인 민간인의 수보다 나치가 한 달간 죽인 유대인 수가 더 많다는 사실을 지적해야 할 필요를 느낀 것은 그 때문이었다. 그렇게 하여 쓴 기사에서 나는 이스라엘 체제는 팔레스타인 사람들을 멸절시키려 한 적은 없다고 말했다. 이스라엘 언론과 정치가들이 팔레스타인 사람들을 정말 '비인간적으로 다루고' 열등한 종족으로 취급하지만, 그래도 이스라엘에 살고 있는 수백만 명의 팔레스타인인들은 중동 다른 곳에서 살고 있는 아랍인들보다는 법의 보호를 더 많이 받는다고도 말했다. 이스라엘은 법을 어기지만 다른 아랍 독재국들은 법 자체가 없으니, 이스라엘 치하의 팔레스타인인이 사담 치하의 쿠르드족이나 하르툼 체제하의 남수단인보다 살기는 더 나으니 말이다.

그 기사는 크게 실렸지만, 실리자마자 바로 후회했다. "당신네 기자는 무슨 권리로 유대인들의 심장에 있는 존재론적 공포를 진단하는 것인가?"라는 식의 분노한 반응이 나왔기 때문만이 아니었다. 어떤 만찬에서 한 칼럼니스트가 내 등을 철썩 치더니 말했다. "당신이 아랍의 다른 어떤 지역에서보다도 이스라엘 치하에서 팔레스타인인들이 더 많은 권리를 누린다고 쓴 그 글은 내게 아주 유용했어요. 잘했어요!" 나는 얼굴이 새하얘져서, 나는 이스라엘계 아랍인들이 누리는 법적인 확실성을 말한 것이지 점령지구의 팔레스타인인들에 관한 것이 아니라고 항변했지만, 그는 전혀 듣지 않았다. 미디어 전쟁은 그에게는 게임일 뿐이고, 그는 자신의 관점을 바꿀 생각이 전혀 없으며 그걸 지지하는 논의를 찾는 중이었다.

별 상관은 없었다. 나는 이미 사표를 제출했으니. 그저 그 다사다난했던 5년에 따라오는 디저트를 기다리는 중이었다. 미국의 이라크 침공 말이다.

chapter 12

미디어 전쟁의 패잔병이 되어

성지의 사람들은 고통 속에서 살고 있었다. 그들이 길거리를 건너는 모습에서나, 버스에서 보는 그들의 멍한 눈초리에서, 쇼핑 카트를 남의 카트에 들이받는 태도에서나, 아랍 남자가 가까이 다가오면 유대인 노파가 길을 서둘러 건너가려고 허둥대는 태도에서나, 이스라엘 헬리콥터가 머리 위로 날아갈 때 팔레스타인 초등학생들이 공포를 숨기는 데서도 나는 그 사실을 알아차렸다. 그래, 공포는 멋진 게 아니니까.

아랍인들은 낙타의 등을 부러뜨린 것은 지푸라기 한 오라기라는 말을 한다. 네덜란드인은 물 양동이를 넘치게 하는 것은 양동이에 떨어진 물 한 방울이라고 말한다. 나는 그런 한계점을 느낀 것은 아니었지만 갑자기 이제는 할 만큼 했다는 기분이 들어 그만하기로 결심했다. 다시 내 나라에서 한동안 살고 싶기도 했다. 편집 팀 사람들은 왜 떠나려 하느냐고 물었다. "더 이상 감당할 수가 없는 건가요?" "네, 못하겠어요."

사실은 그게 다가 아니었다. 아니, 그게 전부인지도 모르겠다. 내가 그 상황을 점점 더 능숙하게 처리하게 되었다는 사실을 더 이상 감당할 수가 없었으니까. 성지는 아우성치는 부당함과 부조리, 죽음의 공포를 내 앞에 대면시켰다. 처음에는 그런 것들 때문에 심히 걱정되었으나 시간이 좀 지나자 걱정은 엷어졌다. 그러다가 내가 상황에 익숙해진다는 사실을 또 한동안 받아들일 수가 없었다. 하지만 그런 기분 역시 엷어졌다. 머리가 명료해지는 어느 순간 나는 스스로에게 어디까지 둔감해질 준비가 되어 있는지 물었다.

부조리함과 기괴함

초반에 성지에 갔을 때는 매우 큰 충격을 받았다. 나는 자신들을 가해자로 보는 데 대해 이스라엘 사람들이 철갑을 두른 듯 완강하게 저항하는 것에 화가 났다. 아랍인들에 대한 인종주의적 사고방식에 대해서도, 또 유대 국가가 수시로 내보이는 히스테리컬한 민족주의에 대해서도 그랬고, 팔레스타인 TV가 총에 맞아 갈가리 찢긴 아기들의 시신을 한없이 되풀이하여 방영하는 데 대해서도 화가 났다. 하마스의 공예부가 예루살렘에서 피자 가게 하나가 폭발로 무너지자마자 금방 나블루스에 그대로 재현해놓은 데 대해서도 화가 났다. 그 속에는 지점토로 만든 시신 모형까지 갖추어져 있었다. 자살 특공대에 대한 이런 숭배 풍조 전체에 대해 화가 났다. 어찌 그런 일을 저지른 사람이 천국에 갈 것이라고 믿을 수 있는가?

처음에는 그런 일들이 역겨웠다. 그러다가 아랍 세계에 내 아버지 나이의 거지들이 있는 데 신경도 쓰지 않게 된 것처럼, 그곳 체제의 거짓말이나 이집트 기자들이 동성애자를 '이상성격자'라 부르는 습관에 대해서도 무관심해진 것처럼, 그런 일에도 익숙해졌다. 또 아랍의 민간인들과 항상 좋은 관계를 유지했지만 생계 수준면에서 아주 고소득자였던 나는 그곳에서, 가난과 억압의 심장부인 그곳에서 사치와 자유 또한 만끽하고 있었다. 그 사실은 비판받을 만하다고 생각했다. 하지만 조금 지나자 그런 기분은 엷어졌고, 정말 비판받아야 할 것은 바로 그런 사실이었다. 심지어는 소외되는 기분에도 익숙해졌다. 나는 가끔 평행 우주^{parallel world}를 들락거린다는 기분이 들 때가 있었다. 내가 생각하는 실재^{reality}의 개념과 팔레스타인이 보는 실재, 이스라엘이 보는 실재, 서구 언론들이 보는 실재들이 바로 그런 여러 우주들이었다.

이제 나도 모르는 사이에 자주 쓰는 단어가 '바보 같다', '미쳤다'에서 '부조리', '기괴하다'로 바뀌어 있었다. 다음 두 가지 사건에서 그 이유를 짐작할 수 있을 것이다.

이스라엘은 팔레스타인 구역 내부에서 정기적으로 도로 봉쇄를 실시한다. 그러면 신문에는 군인들이 팔레스타인인들의 신분증명서를 검사하는 사진과 함께 '공격이 있은 뒤 이스라엘은 즉각 보안 조치 수준을 높였다'라는 글이 실린다. 집 근처에서 실시되는 도로 봉쇄를 지켜보고 있노라면, 팔레스타인인들의 차가 줄지어 늘어서고 몇 시간씩 기다릴 때도 있었다. 그런데, 정작 차가 줄의 맨 앞에 당도해도 이스라엘 군인들은 자동차 안쪽을 들여다보지도 않는다. 트렁크도 조사하지 않고, 테러리스트가 폭탄을 숨길 만한 다른 어떤 장소도 마찬가지다. 보행자들은 신분증을 내보이지 않고도 통과한다. 터무니없는 건 이게 다가 아니다. 앞에 검문소에서는 자동차 대열이 뱀처럼 구불구불하게 줄을 지어 기다리고 있는데, 일부는 샛길로 빠져나간다. 하지만 그렇게 빠져나간 운전자들이 골목길을 이리저리 누비고 다니기 때문에 거기서도 교통 체증이 빚어진다. 그러니 어느 쪽 길로 가든 결국은 똑같이 오래 걸린다. 이 두 길을 비교하기는 쉬웠다. 그리 비밀도 아닌 우회로의 출구가 검문소 뒤 150미터 지점에 있어서, 이스라엘 군인이나 내 눈에 훤히 보였으니 말이다.

이런 것이 팔레스타인 민간인들의 삶을 귀찮게 하는 '보안 조치'라는 것이다. 가끔은 치명적인 결과를 낳기도 한다. 구급차조차도 교통 체증에 발이 묶이니 말이다. 이런 검문소의 진정한 현실을 나는 끝도 없이 써댔지만, 통신사들이 도로 봉쇄를 '보안 조치'로 보도하는 한 전능한 TV 뉴스 프로그램의 편집자들이 왜곡된 렌즈로 세계를 보고 방송하는 것 역시 계속됐다.

가끔 분위기를 파악하기 위해 라말라의 거리를 걸어서 돌아다녔다. 도로에 고급 차들이 나와 있는가? 교통량이 많은가? 사람

들은 나를 어떤 눈으로 바라보는가? 그렇게 돌아다니다가 한번
은 시티인 호텔을 지나쳐간 적이 있었다. 나는 그 호텔에 여러 번
가보았지만, 항상 '돌 던지는 팔레스타인인과 이스라엘 군대 간
의 충돌' 이라는 맥락에서였다.

그날 그곳에는 아무도 없었다. 당시에는 어떤 이스라엘 군인도
라말라에 들어올 수 없었고 시티인 호텔은 경계 지역에 있긴 했지
만 어쨌든 라말라 안에 있었다. 그런데 무엇이 먼저였는지 확실히
는 모르겠지만 갑자기, 순식간에, 이스라엘 지프들이 연이어 나타
났다. 우연히 지나치는 길은 아닌 것 같았다. 그런 다음 학교에서
부터 호텔까지는 상당히 먼데도, 갑자기 팔레스타인 학생들이 나
타났다. 구경꾼이 두어 명 나타났고, 구급차 한 대, 샌드위치를 파
는 좌판 하나, 그리고 촬영 팀이 나타났다. 그러자 학생들이 돌을
던지기 시작했고, 이스라엘 군인들은 공중으로 총을 쏘았다. 학생
들은 과감하게 더 가까이 다가갔고, 군인들이 그중 하나를 쏘아
넘어뜨렸다. 앰뷸런스는 사이렌을 울렸고, 학생들은 고함을 쳤고,
카메라는 돌아가고 있었다.

무슨 사건이 벌어지고 있기 때문에 촬영 팀이 그곳에 간 것인
가, 아니면 촬영 팀이 그곳에 있기 때문에 사건이 벌어진 것인
가? 나는 가끔 내가 몰래카메라 프로그램을 위해 일하는 것 같은
기분이 들곤 했다. 그런 프로그램에서는 찍히고 있는 사람은 모
르는 어떤 사실을 프로듀서와 시청자는 알고 있다. 그래서 웃긴

다. 중동에서의 뉴스 역시 그런 식인데, 다만 각도가 45도 달라져 있다. 여기서는 프로듀서와 연기자들이 일을 꾸미고, 고국에 있는 시청자들이 놀림감이 된다.

기자들은 아랍 독재국가에서는 자기들이 무엇을 알지 못하는지에 대해 털어놓지 않는다. 하지만 이스라엘과 팔레스타인에서는 자기들이 아는 사실에 대해 입을 다문다. 어떤 경우든 나는 이런 식의 발언을 읽은 적도 들은 적도 없다. 즉 "방금 보도해드린 정착민은 이스라엘 정부의 소개로 알게 된 사람입니다"라거나, "살아남은 이 친척은 팔레스타인 정부가 우리에게 데려다준 사람입니다"라는 등의 발언 말이다. 이제는 그런 사실에 대해 불쾌하지도 않았다. 무력감이 그냥 일상화되었다.

성지의 사람들은 고통 속에서 살고 있었다. 그들이 길거리를 건너는 모습에서나, 버스에서 보는 그들의 멍한 눈초리에서, 쇼핑 카트를 남의 카트에 들이받는 태도에서나, 아랍 남자가 가까이 다가오면 유대인 노파가 길을 서둘러 건너가려고 허둥대는 태도에서나, 이스라엘 헬리콥터가 머리 위로 날아갈 때 팔레스타인 초등학생들이 공포를 숨기는 데서도 나는 그 사실을 알아차렸다. 그래, 공포는 멋진 게 아니니까. 그토록 많은 사람들의 얼굴이 해결책을 마련하라고 비명을 지르고 있는데도 난 아무것도 할 수가 없었다. 정착민, 평화운동가, 양쪽 종교의 근본주의자들은 모두 저마다의 해결책을 힘껏 마련하고 있었다. 그들은 모두 무슨 일이 일어나야 하는지 알고 있고, 최대한 강하게 밀어붙이는 것이 신으로부터 받은 임무라고 여겼다. 한쪽 편이 더 세게 밀수록 반대편도 더 세게 저항했다. 한동안은 피곤했지만, 거기에도 익숙해졌다.

150미터 앞의 테러, 현실감 없는 현실

사람들이 위협에 대응하는 방법은 맞서 싸우거나 달아나는 것이다. 하지만 기자들은 어느 쪽으로도 대응하지 않는다. 이는 말하자면 현실과 두뇌가 보내는 신호의 일부를 부인해야 한다는 뜻이다. 나는 이웃에서 생긴 문제를 무시하는 피곤한 경찰관마냥 일을 하기 시작했다. 한동안은 그 방법이 효과가 있었다. 하지만 무법 상태가 점점 더 확산되어 마침내 도시 전체가 그에 물들었고, 나도 마찬가지 상태가 되어버렸다. 먼저 나는 공포감을 느끼지 않게 되었다. 그러고도 위협이 계속되자 내 감정 기관의 다른 부분들이 영향을 받았다. 레바논에 있던 한 친구는 내전으로 자신의 '현실감'이 영구히 파괴되었다고 했다. 그는 이렇게 말했다. "살아남기 위해서는 그 현실이 실제의 현실과 다르다고 자네를 납득시켜야 해. 그 방법이 효과가 있으면 자네는 살아남겠지. 하지만 그렇게 하고 나면 그 현실이란 게 어떤 것이었고……, 지금은 어떤 것인지 알아낼 수나 있을까?"

내가 성지에서 지내는 동안 세계 다른 어떤 지역보다 그곳에서 많은 기자들이 죽었다. 나는 내 혈액형을 확인했고, 유산탄^{shrapnel}, 유탄^{stray bullet} 따위의 영어 단어를 새로 알게 되었고, 전쟁위험 보험에도 들어야 했다. 내 보험은 전쟁 피해는 보상해주지 않는 것이었으므로 최고 수준의 보장을 위해 매일 100유로를 더 내야 했다. 방탄조끼와 헬멧도 구했다. 하지만 그게 어떤 건지 다들 알지 않나. 그런 물건들은 무지막지하게 무거우니, 얼마 안 가서 나도 동료들과 똑같이 행동하게 되었다. 카메라가 돌아가고 있을 때는 조끼와 헬멧을 착용하지만, 끝나면 곧 차 안에다 벗어둔 것이다. 아무런 보호 장비도 없는 팔레스타인인들 사이에서 그런 장비를 걸치고 돌아다니자면, 내가 무슨 원숭이가 된 기분이었다.

나는 이런 식으로 폭력을 견뎌왔다. 이제 와 생각해보면 나는 마치 방탄조끼가 필요하지 않은 척, 모든 상황이 쇼인 척, 아마추어들이 만드는 연극에서 상황에 따라 즉흥으로 연기해야 하는 척 행동했다. 그것은 일종의 심리 게임이었다. 무슨 일이 일어나도 멈추지 않았고, 다른 많은 이들도 나와 같았다.

집에서 고작 150미터 거리에 있는 교차로에서 폭탄이 터진 것은 내가 동예루살렘의 새 집에서 살기 시작한 지 두어 주밖에 안 되었을 때였다. 목표물은 유대인 정착민들이 집으로 가는 버스를 기다리고 있던 정류장이었다. 나는 옥상 위로 올라가서 그 난장판을 지켜보았다. 한 손에는 진토닉 잔을 들고, 다른 손에는 휴대

전화를 들고. 전화기 저편에서 방송국 담당자가 말했다. "뭐라고? 당신 현관 바로 앞이라고? 잠깐만, 부장에게 물어볼게요. …… 사상자가 많다면 방송을 하겠다는군요. 아마도 6시 반 이후에 말이에요. 문제는 의회 토론이 길어질지도 모른다는 건데……, 빌어먹을, 미안한데, 딴 데서 연락이 오네요. 자카르타 전화일 거예요. 아, 조심하세요."

2주 뒤, 또 다른 폭탄이 같은 지역에서 터졌다. 사망자는 폭탄을 터뜨린 사람 한 명뿐이었고, 부상자가 25명이었다. 그리고 한 달 뒤에 지난번 교차로가 또다시 과녁이 되었다. 이번에는 이스라엘인 7명이 죽었고, 폭탄 투척자도 함께 죽었다. 내 이웃은 자기 집 마당에서 손 하나를 발견했다고 했다. "거기를 떠나지 그랬어요." 여러분은 이렇게 생각할지 모른다. 하지만 난 짐을 싸지 않았고, 인류학자마냥 공격 뒤에 이어진 일이나 절차를 지켜보았다.

그것은 한순간의 고요와 생존자의 비명으로 시작된다. 한 찰나 뒤에는 사방팔방에서 사이렌 소리가 들린다. 마치 도시 자체가 고통으로 비명을 지르는 것 같다. 대개 '다윗의 붉은 별^{Magen David Adom}' 소속 사람들이 현장에 제일 먼저 도착한다. 이들 유대인 적십자 자원봉사자들은 부상자 옆에 색깔 끈을 놓아두는데, 그렇게 하면 의료진이 왔을 때 누구를 제일 먼저 치료해야 하는지 알게 된다. 초록색은 경상자, 노란색은 심한 부상자를 뜻한다. 빨강색은 위급한 부상자이고, 검은색은 사망자를 가리킨다. "손을 쓰고 안 쓸 사람을 한순간에 결정해야 됩니다." 대원 한 명이 내게 말해주었다. 경찰은 장막을 둘러쳐서 시신을 보이지 않게 가리고, 빛의 속도로 도착한 대변인들이 역시 빛의 속도로 달려온 촬영팀에게 대단한 발언들을 하신다. 그다음에는 구호를 외치는 운동가 몇 명이 온다. "아랍에게 죽음을, 군대에게 승리를! 아랍이 없으면 테러도 없다!" 이들이 모두 밥을 먹으러 돌아가고 나면, 자카Zakah 단원들이 온다. 그들은 사방에 흩어진 내장, 팔다리, 심지어는 혈흔까지도 수색하여 율법에 따라 매장해주는 유대인 자원봉사 조직원들이다. 기간시설 관리자들은 놀랍도록 빨리 남은 흔적들을 치우는데, 어찌나 철저하게 치우는지 다음 날이면 그곳을 지나치더라도 사건에 관련된 것은 전혀 보이지 않는다.

25미터 앞의 전쟁, 위험과 타협하다

난 왜 떠나지 않았을까? 〈뉴욕 타임스〉의 기자인 토머스 프리드먼Thomas Friedman은 저서인 《베이루트에서 예루살렘까지From Beirut to Jerusalem》에서 피비린내 나는 레바논 내전에 대해 이야기한다. 그가 어느 호화 만찬에 참석했는데, 안주인이 "지금 식사할까요, 아니면 포격이 그칠 때까지 기다릴까요?"라고 묻는다. 전쟁과 테러는 일상이 되었다. 다른 사람들도 모두 그렇게 살고 있으니 당신도 그런 것을 삶의 일부로 여기고 함께 살아가는 것이다. 프리드

먼은 아침에는 배우자들에게 "내 걱정은 하지마, 여보. 내가 항상 조심하는 줄 당신도 잘 알잖아"라고 말했을 사람들의 팔다리가 공중에 날아다니는 상황이 수십 년씩 끝도 없이 이어지는데도 레바논인들이 그곳을 떠나지 않는 이유가 이것이라고 말했다.

조심했다. 그래봤자 무슨 소용이 있을까마는, 그래도 나는 항상 조심했다. 항상 위험을 경계하고 지냈다. 사이렌이 한 번이면 심장마비이고, 두 번이면 교통사고, 세 번이면 테러 공격을 뜻한다. 교통은? 버스를 피하라. 신호에 걸린 버스 곁에 있게 되면 그것이 폭탄으로 변할 수도 있으니까. 넓은 장소에서는? 아랍인처럼 보이는 사람이 있는지 살펴라. 폭탄을 숨길 수 있는 긴 코트를 입은 사람이 있는가? 저게 누군가 버려두고 간 가방인가? 내 가방은 내 손에 있는가? 이스라엘에서는 뭔가를 잊어버리고 놓고 가면 그 주위에 잽싸게 방호벽이 설치되고 그 안에서 특별 로봇이 당신이 장 본 것들을 폭파시킬지도 모른다. 이런 주의사항들이 어찌나 자동적으로 작동하는지, 네덜란드에 잠깐 다니러 왔을 때 공항에서 내 가방을 점검해달라고 면세점 출구 쪽에 있는 안전요원에게 간 적도 있었다.

위험 때문에 항상 주위를 경계하며 살았지만, 모순적이게도 나는 위험을 점점 더 의식하지 않게 되었다. 사람들이 매일같이 죽어나간다는 것을 알고 있으면서도 저승사자와 협상하는 법을 배운 것이다. 그렇게 함으로써 통제력과 안전 의식이 돌아왔지만 어디까지나 내가 상황을 심각하게 생각하지 않을 때에만 그랬다. 벤구리온 공항에서 집까지 이스라엘을 관통하는 길로 가야 할까? 그 길은 몇 시간씩 정체될 때가 흔한데? 아니면 점령 지역 한복판을 통과하는 유대인들을 위한 길로 가야 할까? 빠른 길이기는 해도 이쪽 길에는 팔레스타인 저격수들이 있다. 그들은 운전자가 유대인 정착민인지 아닌지 먼저 확인하지 않는다. 그들도 나중에 뉴스를 듣고서야 자기들이 죽인 자가 어느 쪽인지 알게 될 것이다. 한편 내 차가 저격을 당할 확률은 얼마인가? 텔아비브에서 해변으로 가려는데 택시를 타야 할까, 아니면 그 열 배는 더 싸지만 폭발하여 산산조각 날 가능성이 0.0001퍼센트 있음을 알고 있는 버스를 탈 것인가? 장을 보려는데, 없는 것이 많고 값도 비싼 팔레스타인인들의 가게에 갈 것인가? 아니면 없는 게 없고 값도 더 싸지만 테러 공격의 과녁이 될 확률이 아주 조금 있는 이스라엘 슈퍼마켓에 가야 할까?

그런 것이 내가 빠져 있던 멍한 상태였다. 다들 나름대로 각자의 경로를 거쳐 그런 상태에 도달해 있었다. 이론물리학자인 한 친구가 밥을 사겠다고 나를 유대인들이 사는(따라서 안전하지 못한) 서예루살렘으로 초대한 적이 있었다. 사리분별이 있는 기자라면 그런 초대에 어떻게 응해야 하는가? 내가 망설이는 것을 느낀 그는 자기가 알아서 할 테니 걱정할 것 없다고 나를 안심시켰다.

우리는 서예루살렘에서 차를 타고 움직였는데, 길 바로 곁에

있는 커다란 창문이 달린 한 레스토랑을 지나가게 되자 친구가
소리쳤다. "저기는 죽음의 장소야! 봐, 정말 들어가기 쉽잖아. 저
기서 식사하는 사람들은 분명 자살하고 싶은 사람들일 거야!" 그
는 테러리스트들은 날려버리기 좋은 목표물 리스트를 갖고 있다
고 했다. "그중의 하나가 운전하고 돌아다니면서 과녁이 될 만한
장소를 알아본다고. 저 레스토랑에는 별이 하나 붙었을걸!" 그는
안전하게 식사할 수 있는 그 나름의 기준을 열거했다. 장소는 충
분히 한갓진 곳이어야 하고, 문지기는 손님들로부터 멀찌감치 떨
어져 있어야 한다. 그렇지 않으면 테러리스트가 그냥 그에게 돌
진해버리면 끝이니까. 이스라엘계 아랍인들이 식사하고 있는 장
소라면, 그것도 좋은 요건이다. 지하실이나 밀폐된 공간은 피해
야 한다. 폭발이 확산되지 못하면 충격을 계속 반사하기 때문이
다. 그래서 테러리스트들은 광장보다 좁은 골목길을 선호한다.

한 시간 반가량 식사하는 동안 친구는 축구, 여자, 만유인력 등
등을 화제로 이야기를 이어가다가, 대수롭지 않게 말을 했다. 그
전주에 자기 집 근처의 카페에서 커피를 마신 뒤 돈을 내고 나왔
는데, 부서지는 소리가 나서 돌아보았더니 그곳이 폭파되었더라
는 것이다. "그런 일은 예상하지 못했어. 하지만 논리적으로 생각
해보면 그곳은 목표물이 될 만했어. 수상 집무실이 근처에 있었
거든. 그들은 메시지를 보내고 싶었겠지. 그 점을 생각했어야 했
어."

테러리즘의 그림자에서 보면 모든 것이 달라진다. 하지만 또 생각해보면 다르지도 않다. 돌이켜 생각해보면 가장 경악할 만한 것이 바로 그 점이었다. 영구적인 위협 속에 있으면서도 나는 똑같은 사소한 생각들을 항상 하면서 살았다. 정육점에 닭고기가 남아 있을까? 술에 취해 대사 부인에게 무례하게 굴지 않았던가? 주차장 주인이 바가지를 씌운 건 아닌가? 네덜란드인들과 어울리는 파티에서 대화 소재는 스포츠에서부터, 잘 알려지지 않은 레스토랑에 대한 정보, 저격수가 절대로 숨어 있지 않는 뒷길, 아니면 최신 안전장치가 되어 있고 카페라테 맛도 제일 좋은 카페 정보 등등 사이를 유연하게 넘나든다. 공격이 있고 나면 우리끼리 연락을 주고받는다. 통신망이 붕괴되어 불안정할 수도 있기 때문에 전화보다는 문자 메시지를 보낸다. 암스테르담에서와 다를 것 없는 말투를 쓴다. 서로 누가 더 최신 소식을 발 빠르게 전하는지 경쟁하는 성향까지 동일하다. 그런데도 모두들 불안해한다. 인정하려 하진 않지만 말이다. 나 역시 열렬하게 부인했고, 이는 내 업무에도 영향을 미쳤다.

가자 지구 라파에서의 일이다. 화를 내며 소리 지르는 내 동료에게 고개를 끄덕이던 내 모습이 지금도 눈앞에 떠오른다. "여기서 나가는 거야. 지금 당장 여기서 나가자고!" 그래, 그래, 나는 다시 고개를 끄덕였다. 그저 이 전화 통화만 마치고 보자고, 가자 지구에서 국제전화가 연결되기란 정말 힘든 일이니. 하지만 근처에서 들리는 총소리가 너무 시끄러워 어차피 통화를 계속하기 힘들었고, 수화기를 내려놓지 않을 수 없었다. 그제야 나는 상황이 어떤지 알아차렸다. 바로 25미터 밖에서 총격전이 벌어지고 있었다.

이곳에서 팔레스타인 전사들과 이스라엘 국경수비대가 낮에도 자주 맞붙는다는 사실은 우리도 당연히 알고 있었다. 우리가 여기 파견된 것도 그 때문이었고, 불도저가 밀어버린 팔레스타인인들의 주택, 총알구멍, 로켓포에 맞은 흔적 등 그런 징후는 온 사방에서 보였다. TV 드라마에서 이런 장면을 자주 보았지만 콘크리트 폐허 더미 속에서 내 연배의 팔레스타인인들이 감시탑에 있는 이스라엘 적들을 쏘아 맞히려고 하고 있다는 것은 상상도 못했다. 그 반대 상황도 마찬가지였다.

진짜 총알이 핑핑 날아다니고 있었지만, 그곳의 사람들은 신경을 쓰는 것 같지가 않았다. 이들이 달아나지 않은 걸 보면 위험하지 않은 건 분명하니, 통화를 마저 끝낼 수 있겠군. 그러나 내 동료는 공포를 숨기지 못했고, 온몸을 벌벌 떨었다. 근처 아이들이 그에게 의자를 하나 가져다주고는 자기들이 만난 외국 촬영 팀에게서 받은 스티커들을 모두 보여주었다. 그러다가 심심해졌는지 부들부들 떠는 내 동료의 입술을 흉내 냈다. 아이들 중 하나가 "으악!" 하고 소리쳤고, 나머지 아이들은 겁낸 시늉을 했다. "아유 무서워!"

나는 다시 신문사와 전화 연결을 해보려고 애썼다. 기사를 쓸 수 없는 상황이 되어가고 있었는데, 그들도 그런 줄 알아야 했기 때문이었다. 나는 전화기를 들고 말할 때는 왔다 갔다 하는 버릇이 있는데, 총격 소리가 잦아든 탓에 아무 생각 없이 싸움터까지 갈 뻔 했다. "안 돼요, 아저씨!" 아이들이 소리쳤다.

7미터 앞의 폭탄, 무감각해지다

폭력은 더 가까이 다가왔다. 예루살렘에 전보다 더 무섭게 몰아친 공격이 절정에 달했지만 TV 생방송 대담이 있을 때는 유대인 구역으로 넘어갔다. 날씨가 맑던 4월 1일 저녁에 내가 공격 장소에서 몇 미터 안 되는 곳에 있었던 것은 그 때문이었다. 사건 직후에 나는 이 상황을 부인하는 것으로 마음을 다스리면서, 보도국에 연락하여 생방송 질문 코너에 늦을 것 같다고 말했다. 택시를 집어타고 가면서 나는 무엇을 논의할 것인지에만 집중하여 생각했다. '폭탄에 대해서는 언급하지 말자.' 늦지 않게 도착했고, 고국에 있던 동료는 내가 평소와 달라 보이지 않았다고 말했다. 일을 마치고 나는 동예루살렘의 한 호텔에 NOS 동료들 몇 명과 술을 마시러 갔다. 아까 처음의 충격은 사라졌고, 다시금 이런 일들을 가지고 말장난을 할 수 있게 되었다. "당신 뒤에 폭탄이 있어……! 뻥이야!"라고 만우절 농담을 하거나, 팔레스타인인들이 실패로 끝난 공격을 "팔라펠(falafel, 중동식 야채 경단—옮긴이) 폭

탄"이라 부른다거나, 네덜란드 사람들이 벤예후다$^{Ben\ Yehuda}$ 거리를
'벤 옵 예 회데(Ben Op Je Hoede, 스스로 조심하라)' 거리로 칭한다
는 식의 농담을 나눈 것이다.

그 뒤 여러 날 동안 나는 그날의 일에 대해 기자들에게 이야기
했고, 이야기할 때마다 기억은 지평선 너머 더 멀리 사라졌다. 너
무나 멀리 사라졌기 때문에 컴퓨터에다 이 글을 남겼던 그때의
나는 기억조차 나지 않았다.

나는 팔레스타인 사람들로 만원이 된 버스에 타고 있다. 우리는 동
과 서가 만나는 교차로, 예전에 요르단과 이스라엘의 저격수들이
서로에게 총질을 해대던 성벽이 있는 곳에 다가가고 있다. 상관없
다. 교차로에서 우회전하면 서예루살렘으로 들어가게 되고, 좌회
전을 하면 성벽으로 둘러싸인 구시가지로 들어간다.

빨간불에 멈춰 선다. 소년 하나가 한 자동차에서 달려 나가는 걸 본
다. 빨리 달린다. 무슨 말이냐 하면 빨리 달아난다는 것이다. 이상
하군, 속으로 생각한다. 누군가 빨리 달리고 있다. 운전수에게 말을
해줘야 하나? 아, 이스라엘 경찰이 자동차 쪽으로 가는군. 쾅.

나는 영화관이나 집의 소파에서 감자 칩과 맥주, 그리고 나를 근사
하게 취하게 해 줄 것(여기서는 마리화나를 말한다—옮긴이)도 챙겨
놓고 앉아서 영화를 보고 있다고 상상했다. 쾅하는 소리는 달랐다.
더 둔하고, 울려 퍼지는 느낌은 덜했다. 불덩어리는 똑같았다. 지붕

이 공중으로 날아올라갔는가, 아니면 내가 그렇게 상상한 건가? 나는 여전히 사태를 파악하지 못하고 무기를 손에 단단히 쥐고 어깨를 살짝 뒤로 젖힌 채 걸어가던 그 경찰관이 보인다. 그는 죽었다. 신문에 그렇게 나왔다. 함께 버스에 타고 있는 승객들은 말했다. "경찰이 당했다Rah Isshurti!" 그들 말이 맞다.

재연해보자. 저 달리기 세계 선수권자는 쇼핑하러 나온 이스라엘 사람들 한복판에 테러리스트를 내려주도록 되어 있었다. 그런데 교차로의 검문소에서 경찰관과 마주쳤다. 그들은 차를 멈추었고, 테러리스트는 차에 앉아 있고, 경찰이 다가올 때까지 기다린다. 자, 여기 이 단추는 어디다 쓰는 물건이지? 그는 아직 차에 있었고 폭발의 충격은 그의 몸이 흡수했으며, 7미터 떨어져 있던 버스는 거의 손상을 입지 않았다. 그렇지 않았더라면 나는 지금 휠체어에 앉아 있거나 땅속에 누워 있었을 것이다.

그 일을 겪은 뒤에도 나는 귀국하지 않았다. 더 조심하긴 했지만 그런 경계심은 그 이후 살아가면서 엷어졌다. 전쟁 지역에서 살고 일한다는 것은 말 그대로 사우나에 들어가 있는 것과 같다. 뜨거운 물을 계속 더 붓는다. 조금 지나면 아까보다 더 뜨거워진다. 하지만 우리는 이미 그 속에 들어가 있다.

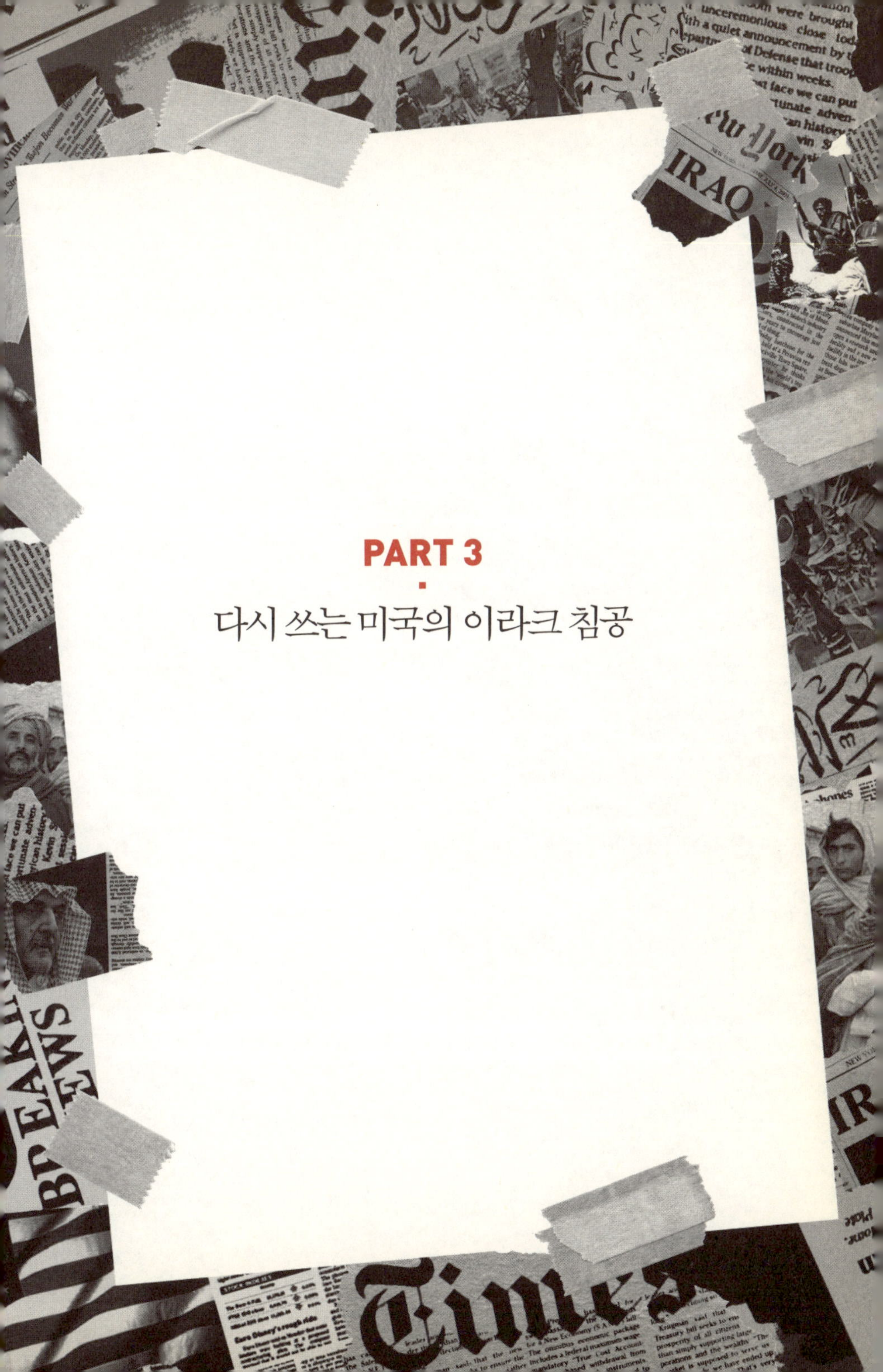

PART 3
다시 쓰는 미국의 이라크 침공

chapter 13

미국발 미디어 전쟁 종합 선물 세트

나는 셰러턴 호텔에서 열린 브리핑에서 미국 홍보기구의 매끄러운 강철 표면을 처음 보았다. 이스라엘 정부도 조작에 능했지만 이제는 디즈니월드를 창조해낸 자들이 솜씨를 부리는 것이다. …… 정글에서 가장 힘센 원숭이는 쿠웨이트에서만 설치고 있는 게 아니었다.

만약 미국이 이라크를 침공하지 않았더라면 내가 미디어의 필터링, 왜곡, 조작에 대해 책을 쓸 일은 결코 없었을지도 모른다. 이라크 전쟁으로 인해 그 전까지는 내가 알아채지 못한 필터들이 드러났고, 그 때문에 갑자기 수많은 퍼즐 조각들이 제자리를 찾게 되었다. 전쟁이 터지기 전까지의 과정에서 내가 아랍 세계와 성지에서 겪었던 경험이 압축적으로 재현되었다. 꼭두각시들은 새 이름을 달고 나왔지만 그들이 묶인 끈은 익히 보던 것들이었다.

최대의 미디어 전쟁이 시작되다

지난 몇 년간 내가 본 필터링, 왜곡, 조작이 우연한 사건들의 집합이 아니라 하나의 유형을 형성한다는 사실이 분명해진 것은 쿠웨이트에서였다. 미군은 두어 주일 이내에 있을 이라크 침공을 위해 병력을 끌어 모으느라 분주했다. 한밤중에 호텔에 도착한 나는 여러 채널을 후루룩 훑어보다가, 익히 접해온 언어적 편견을 발견했다. 내가 있는 곳이 이라크의 열아홉 번째 주州인가, 아니면 영국이 지명한 소국 쿠웨이트(아랍어로는 '작은 요새'라는 뜻)인가? CNN과 아랍 방송들은 모두 걸프전에 대해 이야기했다. 그 이름을 한 전쟁이 몇 번 있었을까? 아랍에서는 1980년의 이란-이라크 전쟁에서부터 세기 시작한다. 그다음은 여섯 달 뒤 미국에 의해 해방으로 끝이 난 1990년 이라크의 쿠웨이트 침공이고, 이번은 제3의 걸프전이다. 하지만 CNN은 이것을 두 번째라고 말했다. 이란-이라크 전쟁에는 미국이 끼어들지 않았기 때문이다.

　단어의 선택은 곧 관점을 의미하며, 이는 화면 아래쪽에 서너 단어씩 이어지는 자막에서 깔끔하게 드러난다. 헤즈볼라는 '이라크를 공격the attack on Iraq했다'라고 했다. 미국의 폭스 뉴스는 그 침공을 '대對테러전'의 맥락에 놓았다. CNN은 '이라크 공습Strike on Iraq'이라는 말을 썼고, 이라크의 TV 방송은 '최종 전쟁Ultimate War'을 보도하는 데 몰두했다. 각 채널의 시청자들은 자신들이 보는 저 이름표들이 분쟁의 참된 본질을 제시한다고 믿었다. 각각의 참된 신도들은 저마다 드디어 사실이 객관적으로 보도되고 있으니 정말 잘된 일이라고들 생각했을 것이다.

이 전쟁에서 장기말들이 놓여진 위치 역시 내게는 성지를 상기시켰다. 이라크에 대한 미국의 군사적 우위는 팔레스타인에 대한 이스라엘의 군사적 우위와 비슷했다. 하지만 하루아침에 바그다드를 지도상에서 지워버릴 수는 없었다. 우선 전 세계의 여론을 설득해야 했다. 다음 날 아침에 쿠웨이트 시내의 셰러턴 호텔에 설치된 미군 프레스센터에서 알게 되었듯이, 이것은 또 다른 미디어 전쟁, 더 규모가 큰 미디어전이었다. 나는 150명가량의 동료 기자들 사이에 불편한 접의자 하나를 차지하고 앉았다. 그런 다음 아주 능숙하고 자신감 넘치는 군 대변인이 앞으로 걸어 나와서, 만면에 미소를 지으며 최근의 사건 전개에 대해 브리핑해 주었다.

동료 대부분은 미군 부대 소속 기자로서 이라크로 가기를 원했기에, 또 써먹을 만한 구체적인 세부 정보가 있는지 알아보려고 셰러턴 호텔에 온 것이었다. "안타깝게도 여러분들이 어느 부대와 함께 행동할지를 포함해서 군대가 말해줄 수 있는 것은 아직 아무것도 없습니다"라고 홍보 장교가 붙임성 있게 말했다. 그러고는 이렇게 말을 맺었다. "걱정하지 마십시오. 전쟁이 끝나고 나면 반드시 여러분의 활약에 대해 상관들이 잘했다고 등을 두드려주게 만들어드릴 테니까요.”

이는 아약스 팀의 주장이 페예노르트 팀과 맞붙는 중요한 시합 전에 심판을 경기장 한쪽으로 데리고 가서는 어깨에 팔을 두르고, “걱정 말아요. 우리가 축구 연합이 당신이 한 일을 아주 좋아하도록 확실히 해줄 테니까” 라고 말하는 것이나 마찬가지다. 이스라엘도 이 정도로 뻔뻔하지는 않았다. 접의자에 앉은 사람들이 보인 반응은 야유보다는 안도에 더 가까웠다. 나도 입을 다물었다. 저 남자가 언젠가는 필요해질지도 모르니까. 독가스 공격 같은 게 일어나면 말이다.

브리핑이 끝났고, 준비되어 있던 간식을 먹다가 좌절감에 빠진 네덜란드의 한 고참 TV 기자와 이야기를 하게 됐다. 미군은 우리나라 같은 한미한 나라에서 온 기자에게까지 흥미 있는 부대를 배당해줄 이유가 없었다. 온갖 굴욕을 무릅쓰고 군 대변인을 따라다니면서 애걸복걸해볼 수는 있었다. 하지만 그래봤자 결국 그 기자에게 배당될 곳은 쿠웨이트의 야전병원이나 기껏해야 멀리 떨어진 후방 바레인의 방공시설 정도였다. 아니면 로비를 하는 방법도 있었다. 예컨대 헤이그의 국방부를 통해서 말이다. 허나 이 경우에는 나중에라도 미군의 심기를 건드려서는 안 된다는 전제가 깔려 있었다. 지금 당신이 사막에 있고, 쫓아간 부대원들에게 식량과 안전을 의존해야 하는 상황인데, 하루 전 이 부대 병사 셋이 저지른 심각한 반인권적 행위를 당신이 보도한 걸 이들이 알았다고 해보자. 이런 상황을 만들어선 안 된다는 것이다.

쏟아지는 홍보와 다뤄지지 않은 사실들

나는 셰러턴 호텔에서 열린 브리핑에서 미국 홍보기구의 매끄러운 강철 표면을 처음 보았다. TV에서는 더 많은 것을 볼 수 있었다. 이스라엘 정부도 조작에 능했지만 이제는 디즈니월드를 창조해낸 자들이 솜씨를 부리는 것이다. 최고의 커뮤니케이션 자문관들, 한 군단은 될 만한 대변인들까지 물적 자원은 물론이고 인적 자원까지 무한히 풍부했다. 정글에서 가장 힘센 원숭이는 쿠웨이트에서만 설치고 있는 게 아니었다. 이라크에 무기 공장이 있다는 '증거'가 UN에 제출되었고, 9·11 사건에 이라크 정부가 관련되었다는 고발이 넘쳐흘렀으며, 민주주의에 관한 환상적인 연설들이 이어졌다. 미 정부와 관련이 있는 싱크탱크들은 편집자들에게 보고서, 사설, 또 다른 PR 폭탄을 쏟아 부었다. 미군의 지역 본부인 중앙지휘부는 25만 달러를 들여 카타르에 설치한 작은 연단으로부터 전 세계를 향해 성명서를 끝없이 내보냈다.

마치 아스팔트를 한 번에 평평하게 만들어버리는 증기 롤러마냥 압도적인 힘을 보여주었다. 보도가 나가는 전 지역에서 그 메아리가 울렸다. 많은 서구 나라들이 참전하고 있었고, 이는 대중들의 엄청난 관심을 의미했다. 그것은 또 서구의 미디어가 방송과 신문을 그것으로 뒤덮어야 한다는 뜻이기도 했다. 하지만 어떤 내용으로 그것을 채울 것인가? 도무지 보도할 만한 사태의 전개가 없는데? CNN은 그 대답을 매일 제공해주었다. 미군의 '언론 작업media effort'이 매일 정보를 배달했다. 그런 정보는 뉴스라고는 할 수 없었지만, 언제나 '보도하기에 적합한' 내용이었다. 그런 다음에는 미 중부군 사령부에 나가 있는 CNN의 간판 인물이 이렇게 말하는 것이다. "지금 세 번째 항공모함이 페르시아만에 진입했으며, 72시간 이내에 전투 준비가 완료될 것임이 확인되었습니다. 물론 상층부는 아무것도 확인해줄 수 없겠지만 모든 상황으로 미루어보건대 공격이 임박했음을 알 수 있습니다. 본부의 짐, 나와주세요."

이라크는 성지라는 대본 속의 팔레스타인과 같은 처지였다. 게다가 그들의 미디어 정책은 팔레스타인보다도 더 한심했다. 이라크 정보부 장관인 알 샤하프Al-Sahhaf는 매일 모든 채널에 등장하여 괜한 으름장과 허세만 줄줄이 읊어댔다("내가 말하고자 하는 것은 항상 그렇듯이…… 우리는 그들을 모두 박멸하리라는 것이다"). 아랍어로 행해진 연설에서 알 샤하프는 어찌나 괴상한 표현을 사용하는지, 미국인과 영국인을 지칭하는 욕설을 듣고 사전을 뒤져봐야 했던 것은 나만이 아니었다. 일례로 그는 '울루지즈Uluzj'라는 말을 썼는데, 이는 길들여지지 않은 당나귀를 가리키는 은어였다.

이 괴상한 알 샤하프의 발언들은 단신에나 적합했다. 그러니 나는 팔레스타인을 다룰 때와 마찬가지로 이런 궁금증이 생겼다. 만약 사담이 미디어에 조금만 신경을 더 써서 몇 가지만이라도 제대로 할 수 있었더라면 사태는 어찌 변했을까? "나는 비밀리에 대량학살 무기를 제조한다고 고발되었다. 이스라엘은 그렇게 해도 되는데 내가 하면 안 되는 이유는 무엇인가? 그렇다면 중동 지역 전체에서 대량학살 무기를 모조리 없애버리자!"라는 식으로.

동조자들의 로비나 유능한 홍보부가 있었다면 사담은 그런 제안을 서구에 의제로 던져줄 수도 있었다. 이에 대한 사설, 편지, 칼럼, 정부 결의안 서문, 보도자료들을 쏟아 부었다고 생각해보라. 서구의 어느 정부가 지역적 무장해제 회의에 반대한다고 발언할 수 있었겠는가?

하지만 사담은 이런 종류의 작전을 펼치지 않았다. 왜냐하면 사실상 사담은 중동에서 대량학살 무기를 없애기를 원치 않았기 때문이다. 그의 선택은 팔레스타인 자치기구의 선택과 마찬가지로 독재정권의 본성에서 나온 것이었다. 독재자가 단번에 봉기를 진압할 수 있다면 그의 국내 통제력은 훨씬 더 커진다. 1980년에 일어난 쿠르드족 수천 명의 가스 학살 같은 것이 그런 예이다. 그 사건이 있은 뒤 저항 운동은 와해되었다. 이렇듯 자국민의 봉기를 예방하기 위해 사담은 무기가 필요했다. 사담이 대량학살 무기를 계속 고집한다는 인상을 방치했다가 결국은 비참한 종말을 맞은 이유는 이것이다.

사건은 달랐으나 그 돌아가는 형국은 똑같았다. 여기서도 비폭력 근본주의 조직들은 발언권을 얻지 못했다. 그랬기 때문에 미국 정부는 사담이 알카에다와 협력하고 있으며, 이라크 정부의 붕괴는 테러리즘에 대한 타격이 될 것이라는 주장을 계속할 수 있었다. 그러나 사실 이라크 국내의 저항 세력이 바로 근본주의자들이었다. 만약 서구의 대중들이 알카에다의 주요 목표가 미국의 주장과는 반대로 사담 후세인 같은 아랍의 세속적 독재 체제를 전복시키는 것임을 알고 있었다면 그런 주장이 호응을 얻기는 좀 힘들었을 것이다.

이스라엘-팔레스타인 분쟁과의 유사점은 계속 쌓여갔다. 나는 바그다드를 한번 돌아봤으면 싶어 비자를 신청했지만 계속 거부되었다. 비슷한 좌절감을 맛보았고 역시나 독재 체제를 한 번도 직접 겪어본 적이 없는 상관들이나 논평가들에게는 설명할 수도 없는 상황이었다. 도대체 무슨 이유로 미스 독일은 이라크를 방문할 수 있지만 〈NRC〉의 기자는 안 된다는 건가? 일주일 내내 전화를 걸고 팩스를 보내고 뇌물도 주겠다고 했는데도 어림없었다. 이라크 정보부 누군가가 〈NRC〉 옆에다 가위표를 해놓은 것이 분명했다. 우리를 제외한 다른 네덜란드의 주요 미디어들은 침공 이전의 몇 달간에 이라크에 입국했다.

마음속에서 해묵은 의구심이 다시 치밀어 오르기 시작했다. 뉴스 미디어가 정말로 독재 체제의 본성을 설명할 수 있을까? 하는 것들 말이다. 유럽에서 반전 시위를 벌이는 수천 명의 사람들은 사담이 그 국민들에게 무슨 짓을 했는지 알고나 있을까? 그런 시위자들 대부분은 다음과 같은 정도 이상으로 생각하지 못할 것이다. "물론 독재자는 나쁘지. 하지만 전쟁은 정말로 무서운 거야. 그러니 우리는 어떤 상황에서도 전쟁에 반대하는 거지. 이봐, 평화는 와야 해!" 그러나 독재 체제도 전쟁이다. 자국민들을 상대로 벌이는 전쟁.

여기서 짚고 넘어가야 할 기묘한 사실은 침공에 반대하여 시위하는 이상주의자들 가운데 많은 수가 코소보 위기 때에는 필요하다면 UN의 허가가 없어도 개입해야 한다고 요구했던 사람들이라는 것이다. 그들은 우리가 "반드시 뭔가 행동해야 한다"라고 말했다. 사담 후세인은 밀로셰비치보다도 훨씬 더 잔혹한 살인자인데도 그에 대한 대응은 이렇게 다르다. 아마도 두 상황을 보는 미디어의 태도 차이가 나름대로 역할을 하지 않았을까? 코소보 위기 동안에는 기자들이 인종 청소의 결과를 영상으로 찍을 수 있으니 그 잔혹상은 얼굴을 가지게 되었다. 그러나 이라크에서는 이런 종류의 충격적 보도가 이루어질 수 없었다. 기껏해야 여러 해 전에 자국을 벗어난 이라크인들이 하는 말을 들을 수 있을 뿐이었고 그런 사람들도 이라크에 친척들이 남아 있는 경우가 대부분이기 때문에 발언할 용기를 내기가 어려웠다. 게다가 이런 증

언은 충격적 효과가 훨씬 적다. 팔레스타인인들이 점령이 무엇인
지 설명하는 것과 똑같은 상황이다.

누가 이 전쟁을 원했는가?

침공이 있기 전 긴장이 고조되던 시기에 파악할 수 없던 것들 중
에 하나가 이라크 민간인들의 반응이었다. 백악관은 미군이 그
나라에 들어가면 해방가로 환영받을 것이라고 예견했다. "주민
들이 쌀과 꽃을 던지며 환영해주겠지(아랍에서는 결혼식에서 신랑 신
부가 퇴장할 때 쌀과 꽃을 던지는 풍습이 있는데, 풍요로운 앞날을 기원하는
의미이다—옮긴이)!" 반면 몇몇 기부자의 모범생들을 제외한 아랍
세계의 모든 체제와 전문가들은 미국이 재앙에 직면할 것이라고
예견했다. 물론 그런 체제들은 미국의 침공에 반대했다. 민주화
를 위한 작전이라고 선전하는 그런 침공이 한번 성공하면 그 뒤
에도 계속 이어질 테고, 그런 일은 궁전에 사는 아랍의 독재자와
왕들에게는 전혀 빛나는 전망이 아니었으니까. 사실 나는 이런
이야기에 별 흥미도 없었다. 카메라 앞에서 떠들어대는 이런 사
람들에 대한 나의 불신은 이미 너무 커져버렸으니 말이다.

그러나 앞으로 다가올 이라크 침공에 대한 한 나라의 반응은
유심히 살펴야 했다. 쿠웨이트 말이다. 이 나라는 1990년에 사담
후세인에 의해 점령되고 파괴되었는데, 그 6개월 뒤 미국이 사담

을 쫓아내준 바 있다. 해방된 뒤로도 사담은 걸핏하면 쿠웨이트를 공격하겠다고 위협했고, 그 덕분에 쿠웨이트의 경제와 주식시장은 엉망진창이 되기 일쑤였다. 언제 사담에게 약탈당할지 모르는 나라에 누가 투자하겠는가?

아랍 세계에서 침공을 지지하는 지역이 있다면 그것은 쿠웨이트일 것이 분명했다. 그중에서도 자유주의적 주민들이 그럴 가능성이 가장 컸다. 자유주의자들은 민주주의를 원하고 전쟁은 이라크를 민주화할테니 그들이야말로 침공을 지지하리라고 기대할 만했다.

실제로 내가 만난 선주船主, 사업가, 변호사, 경제학자, 그 밖의 자유주의 쿠웨이트인들도 사담을 없애버리고 싶어 몸살이 날 지경이기는 했다. 그들은 고등교육을 받았고 영어를 유창하게 썼으며, 멋지게 성공한 부자들이었는데, 내게 이런 질문을 하기도 했다. 미국은 왜 중동의 다른 곳에서는 독재자들을 그냥 두면서 유독 이라크에서만 민주화를 하려고 애쓰는가? 바그다드에 민주적으로 선출된 정부가 정말로 독자 노선을 걸어갈 수 있을까? 특히 그 노선이 미국의 이익과 충돌할 경우에는 어찌 될까? 이라크에서 팔레스타인을 지원하겠다는 공약을 내거는 정당이 선거에서 이길 수 있을까? 또는 원유가를 올리겠다고 공약하거나 유럽과 중국과의 계약도 전면적으로 허용하겠다고 공약한다면? 백악관은 그저 '경량급 사담Saddam-lite'을 원하는 것은 아닌가? 대량학살 무기를 포기하고 미국 기업계에 돈을 건네주고, 더 나아가 이스라엘에는 기껏해야 약간만 적대적인 그런 인물, 즉 다른 '온건 체제'의 지도자들과 똑같은 사람을?

내가 이 일을 시작한 지 얼마 안 된 시점이었다면 이 이야기를 반드시 보도해야겠다고 느꼈을 것이다. 미국인들은 아랍 사람들이 자기들을 팔을 벌리고 기쁘게 환영해주리라고 생각했지만 그 지역에서 가장 친미적인 아랍인들인 쿠웨이트의 자유주의자들조차, 즉 미국식 모델에 따라 사회를 건설하기를 원하며 미국이 그들 나라를 해방시켰기 때문에 자유를 누리는 사람들조차, 미국을 신뢰하지는 않는다고 말이다.

그러나 이미 나는 인터뷰를 진행하면서도 이들 자유주의자들이 미디어에서 그저 배경 기사 이상으로 다루어지지 못하리라는 것을 알고 있었다. 그 정도도 안 될 수도 있었다. 그들은 이야기를 나누는 도중에 저마다 "이건 오프더레코드인데요, 아시지요? 익명으로……"라고 덧붙였다. 그러면서 오십 줄에 접어든 성공한 경제학자가 30대 초반의 상대방과 과감하게 자신의 견해를 나누지 못하는 굴욕감을 잔잔한 미소 속에 감추었다. 이름이나 성도 쓸 수 없다면 뉴스는 금방 '보도하기에 적합한' 수준에 미달된다.

무엇보다 자유주의자들의 이의 제기를 다룰 수 있는 어떤 계기조차 없었다. 쿠웨이트는 민주국가가 아니었으니 거기에는 국회의원을 선출하기 위한 자유선거가 없었고, 시위와 파업도 없었다. 이런 보도를 상상해보라. "오늘 쿠웨이트에서는 수천 명의 주민들이 독재자에 대한 서구의 지지에 항의하여 행진했다. 그들은 독재자들이 약탈물을 쌓아둔 서구의 비밀은행계좌를 공개하라고 요구했으며, 서구의 방위산업체들이 독재자와 그 주변 인물들에게 지불하는 두둑한 뇌물에 항의하는 구호를 외쳤다. 또한 아랍의 비밀요원들에게 대규모의 고문과 살해 훈련을 시키고 무기를 제공하는 서구에 항의하는 깃발들이 나부꼈다." 이런 보도는 없다. 자유주의 쿠웨이트인들은 '배경'으로 가라앉아버리고 대신에 다른 문제들이 전면에 나서는 것이다.

친서구 아랍인들의 불신감을 설명하려면, 미국이 민주주의를 그 지역에 가져오려 한다고 주장하지만 실상은 그 지역의 온갖 독재자들이 서구의 지원을 받고 있다는 사정을 설명해야 할 것이다. 하지만 그런 실상을 TV에서 어찌 설명하겠는가? CIA 요원들은 심신 양면으로 사람들을 파괴하는 방법을 아랍 동료들에게 가르쳐줄 때 카메라 앞에서 하지 않는다. CIA에서 일한 경험이 있는 미국의 사업가들은 최신 도청 기술을 아랍 국가의 친한 비밀요원들에게 시장가보다 훨씬 더 비싸게 팔아넘긴 수법을 기자들에게 일러주지 않을 것이다. 물론 그렇게 하여 생긴 수익은 그들끼리 나눠 먹는다는 것도. 테러 용의자들을 인권 단체들의 손이 미치지 않는 곳에서 고문할 수 있도록 서구의 비밀요원들이 그들을 아랍 국가로 실어 가는 것을 촬영한 영상 같은 것도 없다. 알지 않는가? 영상이 없으면 기사도 없다는 것을.

셰러턴 호텔에서 열린 미군의 브리핑 시간에 한 동료 기자가 내게 이런 정보를 준 적이 있다. "방금 도착했어요? 서두르는 게 좋을 거예요. 북부의 농부들이 주요 기사감입니다. 그들이 그곳에서 농사를 지을 수 있는 마지막 날이 내일이에요. 그 이후로는 미군이 거기 주둔할 거예요. 내가 그곳 사람들의 이름과 연락처를 갖고 있는데."

나는 고맙다고 인사를 했지만, 경력 5년째였는데도 여전히 이런 것이 기사가 될 수 있다는 데 적응하지 못하고 있었다. 하지만 설명은 간단하다. 영미 미디어가 뉴스의 흐름을 지배하고 있으며, 그 흐름 속에서 기사가 되는 것은 미군의 집결이었다. 그들이 언제 공격할 것인가? 농부들의 피난은 이 사실의 좋은 보기였다. 신문기자들 사이에서 지면을 얻기 위한 끊임없는 경쟁이 어떤 것인지, 쉽게 엿볼 수 있는 보기이기도 하고.

일단 정교한 미디어 캠페인이 어떤 이미지(가령 쌀과 꽃)를 제시하고 나면 나중에는 그걸 바꾸기가 힘들어진다. 뉴스에서 다음과 같이 정직하게 문답을 주고받는다면 시청자들의 귀에는 얼마나 터무니없게 들릴지 생각해보라.

Q : 우리 기자가 쿠웨이트에 있습니다. 쿠웨이트인들은 미국이 민

　주주의를 가져다주는 데 성공하리라고 생각합니까?

A : 대다수 쿠웨이트인은 미국의 계획이 그것이라고 믿지 않습니다.

Q : 하지만 친미 쿠웨이트인들이 있지 않습니까?

A : 그들 역시 마찬가지입니다. 그들도 미국은 믿지 않거든요.

Q : 그런 식으로 생각하는 주민이 몇 퍼센트 정도일까요?

A : 음……, 잘 모르겠는데요. 제가 만나본 주민들뿐일 수도 있지요.

　독재 체제니까요.

Q : 이상은 우리 기자였습니다. 이제 워싱턴에 연결하여 오랫동안

　기다려온 자유 확산을 위한 미국의 역사적 임무에 관한 부시 대

　통령의 연설을 듣겠습니다. 하지만 그 전에, 쿠웨이트 북부의

　농부들이 미군의 집결로 인해 어제 자신들의 농토에서 마지막

　으로 작업했다는 내용부터 들어보겠습니다.

　세러턴 호텔에서 군대변인이 그토록 느긋했던 것은 바로 이 때
문이었다. 그들은 우리 모두를 사슬로 묶어놓았고, 그 사실을 알
고 있었다.

chapter 14

우리가 정말 알아야 했던 것들

방영할 시간은 충분히 있었고, 바그다드에 특파원을 파견하여 통신사들로부터 오는 보도를 요약하는 데 하루에 수천 달러를 쓸 여력이 있다면, 서구의 정부들이 최근 수십 년간 중동 지역에서 어떤 역할을 해왔는지를 설명해줄 다큐멘터리나 단신을 위한 예산도 반드시 있어야만 했다. 그런데 왜 서구의 방송사들은 바그다드에 포화가 쏟아지고 있다는 이야기 외에 이런 소식은 거의 전해주지 않았는가?

바그다드가 함락된 뒤 나는 떠날 예정이었다. 그래서 미군이 이라크에 들어온 뒤 나는 현장에서 돌아다닐 시간이 얼마 남지 않았음을 알았다. 의미심장한 시간이 될 법 했지만, 처음에는 그저 낯익은 패턴이 되풀이되는 것만 보였다. 전투를 하는 게 누구인가? '시오니스트 십자군', '미국과 영국의 침공부대'인가, 아니면 '연합군'인가? 그들의 적은 '이라크 국민 저항군'인가 아니면 '사담 추종자들'인가? '인구가 밀집한 도시에 가해진 심한 폭격'을 보고 있는 것인가, 아니면 '충격과 공포의 작전'을 보고 있는 것인가(마지막 것은 전쟁이 진행되는 동안 소니가 새로 발매한 컴퓨터 게임의 이름이기도 하다)?

각 진영에는 저마다 용어법이 있고, 각자의 버전으로 사건을 설명하면서 스스로는 좋은 사람 행세를 했다. 폭스뉴스는 이라크가 알카에다와 협력한 것을 기정사실화하여 비난하면서 그 입장에 따라 해설했다. 유럽인들은 어찌하여 9·11 배후의 인물을 제거하자는 데 반대할 수 있는가? 물론 그들은 미국을 증오하니까! 헤즈볼라 TV도 이스라엘의 모사드가 공격을 가했다고 비난하면서 똑같이 행동했다. 미국인들은 어찌 이라크 탓으로 모는가? 물론, 그들은 이슬람을 증오하니까!

아랍 거리의 소리를 듣다

나는 아랍의 주요 국가인 이집트의 수도에서 전쟁을 취재했다. 그곳 카이로, 움 이두니야^{Umm iddunya} 즉 세계의 어머니라는 뜻의 이름을 가진 도시는 5년 전 내 직업이 시작된 곳이기도 했다. 나는 이제 '아랍의 거리'라는 신문 칼럼을 싣기 시작했다. 무대 뒤에서 이집트 정부가 미국을 최대한 도와주고 있는 동안 주민들 사이에서는 어떤 일이 벌어지고 있는가? 이것이 빈 칸으로 남은 부분이었는데, 전쟁 때문에 신문에 할애된 지면이 어찌나 많은지, 그런 공백 부분의 등고선을 보여줄 수도 있을 정도였기 때문이다. 나는 시내를 걸어다니면서 이집트의 민간인들에게 말을 걸어

보고 민중의 소리를 들어보았다. TV는 이런 작업에 눈 깜짝할 시간 정도의 짧은 시간 이상을 배당해주지 않았다. 입을 열 용기가 있는 사람들이 "이슬람에 반대하는 전쟁이지요. 정말 큰일이에요"라고 말하면 끝. 그러나 신문 기사에서는 여유가 더 많으니, 각 기사에서 사람들의 입장을 익명으로 반영할 수 있었다.

> 물론 이건 신의 징벌이다. 알라께서는 전능하시니 무슨 일이 일어나든 모두 그의 뜻이다. 최근의 터키 지진은 터키가 이슬람을 포기한 태도와 무관할 수 없다. 에이즈에 대해서는 말할 필요도 없다. 이맘(이슬람교의 지도자)께서도 방금 전에 그렇게 말씀하셨다. 미국이 침공한 것은 우리의 신심이 부족한 탓이다. 다들 돈과 집과 휴대전화 같은 것에만 신경을 쓴다. 그저 사태가 빨리 끝나게 해달라고 기도했다. 미국인들이 빨리 져서 떠나주기를 말이다. 이집트의 책임이 크다. 여기는 문명의 요람이지 않은가.[14]

> 미국인들이 진정한 기독교인이라면 이런 짓을 하지 않을 것이다. 왜 간섭하는가? 각국 국민들은 각자의 시스템과 지도자가 있게 마련이다. 우리는 무바라크를 좋아하고 무바라크도 우리를 좋아한다. 1차 걸프전 때 나는 이라크에서 제빵사로 일했다. 폭격이 있고 나면 사담이 거리로 나왔다. 사람들은 그를 만져볼 수도 있었는데, 누가 봐도 다들 그를 좋아했고 그도 사람들을 좋아했다.[15]

미국은 50개의 주로 이루어져 있는 세계에서 제일 강한 나라다. 하지만 세계에서 두 번째로 강한 군대는 이라크군이고, 그들은 지금 미국을 상대하고 있다. 독일이 전쟁을 반대하는 것은 이 때문이다. 그들은 자기들이 다음 순서라는 걸 아니까. 부시는 세계를 이슬람으로부터 구하기 위해 신이 자신을 대통령으로 만들었다고 말했다. 그 부시라는 자는……. 최근에 이스라엘 병사들이 임신한 팔레스타인 여성들을 놓고 내기를 걸었다는 글을 읽었다. 태아가 남아인지 여아인지를 놓고 말이다. 그러고는 여성의 배를 갈라 누구 말이 맞는지 본다는 것이다. 또 여성들을 옷을 벗겨 쇠창살에 가두고 이스라엘에서 끌고 돌아다닌다고 한다. 이런 이야기를 듣고 너무나 화가 났다. 어찌 그런 짓을 할 수 있는가? [16]

정치는 정치가들이 하겠지. 난 그저 평범한 공무원일 뿐이다. 밤에는 택시운전을 한다. 전쟁? 솔직하게 말해 난 별로 관심이 없다. 한밤중에 집에 돌아가는데 6시에는 일어나야 한다. 그 시간에 난 뉴스를 듣고 싶지도 않다. 끔찍하다고들 말하더군. 이슬람에 대한 공격이라. 빨리 끝났으면 좋겠다. [17]

바그다드가 함락되면 이스라엘이 알아크사 모스크를 폭파해버릴 거라는 걸 아는가? 어제 〈알우스부〉의 1면 머리기사였다. 클린턴과 부시의 자문관들은 거의 모두 유대인이다. 일부는 그 사실을 공개

했고 다른 사람들은 아직 숨기고 있다. 사담처럼 정체를 숨긴 유대
인들이다. 사담이 쿠웨이트를 침공한 것은 미국이 걸프 지역에 군
대를 주둔시킬 수 있도록 하기 위해서였다. 원유와 성지 가까이에
말이다. 그들은 이슬람을 약하게 만든다. 유대인들은 강한 이슬람
을 상대하게 되면 별수가 없다는 걸 알고 있기 때문이다.[18]

이런 말을 나는 모두 기사화했고, 〈NRC〉의 메일함은 '당신네
기자는 아랍인들을 바보 취급 하고 있소'와 같은 비난성 메일로
가득 찼다. 그러나 이는 이런 종류의 대화를 직접 나눠봐야 한다
는 것을 다시 한 번 입증하는 것일 뿐이었다. 그렇게 하면 사람들
이 이런 이야기를 할 때 망설이지 않으며, 분노하기보다는 체념
한 어조로 말한다는 걸 알게 될 터였다. 그들은 자기 말이 반박당
할 때 외에는 화를 내지 않았다.

다루어야 했던, 그러나 다루지 않은 이야기

좀 기묘한 일정이었다. 낮에는 '아랍의 거리'란을 위한 대화를
나누고, 밤에는 TV를 보았다. 기자 일을 시작한 초반, 사막의 여
우 작전 기간에 이라크가 폭격되고 있을 때 암만의 호텔방에서
보도 자료를 요약하던 때와 비슷했다. 이제는 그런 일을 할 필요
가 없어졌다. 라디오와 TV 일을 그만두었고, 〈NRC〉는 배경 보도

만 해달라고 했기 때문이었다.

그래서 TV 볼 시간도 생긴 것이었다. 그러다가 차츰 어떤 생각이 떠올랐다. 발언되고 있고 방영되고 있는 내용에 관한 것이 아니라 발언되지 않고 방영되고 있지 않은 것들에 관한 생각이었다.

침공 이전에 영어권의 권위 있는 미디어들은 미국 홍보기관의 관점을 받아들였고, 이런 관점은 전쟁 내내 계속되었다. 쿠웨이트 셰러턴 호텔에서의 브리핑 때 군 대변인이 앞줄을 배당한 특파원들은, 몸을 굽혀 적의 포화를 피하고 벽을 따라 기어가서는 적을 제거할 수 있는 지점에 도달하는 병사들의 사진을 내보냈다. 이라크라는 적은 얼굴을 갖고 있지 않았지만 미국인들의 얼굴에서는 두려움과 긴장감과 안도감을 볼 수 있었다. 무슨 비디오 게임 같았다. 공화국 수비대 사단을 물리치고 나면 미군은 또 다음 단계로 올라가서 새로운 군부대와 만나게 되는 그런 게임 말이다.

이는 할리우드 영화에서 보는 좋은 사람-나쁜 사람의 구도였다. 거의 모든 분석은 미 중부군 사령부가 카타르에서 보낸 내용과 일치했다. 항구도시인 움 카스르의 점령이 업무상 최우선 순위에 놓이는 것은 군사적 이유 때문이 아니라 '이라크 주민들에게 구호물자를 최대한 빨리 보급하기 위해서'라고 분석됐다. 시내에서의 전투를 막아야 하는 것은 시가전이 벌어지면 '미국의 기술적 우위가 상쇄되고 미군 자체의 손실도 상당해지기' 때문이 아니라 '민간인 피해가 커질 것'이기 때문이고. 그리고 하루가 저물어갈 무렵이면 이라크 주민들의 마음과 정신에 관한 내용을 이야기하기 시작했다. 기자와 군 대변인들은 이런 노래를 합창했다. 전쟁은 좋은 일이며, 그들은 그저 이 사실을 이라크 국민들에게도 설명해야 할 뿐이라는 것을 함축하고 있는 노래를.

미 중부군 사령부의 연단에서 부스러기라도 떨어지면 다들 달려들어 낚아챘다. CNN이 이를 두고 "제일 먼저 아는 사람이 되라"라고 말했듯 뉴스는 경쟁이었다. "방금 중부군 사령부로부터 움 카스르가 미군 특공대의 손에 들어갔다는 소식이 확인됐습니다. 마이크를 넘기겠습니다. 짐, 나와주세요." 1991년의 걸프전 때에도 같은 일이 일어났지만, 그때는 아랍의 여러 방송사 기자들이 미국의 발표를 반박하는 일은 없었다. 그러나 이제는 짐에게서 채널을 바꾸어, 움 카스르에 있는 이라크 지휘관과 한창 통화 중인 알자지라 방송을 볼 수도 있었다.

"지금 확실한 소식이 들어왔습니다"라고 말하면서 CNN과 BBC 기자들은 스스로 그렇게 믿었을까? 물론 그들은 군대의 임무란 신빙성 있는 정보를 전하는 것이 아니라 최소한의 손실로 적을 무장해제시키는 것임을 알고 있었을 것이다. 이 목적을 달성하기 위해 거짓말을 해야 한다면……. 무슨 일이든 정당화되는 것이 사랑과 전쟁이다.

그러나 적어도 그와 같은 미국의 온갖 기자회견에 견주어 이라크의 쿠웨이트 침공 당시 미디어가 어떻게 속임수에 넘어갔는지 상기시키는 게 좋지 않았을까? 당시 이라크는 쿠웨이트를 짓밟았고, 백악관은 군사 원정을 할 의사가 있었다. 하지만 여론 조사 결과를 보면 미국 국민 대다수는 전쟁에 반대했다. 열다섯 살 난 쿠웨이트의 한 간호사가 의회 앞에서, 이라크 군인들이 인큐베이터를 바그다드로 가져가기 위해 인큐베이터에서 미숙아들을 꺼내 바닥에 방치하여 죽게 했다고 증언하기 전까지는 그랬다. 그 증언은 TV로 방영되었고, 쿠웨이트 해방을 지지하는 목소리가 하늘을 찔렀다. 한참 뒤에 보니 이 간호사는 워싱턴 주재 쿠웨이트 대사의 딸이었고, 그녀는 언론 자문회사인 힐앤드놀턴[Hill & Knowlton]이 증언대에 끌어낸 사람이었다. 마찬가지로, 쿠웨이트인들이 자발적으로 들고 나와 해방군을 환영한 성조기는 언론 자문회사인 렌던 그룹[The Rendon Group]이 제공한 것이었다는 사실도 몇 년이 지난 뒤에야 밝혀졌다.

그런데도 왜 서구의 미디어들은 미 중부군 사령부에서 쏟아내는 홍보의 홍수 속에서, 자신들이 과거에 어떻게 조작당했는지에 대해 공개하지 않았는가? 한동안 나는 '벽에 붙은 파리' 이론 (fly-on-the-wall theory, 그 자리에 존재하지 않는 것처럼, 카메라가 비추는 대상과 현실에 개입하거나 특정한 시각을 개입하지 않고 관찰에만 머무는 입장—옮긴이)을 고려해보았다. 상황으로부터 영향받지 않은 채 그냥 관찰만 할 뿐이라고 기자들이 믿어야 하는 경향 말이다. 하

지만 서구 미디어 채널들에서 화면에 담기지 않는 내용은 그것
만이 아니었다.

이라크 분쟁의 프리퀄

서구의 기자와 리포터들은 흔히 이라크 정세의 불안정을 거론한
다. 어쨌든 이 나라는 거의 공통점이 없는 민족 집단 셋으로 구성
되어 있으니까. 북부의 쿠르드족, 중부의 수니파, 남부의 시아파
가 그들이다. 어떻게 하여 이런 구도가 형성되었는지, 그렇게 되
어 있다는 말 몇 마디 외에는 아무 설명이 없다. 1차 세계대전이
끝날 때까지 이 지역은 터키 제국에 속하는 독립 토호들의 영토
였다. 그러다 영국에 점령되었다가 그 무렵 건국한 이라크에 소
속되었다. 이는 마치 폴란드, 독일 북부, 네덜란드 북부 주민들을
한데 묶어두고는 이제 새 나라가 되었다고 선포하는 것이나 마찬
가지였다. 그런 조합은 불안정을 낳을 수밖에 없었지만, 애당초
영국의 의도는 그것을 겨냥하고 있었다. 이라크가 불안정해지면
영국의 원조와 보호에 의존하게 될 테고, 런던이 원하는 방향으
로 움직일 테니까. 미국의 전 국무장관 헨리 키신저^{Henry Kissinger}는
고전이 된 저서 《외교^{Diplomacy}》에서 이 점을 이렇게 표현했다. "중
동의 국경은 1차 세계대전이 끝난 뒤 외세, 대체로 유럽에 의해,
자신들이 이 지역을 지배하기 쉽도록 그어졌다." 아랍 세계에 직

선으로 그어진 국경이 그토록 많은 것은 이 때문이다. 서구 정부들은 지도를 펴놓고 자를 대고 죽 그어서 국경을 정했으며, 지역 주민들의 이익은 안중에 없었다.

서구의 언론들은 중동의 '반서구 감정'을 잔뜩 보도한다. 그러나 역사적 배경에 대해 2, 3분 정도만 설명해도 그런 감정이 왜 생겼는지 이해시킬 수 있지 않을까? 가령, 이란의 경우를 보자. 이란은 1950년대에 민주 정부를 가졌지만, 수상 모사데크^{Mossadeq}가 정유산업을 국유화하기로 하자 CIA는 쿠데타를 일으켜 샤^{Shah}를 왕위에 앉혔다. 샤는 그 나라를 재편하여 모든 곳에서 눈을 번뜩이는 무자비한 비밀경찰의 힘으로 친서구 독재 체제를 세웠으며 무시무시한 부패를 자행했다. 현재도 일부 중동 국가에서 볼 수 있는 바로 그런 종류의 체제였다. 이에 대한 분노가 반서구 이슬람 혁명으로 터져 나온 것이다(1979년). 이슬람 혁명을 진압하고자 했던 서구 정부는 이란-이라크 전쟁(1980년)이 벌어지자 사담에게 무기, 특히 독가스를 쥐여주었다. 하지만 그들은 이란에도 은밀하게 무기를 제공했는데, 이는 레바논에 억류되어 있던 서구의 인질을 풀어주는 대가였다. 이른바 이란 콘트라 스캔들이다. 헨리 키신저의 말을 다시 인용해보자. "둘 다 질 수 없는 싸움이니, 참 안타깝다." 이 전쟁으로 100만 명이 죽었다.

그다음에 등장한 것이 오사마 빈라덴이다. 서구에서 오랫동안 그와 같은 사람들이 CIA에 의해 훈련되고 무장되고 있었다는 사실을 아는 사람들이 얼마나 될까? 이 사실 역시 몇 마디만으로도 설명될 수 있다. 1979년에 소련은 아프가니스탄을 침공하여, 무너지고 있던 그곳의 공산주의 체제를 지원하려고 했다. 이에 CIA는 사우디아라비아와 파키스탄과 함께 무자히딘(mujahideen, 성전聖戰의 전사들)을 결성하여, 러시아에 저항하는 게릴라전을 벌였다. 오사마 빈라덴은 그런 전사들 중의 하나였다. 무자히딘은 이겼고, 일부 요원들은 그 뒤에 이집트 체제를 상대로 싸웠다. 또 다른 요원들은 알제리 내전에서 싸우기도 했다. 사담이 쿠웨이트를 침공하자 빈라덴은 자신이 거느리고 있는 전사들로 사담을 축출해주겠다고 제안했지만 걸프 국가들은 미국의 지원을 요청하는 편을 택했다. 빈라덴은 이것을 아랍 정권이 애당초 이슬람 세계에서 문제를 유발시킨 장본인인 서구 세력을 불러들이면서까지 자기보존에만 급급하다는 결정적인 증거로 보았다. 이에 빈라덴은 목표를 바꾸었다. 그리하여 9·11 공격이 이어졌고, 그것은 또 이라크 침공을 정당화하는 원인을 제공했다. 일은 이렇게 되었던 것이다.

그리고, 이것이 전쟁이다

여러분은 이런 종류의 배경 설명이 서구의 시청자들에게 제공되는 것의 일부분이었으리라고 생각할지도 모른다. 방영할 시간은 충분히 있었고, 바그다드에 특파원을 파견하여 통신사들로부터 오는 보도를 요약하는 데 하루에 수천 달러를 쓸 여력이 있다면, 서구의 정부들이 최근 수십 년간 중동 지역에서 어떤 역할을 해왔는지를 설명해줄 다큐멘터리나 단신을 위한 예산도 반드시 있어야만 했다. 그런데 왜 서구의 방송사들은 바그다드에 포화가 쏟아지고 있다는 이야기 외에 이런 소식은 거의 전해주지 않았는가?

서구의 주요 뉴스특보에서 언급되지 않고 넘어가는 것은 이것만이 아니었다. 아랍의 방송사들은 폭격의 인적 피해 상황을 매시간 보여주지만 서구의 방송사들은 좀 다른 일을 했다. 매일 저녁 방송국의 그래픽 담당자는 리스크(보드 게임의 일종) 게임판 같은 것을 만들었다. 지도 위에는 항공기, 배, 탱크, 사람 모형, 화살표, 노랗고 빨간 별표 등이 표시되어 있었다. 되풀이되는 보도나 CNN 예고편에서 시청자들은 전투기가 항공모함에 착륙하는 모습, 조종사가 엄지손가락을 치켜 올리는 모습을 보았다. "폭탄 투하 완료!" 컴퓨터 애니메이션이 스텔스 폭격기가 레이더를 어떻게 피하는지를 보여주었다. 그 애니메이션은 이렇게 말했다. "우리가 얼마나 영리한지 보시오. 600킬로미터 고도에서 화장실 변기를 찾아낼 수도 있는 로켓을 만들 수 있다고요. 좌향좌, 투하기 내리고, 투하!"

그러나 투하한 다음에 무슨 일이 일어나는지 보여주는 컴퓨터 애니메이션은 없었다. 클러스터 폭탄이 지뢰 140개를 내던지는 모습이나, 그 지뢰 하나하나가 모두 탱크를 부술 만큼 강력하다는 것도. 그중의 몇 개는 불발이므로, 터지지 않은 지뢰가 아이들이 놀고 있는 지역에 그대로 남아 있다는 말도 없었다. 또 신세대 폭탄이 주변을 진공으로 만들면서 폭발할 때 인체가 어떻게 되는지를 그려놓은 컴퓨터 애니메이션도 없었다.

나는 호텔 방에 앉아서 TV에 대고 주먹을 꽉 쥐고 흔들었다. 이런 식의 밤을 며칠 보내고 난 뒤 쓴 기사가 다음과 같다.

난 포화를 직접 겪어보았다. 요즘 그 생각이 자주 난다. 가자에서였는데, 범위와 지속 기간을 기준으로 볼 때 바그다드와 모술과 티크리트 주민들이 지난 엿새 동안 겪은 것에 비하면 아무것도 아니었다. 그렇기는 해도 비슷한 점은 있다. 민간인 사상자가 어떻고 하는 이야기가 나오지만, 그 수가 그리 크지 않으면 그것을 '깨끗한 전쟁'이라고 하는 것 말이다. 터무니없는 소리다.

폭탄이 투하되는 인근에 있을 때 무엇보다도 크게 느끼는 것은 무력감이다. 삶이 계기판 앞이나 조종석에 앉아 있는 누군가의 손에 쥐여 있다는 느낌 말이다. 그의 결정이 나를 죽이거나 장애자로 만들 수 있다. 나는 가자에서 그런 식의 구역질 나는 공포감을 느꼈고, 다른 감정으로 덮어씌워야 했다. 주변의 팔레스타인인들이 택한 방법도 바로 그런 식인 것 같았다. 우리는 함께 연극을 하고 있다. 아, 폭탄이 또 하나 오는군. 허허……. 바로 지금 이라크 국영 방송에 나오는 이라크인들처럼, 우리도 카메라 앞에서 춤을 출 수도 있었다. CNN이 종종 '지난밤 공습이 끝난 뒤의 불굴의 이라크인들. 이라크인들은 지난밤의 폭격으로도 꺾이지 않았다'라는 제목을 붙여 내보내는 그 영상들에서처럼 말이다.

엉터리다. 가자 지구에 있는 팔레스타인 구호 요원들은 국내의 폭력 행위라든가 자연유산, 심장마비 증세가 폭발적으로 증가했다고 말했다. 아기들이 제일 먼저 배우는 말은 아빠, 엄마가 아니라 폭탄, 순교자, 비행기였다. 자라서 축구선수나 배우가 아니라 군인이 되고 싶어하는 아이들은 전투기, 총탄, 피를 그린다. 그리고 술래잡기가 아니라 '군인과 포로' 놀이를 하면서 논다. 이 지역의 어떤 심리학자의 말에 따르면, "그들은 카메라 앞에서는 알라후 아크바르라고 외치지만, 자면서 오줌을 지린다." 부부들은 더 이상 감히 동침을 하지 못한다. 언제 공격이 시작될지 모르고, 그렇게 되면 최대한 빨리 아이들에게 달려가야 할 테니까. 가자 지구에 사는 어떤 아버지는 여덟 살 난 아이가 자러 가기 전에 몰래 옷을 다시 입는 것을 보았다고 말해주었다. 그래야 폭격이 시작되면 그대로 방공호로 달려갈 수 있을 테니까.

통신망이 복구되고 나면 전화가 미친 듯이 울려대기 시작한다. 다들 무사한가? 당신네 가게는 여전히 돌아가고 있는가? 약탈당했는가? 보험 회사는 전쟁 피해에 대해 보상해주지 않으며, 대부분은 보험에도 들지 않은 상태이다. 폭탄이 떨어질 때는 밖에 나가면 안 된다. 구급차나 소방차도 마찬가지다. 그러니 계단에서 떨어졌다거나 기타 사고를 당했더라도 공습이 해제될 때까지 그냥 기다려야 한다. 이 때문에 부모들은 더욱 불안해진다. 폭탄이 떨어지기 시작하면 아이들은 온 사방으로 달아나니 말이다. 아이들은 욕실에 숨거나 거리로 달려 나가려 한다. 공습이 언제 끝날지 물어보는 것도 당연하다.

구호 요원들이 말해주기를, 팔레스타인의 부모들은 아이들에게 내일, 혹은 한 시간 안에 끝난다고 필사적으로 확신시켜주려 애쓴다고 했다. 하지만 폭격이 계속되고 아이들은 부모들에 대한 신뢰를 잃어버린다. 그들 최후의 피난처인데 말이다.

미디어에 대해 내가 가장 아쉬워하는 부분이 바로 이 점이다. 미디어는 어린아이들이 구멍 속으로 기어들어가고, 너무나 혼란스러워 부모를 미친 듯이 두드려대고 걷어차는 모습을 보여주지 않는다. 또 스스로 통제할 수 있는 고통이 오로지 그런 것뿐이라고 여기기 때문에 자해를 하곤 하는 사춘기 여자아이들의 이야기도 없다. 공습 도중에 모스크의 확성기에서는 코란 구절이 낭송된다. 죽을 것 같은 공포감을 느끼는 사람들을 도와주기 위해서다. 이런 광경은 방송에서 한 번도 본 적이 없다. 알자지라 방송에서도 그랬다. 그들은 약하고 슬퍼하는 모습을 보이지 말라는 아랍 세계의 금기에 집착하고, 사상자들의 처참한 모습을 보여주는 영상에는 '이라크 국

나중에 기자들이 나와 같은 일을 자주 겪는다는 말을 들었다. 어떤 격렬한 사건을 겪는 동안 그와 비슷하게 격렬했던 다른 시기의 기억이 되살아나며, 갑자기 당시에 억눌렀던 감정을 표출하지 않고서는 견딜 수 없게 되는 것이다. 내가 기자 생활을 하는 동안 이 글만큼 많은 반응을 끌어낸 기사는 없었다. 이는 곧 기자의 최고 작품이 언론의 중심 영역을 벗어난 곳에 자리할 때가 많다는 실례다.

이런 기사야말로 전쟁의 실상을 전달할 수 있는 자료일 것이다. 무슨 오리 사냥을 하는 것처럼 이라크인에게 총을 겨누는 것이 어떤 기분인지, 베테랑 저격수의 묘사를 들어보라. 미국제 무기는 어찌나 사정거리가 긴지 이라크인들은 총알에 맞을 때까지도 저격수가 있다는 사실조차 모른다고 한다. 아니면 이스라엘인의 시가전 설명을 들어보라. 골목을 걸어가고 있는데, 갑자기 문이 열린다. 보지도 않고 총을 쏜다. 누구인지 살펴보려 한다면, 그러다가 나온 이가 총을 든 남자라면 이미 죽은 목숨이므로. 하지만 땅바닥에 쓰러진 것은 잠옷 차림의 여덟 살 난 소녀이다. 놀란 표정을 한……

이런 것이 전쟁이다. 하지만 CNN에 나오는 보도는 '해병대가 당신의 세계를 넓혀줍니다', '최고의 공군' 따위의 모병 광고와 비슷할 때가 더 많았다. 아랍의 방송사들은 슬픔에 빠진 할머니라든가 터져버린 아이의 머리 등 정말로 진부하기 짝이 없이 잔혹한 광경을 매시간 보여주었다. 그런 영상은 시청자들에게 슬픔과 자비보다는 분노와 도전적 기분을 북돋우기 일쑤였다. 내가 뇌리에서 도저히 떨쳐내지 못하는 영상 하나는 몇몇 이라크 병사들이 손에 쥔 백기를 들지도 못한 채 방공호 속에서 저격당해 죽어 있는 모습이었다.

이런 순간에, 아랍 세계와 서구 간의 격차가 넓어지는 것처럼 느껴진다. 그러나 이는 우리가 서로 다르기 때문이 아니라 우리가 보는 세계의 모습이 너무나 다르기 때문이다. 아랍인들은 매일같이 슬픔에 빠진 이라크인들을 보았다. 가족들의 몸이 너덜너덜하게 찢겨 나가 조각조각 사방에 흩어져버린, 모든 것을 잃은 사람들의 모습 말이다. 그러다가 그들은 미국 대통령이 의기양양하게 승리했다고 뽐내면서, '부수적 피해'에 관한 질문을 우연한 사고에 불과한 것으로 넘겨버리는 소리를 들었다. 그 대통령은 차기 대선을 염두에 두고 있었다.

전쟁이 벌어지는 동안 서구의 대중 매체들이 일을 제대로 했다면 TV 앞에 앉아 있는 시청자들은 울고 구역질했을 것이다.

이런 일이 일어나지 않은 것은 편집 팀에는 전쟁을 겪어본 사람이 거의 없기 때문인가? 그들 중 몇몇이 아파치, 토마호크, 데이지 커터 같은 근사한 이름이 붙은 군대 장난감에 매혹되었기 때문인가? 하지만 실상은 그보다 훨씬 더 심각하기 때문에 걱정스럽다.

전쟁이 끝나기 전에, 〈인터내셔널 헤럴드 트리뷴〉은 미국의 주요 뉴스 앵커들이 방송사의 컨설턴트들로부터 받은 조언을 폭로했다. 그런 마케팅 전문가들은 대중이 보고 싶어하는 것이 어떤 뉴스인지 방송사들이 잘 알아내도록 도와준다. 미국의 방송사들은 결국은 상업적 기관일 뿐이니. 컨설턴트들의 권고는 분명했다. 반전 시위와 희생자들에 대한 연민을 불러일으키는 이야기는 없어야 한다. 국가, 조국이라는 이미지, 성조기가 나부끼는 광경이 많아야 한다. 스튜디오에서든 어떤 이미지에서든, 내용에 살을 붙여주는 추가 영상에서든 모두 그래야 한다. 한 컨설턴트는 이를 다음의 문장으로 요약했다. "깃발이 있는 곳에 돈이 있다."

실제로도 그렇게 되었다. 전쟁 기간에 미국에서 시청률 50위까지의 프로그램 가운데 40개가 폭스뉴스의 프로그램이었는데, 그들은 사담 후세인을 '바그다드의 뚱보 악당'으로 묘사했다. 그들은 카타르의 중앙 지휘부가 제공한 용어, 시각, 주제를 모두 그대로 채택했고, 유럽에서 벌어진 반전 시위를 '공산주의자들이 조직한 행위'로 묘사했다.

이처럼 뉴스에 있는 또 하나의 본질적인 여과 장치가 바로 시청률, 즉 고객들이다. 유럽에서도 시청률을 보면, 사람들이 인상도 지루한 전문가보다는 눈에 익은 앵커의 입으로 소식을 듣는 쪽을 더 좋아한다는 것을 알 수 있다. 그들은 자기 나라도 나쁜 나라에 속한다는 것을 알려주는 역사적 배경에 관한 보도는 물론, 상충하는 이해관계에 관한 복잡한 분석도 듣기 싫어하고, 그보다는 우리 편-저 편으로 나뉜 짧은 영상물을 보려고 한다. 미국에서와 마찬가지로 유럽에서도 편집장의 판단 기준은 일차적으로 판매 부수와 시청률이다.

그러니 슬퍼진다. 이 모든 사실을 알고 현명해졌더라면 좋았겠지만 말이다. 침공 이후의 몇 달, 몇 년 동안 낙관이 들어설 여지가 없었다. 이라크가 알카에다와 협력했다는 증거는 전혀 없었는데도, 9·11이 있은 지 수년이 지난 뒤에도 미국 대중의 절반은 여전히 사담 후세인이 그 공격에 책임이 있으며 항공기 납치범들 대부분이 이라크인이었다고 믿고 있다. 이라크에 간 미군을 맞은 것은 쌀과 꽃이 아니라 폭탄과 수류탄이었다. 이라크가 미군을 환영할 것이라는 생각은 실제로는 이라크의 반정부 망명 인사들에게서 나온 생각이었다. 이들은 렌던 그룹을 이용해 왔다. 미국이 쿠웨이트를 해방시킨 뒤 사람들에게 깃발을 나눠준 그 렌던 그룹말이다. 이라크인들이 피르도스 광장에서 사담 후세인의 거대한 입상을 넘어뜨리고 환호하던 장면은 어찌 된 것인가? "바그다드는 해방을 기뻐한다"라고? 실상 당시의 그 장면은 대규모의 국가적 축제는 전혀 아니었고, 200명가량의 이라크인과 똑똑한 미군 장교 한 사람이 만들어낸 장면이었다. 이상이다. 자, 이제 마이크를 받아주세요, 짐.

오늘의 아랍, 오늘의 저널리즘

이 책에 나온 사건들은 1998년에서 2003년 사이에 일어난 일들이다. 많은 일들이 그 뒤로 크게 변하지 않을 수 없었다. 아리엘 샤론과 야세르 아라파트는 무대에서 퇴장했다. 미국에서는 버락 오바마가 이끄는 새 행정부가 들어섰다. 가자 지구와 남부 레바논에서 전쟁이 있었다. 그러는 동안에도 아랍의 독재자들은 여전히 권력을 쥐고 있고 정부의 합법적 수장으로 앉아 있다. 이 책에서 두드러지게 부각된 시리아의 반정부 인사인 리아드 세프는 지금도 감옥에 있다. 그는 병이 심해 감옥에서 죽을 가능성이 크다. 나는 그와, 그의 아내와 어린 딸에 대해 생각한다.

거의 모든 측면에서, 이 지역에 대해 서구 주류 신문들이 다루는 내용은 아직도 이 책이 처음 출간되었을 때와 같은 식으로 구성되어 있다(이 책은 2011년, 소위 재스민 혁명으로 불리는 아랍 지역의 민주화 운동 이전에 집필되었다—옮긴이). 그러나 아랍 미디어의 지형은 2003년 이후 큰 변화를 보여주었다. 이집트에서는 진정한 독립 신문으로 보이는 〈알마스리 알요움Almasri Alyowm, 이집트의 오늘이라는 뜻〉이 국영 경쟁 체제를 지워나가기 시작했고, 이 나라 인쇄 매체의 지형을 근본적으로 변모시키고 있는 것으로 보인다. 심야 시간에는 알 카히라Al-Qahira, 알 욤Al-Yawm, 알 아시라 마산Al-'Ashira Masa'an, 90 다키카Daqiqa와 같은 활기찬 토크쇼 프로그램도 방송된다. 이 프로그램들은 아주 재밌는 내용으로 구성되어 있으니 서구 기자들이 아랍어를 조금이라도 할 줄 알았다면 사람들이 이에 대해 많이 접할 수 있었을 것이다. 상황이 이러하니 독재 체제가 (비교적) 자유로운 언론을 절대로 허용하지 않으리라는 내 주장은 재고해야 할지도 모르겠다.

다른 변화는 주로 기술적 발전이 낳은 결과이다. 내가 이집트에서 아랍어를 공부하고 있던 1996년만 해도 인터넷이나 이메일이나 위성 TV는 물론 휴대전화도 없었다. 그러나 지금은? 사담 후세인의 처형 동영상만 봐도 상황은 분명해진다. 이집트의 운동가들은 은밀하게 촬영한 경찰의 잔혹 행위 영상을 유튜브에 올린다. 무슬림형제단은 블로그를 운영하고 알자지라는 완전히 다른 시각을 선보이고 있다. 이집트의 젊은이들은 전화기로 길거리에서 자행되는 성폭력을 몰래 촬영하여 페이스북에 올린다. 내가 시리아에 있던 2002년에는 내 핫메일 계정에도 들어갈 수 없었지만 지난 2008년에 그곳에 갔을 때 시리아의 검열관은 유튜브를 차단하려고 애쓰고 있었다.

신기술과 전통적 저널리즘 간의 상호 작용은 2009년 6월에 많은 논란 속에 치러진 이란 대통령 선거에서 마무드 아마디네자드Mahmoud Ahmadinejad가 재선된 뒤 폭력 시위가 일어났을 때 확인되었다. 이전의 민중 시위에서와는 다르게 이번에는 정부가 시위 영상과 정보의 공급을 독점할 수 없었다. 휴대전화로 촬영한 동영상과 목격자 증언이 페이스북과 트위터를 통해 전 세계에 전해졌기 때문이다. 이런 농담처럼 말이다. 물라(이슬람교의 율법학자)는 시위자들을 보고 보좌관에게 말한다. "좋아, 기자들을 모두 체포해." 그랬더니 보좌관이 대답한다. "하지만 저 사람들이 모두 기자인데요." 이런 '생생한 자료의 홍수'라는 새로운 현상이 나타난 것이다.

이전의 문제와 고통스러울 정도로 비슷한 점이 있다면, 일방적인 서술이 형성된다는 점이다. 반체제 시위자들은 자신들의 투쟁을 웹에 올리고, 거의 자동적으로 그들의 시각이 유일한 시각이 됐다. 아마디네자드를 지지하여 표를 던진 이란인도 수백만 명은 되지만, 서구의 청중들이 그들의 동기에 대해 듣는 경우는 거의 없었다. 기사의 흐름은 거의 전적으로 시위자들의 이야기와 그들이 어찌될 것인지, 그들이 자신들의 의사를 관철할 것인지, 그렇게 되지 않는다면 체제로부터 처벌당할 것인지로 기울었다.

　이렇듯 이란 시위에 대한 보도는 정보의 자유로운 공급만으로는 문제를 일부밖에 해결하지 못한다는 것을 입증하는 것으로 보인다. 정보와 함께 그 정보를 훨씬 더 현명하고 다원적으로 활용하는 태도가 필요하다. 이는 누가 봐도 서구 기자들에게 적용하기 힘든 것이긴 하다. 서구의 언론이 표방하는 이념 그 자체를 파괴하기 위해 모든 수를 다 쓰는 체제에 대해 어떻게 중립적이 될 수 있겠는가?

　뉴스 산업에 관심이 있는 사람에게 요즘은 신나는 시간이다(민주 시민이라면 모두 그 범주에 포함되어야 마땅하다). 그러나 동시에 많은 것들이 변하지 않고 그대로인 것처럼 보이는 좌절스러운 시간이기도 하다. 〈파이낸셜 타임스〉의 기자인 데이비드 가드너^{David Gardner}가 낸 매우 귀중한 신간(《Last Chance: The Middle East in the Balance, 마지막 기회: 위기의 중동》)을 제외하면 아랍 독재자들에 대한 서구 지원의 득과 실이나, 어떻게 '자유를 사랑한다'라고 주장하는 서구 정부들의 이념이 독재 체제에 대한 수십 년에 걸친 지원과 양립할 수 있는지를 근본적으로 논의한 책은 없다. 알카에다 같은 조직의 행동 동기가 무엇인지, 그들이 처한 딜레마, 그들 스스로가 내건 이미지를 설명하려는 시도도 거의 없으므로 그들을 물리치기는 더욱 힘들어진다. 나토와 이스라엘 홍보 기관은 여전히 논의의 대상이 아니며, 자신들의 용어와 준거틀을 강요하는 데에서 계속 우위를 누리고 있다. 세계의 여러 매체 중에서 자신들이 선택하는 주제, 시각, 용어는 물론이고 분쟁에서 일부의 이야기만 듣는 그 기준에 대해 설명하는 매체를 나는 아직 본 적이 없다.

이 책이 다루는 기간 동안 부시는 사람들을 체포하여 재판도 없이 관타나모 기지에 가두었다. 버락 오바마가 선출되자 이 점은 변했다. 이제 사람들은 미국의 무인 비행기로 간단하게 살해된다. 아프가니스탄과 파키스탄 사람 수백 명이 이런 식으로 죽었으며, 이런 살해에 대한 서구 미디어들의 침묵은 경악할 만하다.

이 책이 2006년 여름 네덜란드에서 출판되었을 때 나는 미디어의 변화를 제안하는 등의 후언을 넣지 않기로 결정했다. 워낙 문제들이 크고 다양해서 뉴스 산업의 기본적 가정을 근본적으로 재고할 필요가 있을 것 같았다. 즉각적이고 명백한 해결책이 없는 만큼, 나는 문제 자체에 관한 토론이 있지 않을까 하는 희망을 품었다.

하지만 그 희망은 착각이었다. 책을 쓸 때 진작 알았어야 했다. 만약 여러분이 전하고 싶은 메시지를 스스로 규정해서 내놓지 않는다면 다른 사람들이 대신 해준다. 이렇게 생긴 메시지는 여러분이 도저히 납득할 수 없는 것일 수도 있다. 논평가, 동료, 칼럼니스트들은 이 책이 저널리즘은 무용지물이라는 주장을 펴고 있다고 평했다. 네덜란드의 내 동료 몇 명은 심지어는 이런 주장을 반박하고 자신들이 얼마나 쓸모 있는지를 주장하기 위해 책을 내기도 했다. 매우 재밌는 부조리였다. 미디어 속에서 모든 메시지가 왜곡되어버린다는 메시지를 담은 책을 썼는데, 그 메시지 역시 왜곡된 것이다. 그럼에도 불구하고 놀랍게도 이 책은 네덜란드에서만도 25만 부가 판매되었다. 덴마크, 프랑스, 독일, 오스트레일리아에서도 출간되었고, 좋은 반응을 얻었다. 헝가리, 이탈리아, 미국에서는 완전히 무시되었다.

나라마다 이렇게 반응이 다른 것을 보자니 매우 재미있었다. 동료들의 반응과 말싸움 역시 재밌었다. 그들은 이런 식으로 말하곤 했다. "알았어, 자네 책이 뭘 말하는지 한 문장으로 말해줘." 나는 대답했다. "이 책은 상황이 어떤지를 한 문장으로 말할 수 없다는 이야기를 하고 있어." 동료들은 수긍한다는 듯 웃다가 다시 압박해 들어왔다. "이봐, 이 기사 몫으로는 12초밖에 없다니까."

그리고 나는 이제야 그때 써먹었으면 좋았겠다 싶은 한 문장짜리 설명을 간신히 얻었다. 이 책은 '저널리스트들이 통제할 수 없는 영역에 있으면서 이들이 다루는 것과 그것을 다루는 방법에 영향을 미치는 요인들에 관한 책'이다. 그렇다면 앞으로 나아갈

길은 더 이상 그런 요인들을 무시하거나 숨기거나 얼버무리는 것
이 아니라 자신의 영역 안에서 그것을 어떻게든 종합하여, 의심
없는 시청자들과 독자들이 그들이 보고 읽는 것을 더 잘 이해할
수 있도록 도와주는 것일 테다.

그러면 무얼 해야 하는가? 오늘날 뉴스 보도에는 중요한 문제
가 적어도 다섯 가지는 있어 뵌다. 첫째, 뉴스 미디어는 사람들이
보고 있는 것이 '뉴스거리'임을 사람들에게 깨우쳐줄 방법을 찾
아야 한다. 9·11이 일어나기 전에는 서구의 무슬림과 소수의 관
련 전문가들을 제외한 그 누구도 이슬람에 대해 아는 바가 별로
없었다. 그러다가 알카에다가 이슬람을 뉴스거리로(알다시피 뉴스
거리란 문제와 갈등에 관한 것이다) 만들었고, 그로 인해 서구의 시청
자들과 신문 독자들은 이슬람과 폭력을 한 틀에 묶어버리는 수
천, 수백 개의 기사에 파묻히게 되었다. 그러니 이슬람은 본질적
으로 폭력적이라는 결론에 도달한 사람이 많다고 해도 놀랄 일이
아닌 것이다. 물론 문제와 갈등에 거의 모든 조명이 집중되는 사
태가 기자들의 잘못은 아니다. 대개 그런 것들이 '뉴스'이니 말
이다. 대신에 기자들은 사람들이 스스로가 보는 것이 항상 있는
일이 아니라 예외적인 현상임을 반드시 깨치게 해야 한다.

소위 '배경 정보'에 관해서도 같은 책임감이 요구된다. 요즘 미
디어가 직면한 문제는 맥락을 분석하기 어렵다는 것이 아니다. 〈이
코노미스트〉나 BBC, NPR 등이 관련 자료들을 내놓고 있고 〈뉴욕

리뷰 오브 북스〉와 〈런던 리뷰 오브 북스〉에서는 그보다 더 긴 장문의 자료들을 얻을 수 있다. 문제는 이런 자료를 읽는 사람이 거의 없고, 이런 배경 지식이 없으면 눈앞에 펼쳐진 뉴스를 이해할 수 없다는 데 있다. 어느 독일 논평가가 지적했듯이, "기자들 사이에서는 미디어 지형의 어디에선가 독자와 시청자들이 좋은 기사를 찾아낼 수만 있다면 다른 기사들이야 평균 수준도 안 되는 내용 투성이라 하더라도 별 상관이 없다는 책임 회피 메커니즘이 팽배해 있다."

두 번째로 이야기하고 싶은 것은 비민주적 사회의 취재와 관련된 것이다. 시리아 같은 곳은 군대를 가진 나라가 아니라 국가를 가진 군대라 불러야 한다. 이 체제는 대통령이니 의회니 경찰, 정당 따위 우리에게 친숙한 명찰을 사용함으로써 이 사실을 우리 시야에 보이지 않게 한다. 하지만 이런 거죽 뒤에는 완전히 다른 시스템이 놓여 있다. 경찰국가에서 저널리즘이 존재하기가 불가능하거나, 그것이 모순적 용어가 되는 까닭은 이것이다. 우리가 아는 대로의 저널리즘이 가능한 독재 체제라면 그것은 더 이상 독재 체제가 아닐 테니 말이다.

일부 동료와 논평가들은 이것이 노력에 달린 문제라고 반박했다. 그저 더 열심히 일하고 더 적절한 사람들과 접촉하면 된다는 것이다. 하지만 그렇게 하여 인용할 만한 발언이 준비되어 있는 반대파 인물을 찾아낸다면, 그리고 몇 가지 사실을 확증한다면, 그런 '성공'은 그 어떤 것보다도 더 큰 '실패'가 될 것이다. 의도치 않는 사이에 민주국가에 관한 기사와 아무런 차이가 없는 기사를 씀으로써 가장 중요한 사실을 숨기게 될 테니까. 즉 당신이 취재하는 나라는 결코 민주국가가 아니며, 민주국가라는 말에 딸려 있는 그 어떤 내용도 갖고 있지 않다는 사실이 가려지는 것이다.

'보도하기에 적합한 것'이라는 저널리즘의 전통적 방법론은 그것들이 자라나온 정치 체제, 즉 민주 체제에만 해당된다는 사실을 인정하고 나면 비관례적인 보도를 위한 공간이 열린다. 그 공간이 어떤 모습일지 보고 싶다.

또한 뉴스는 세계를 묘사하지만 그 묘사 역시 그 세계에 영향을 준다는 사실을 취재 내용에 반영할 필요가 있다. 특히 홍보회사와 공보부가 행사하는 면책특권에 대해서는 뭔가 조처가 취해져야 한다. 그들이 면책을 누릴 수 있는 것은 주류 미디어들이 자기들은 그들과 함께 있지 않은 것처럼 계속 행세하고 있기 때문이다. 기자가 군대와 함께 전투 지역에 들어가면 이 사실은 그냥 언급되기만 해서는 안 된다. 그 소식은 중앙 무대로 등장해야 한다. 기자는 자신이 할 이야기를 다음과 같은 문장으로 시작해야 한다. "물론 군이 내게 무엇을 숨기고 있는지 알 길이 없고, 그 이면에 대해서는 말할 수도 없지만, 지금까지 해병대와 함께한 이 작전에서 내가 놀란 것은……." 당연한 일이지만 이렇게 하기 위해서는 앞에서 언급했던 것들이 근본적으로 재고되어야 한다. 시야의 틀을 확대하여 종군 기자들이 실제로 어떻게 활동하는지를 밝히게 되면 그들이 누리는 영광과 지위의 상당 부분이 갑자기 무척 어이없는 것이 되어버린다.

이는 개선해야 할 또 다른 영역과 한 세트로 묶인다. 미디어는 정치인과 기업에게 대항마 역할을 하는 세력이며, 미디어가 이 역할을 해내지 못하면 심각한 결과가 나올 수 있다. 따라서 어느 한 미디어가 과장하거나 거짓말하다가 발각되면(사실을 누락시킴으로써든 실제로 거짓말을 함으로써든), 다른 미디어들은 거짓말하는 정치인이나 기업체를 다룰 때와 똑같은 방식으로 그들을 다루어야 한다.

CNN이 하는 거짓말은 네덜란드 같은 작은 나라의 정부가 거짓말을 할 때보다 훨씬 더 큰 영향을 미칠 수도 있다. 그런데도 정부의 거짓말은 뉴스가 되고 CNN의 거짓말은 뉴스가 되지 않는다. 기껏해야 '미디어 면'의 어느 한 구석에서 다루어지고 말 뿐이다.

뉴스 미디어는 주어진 주제에 대해 가능한 모든 시각을 시청자나 독자들에게 모두 이야기해주어야 한다. 존재할 수 있는 유일한 합의는 그 어떤 합의도 있을 수 없다는 사실뿐임을 상기시켜야 한다. 심지어, 이 사실에 대해서도 합의가 없을 수도 있다.

국제면의 편집자가 '분리 장벽'이나 '아파르트헤이트 장벽', 또는 '울타리', 그 외 어떤 용어든 사용하여 서안에 설치된 시설물을 거론하도록 만들자. 유대 혹은 사마리아 지방 혹은 팔레스타인의 분쟁 지구, 아니 점령 지구, 그것도 아니면 해방 지구에 있는 것들 말이다.

이 책에서 보여주려고 노력해왔듯이, 이 사안은 단지 용어 차원을 넘어선다. 어떤 사건에 대해 한 가지가 아닌 여러 가지 해석을 볼 수 있다면 정말 좋겠다. 특히 그 한 가지 해석이 그 기저에 깔린 세계관의 설명과 결합되어 있을 때는 더욱 그렇다. 알카에다는 그들의 거의 모든 행동을 방어적 용어의 틀 속에 가둔다. 알카에다의 호소를 이해하고 싶다면 우리는 그들이 자신들을 어떻게 표현하는지 보아야 한다. 서방의 외교정책 당국이 보여주는 방식에 따라서만 보면 안 된다.

이런 것들을 설명해주는 것이 매우 훌륭한 해설 기법이 될 수도 있지 않겠는가? 국제면의 편집장들은 왜 어떤 것은 뉴스가 되고 어떤 것은 안 되는지, 시각이 어떠해야 하는지 등등을 결정하도록 도와줄 만한 전문성과 경험을 잔뜩 갖고 있다. 그러니 신문이나 웹사이트에 실리는 칼럼을 가지고 실험해보면 어떨까? 국제면 편집자가 그날그날 언론이 선택한 기사들의 배후에 놓인 기준에 대해 알려주는 칼럼을 쓰는 것이다. 그런 칼럼은 그날의 뉴스를 전체적으로 살펴보고 의혹의 회색 영역과 지도상의 빈 칸들을 넘어, 기자들이 쓰고 싶었지만 자신들이 통제하지 못하는 요인들로 인해 쓰지 못하게 차단된 기사들로 독자들을 데려갈 수 있다.

　마지막으로, 모든 상업적 뉴스 미디어에 내재한 성향의 문제가 있다. 이 점에 관해 나는 더욱 대책이 없다. 무엇 때문인지는 모르겠지만 우리 민주주의의 역사에서는 뉴스는 그 가치보다 제품적 측면에서 다루어져야 한다는 결정이 내려져 있다. 제품은 시장에 속하며, 가장 인기 있는 형태가 지배한다. 그러나 뉴스의 가치는 시민 사회에 속하며, 경찰의 보호 업무라든가 사법 체계가 제공하는 사법적 정의 등과 같은 부류로 묶인다.

　유권자들이 결정을 내리는 데 영향을 미치는 정보가 그들이 들어야 하는 것만이 아니라 듣고 싶어 하는 것만 반영한다면 민주주의가 어떻게 살아남을 수 있을지 참으로 모를 일이다. 먹고 싶어 하는 음식만 주면 사람들은 비만해진다. 원하는 정보만 주면 그들은 무지하고 독선적이 된다. 물론, 미국은 버락 오바마를 선출했다. 하지만 그 기저에는 여전히 튼튼한 정보의 기반이 갖추어져 있지 않다. 이 현상이 조만간 바뀌지 않는 한, 또 다른 무지하고도 멸사봉공의 열정에 불타는 대중주의자가 선거에서 승리할 것이고 미국을, 그리고 민주주의 서구 세계를 또 다시 재앙 같은 전쟁으로 끌고 들어갈 것이다.

마지막 패러독스. 이 책은 뉴스 산업에 적용되는 바로 그 왜곡적 메커니즘을 가지고 있다. 이 책을 쓰면서 덜어낸 내용이 많이 있다. 어느 한 시점이 아니라 다른 특정 시점에서 사건을 보여주기 위해서였다. 논의도 단순화시켜야 했다. 그러니, 나 역시 여러분을 조종했다는 점을 부디 기억해주어야 한다. 어쩔 수 없는 일이었지만, 그 점을 나는 밝혀두어야 했다.

우리는 모두 거인의 어깨에 올라앉은 난쟁이들이다. 그러니 이 난쟁이가 동료 난쟁이들, 여러분이 보여주신 관심에 정말 고맙다는 말을 전하고 싶다.

추신: 지금쯤이면 이유를 알 테지만, 책에 나오는 이름들은 본명이 아니다. 내가 인용한 기사도 짧게 편집되었다.

— 암스테르담, 2010년 봄.

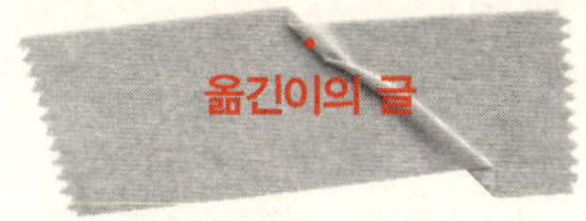

1. 2010년 1월 4일 중부 지방에 기록적인 폭설이 내렸을 때 KBS의 박대기 기자는 시내 상황을 보도하던 중 쏟아지는 눈을 맞으며 잠시 그대로 서 있었다. 그 영상이 온라인에서 퍼져나가면서 박 기자는 눈사람이라는 별명을 얻었고, 그 뒤 그를 따라하는 기자들, 패러디가 만들어지기도 했다. 별 특이할 것도 없는 이 일이 왜 그토록 많은 관심을 끌었을까?

2. 주요 시간대의 뉴스는 거의 모두 관록 있는 남자 앵커와 꽃다운 나이의 미모의 여자 앵커가 담당한다. 관록 있는 할머니 앵커우먼이 진행하는 뉴스는 왜 (거의) 없을까?

3. 1991년의 걸프전 때 CNN뉴스가 방영한 '사막의 폭풍' 작전은

컴퓨터 게임을 방불케 하는 보도 방식으로 높은 시청률을 기록했다. 당시 기자들에게 내려진 철수 명령을 따르지 않고 이라크 현장에 머물면서 중계를 한 CNN의 피터 아네트Peter Arnett 기자는 영웅으로 떠올랐다(그런데 1998년에 아네트 기자는 70년대 라오스에서 미군이 자행한 독가스 사용에 관해 보도하면서 거짓으로 사건을 연출하고 부풀린 바 있다). 걸프전은 24시간 뉴스와 현장 중계를 표방한 CNN이 방송계의 강자로 부상하게 된 무대였지만, 철저하게 미국의 입장을 반영하는 영상의 압도적인 위력이 입증되면서 사실보도를 오히려 구경거리로 전환시키기도 했다.

4. 국내의 인터넷 포털을 검색해보면 여러 신문에 실리는 기사의 내용이 거의 같다. 시각은 물론, 문장, 단어 선택, 심지어는 오탈자까지도 그대로일 때도 있다. 기사를 쓰기 전에 기자들이 모두 모여 단합대회라도 한 걸까? 제각기 취재하여 쓴 기사라면 있을 수 없는 일 아닌가?

1번에서 3번까지는 동일한 상황의 다른 모습들이다. 즉 이미 하나의 쇼비즈니스가 되어버린 뉴스라는 것이다. 뉴스도 재미있어야 한다! 뉴스도 경쟁이다! 이냐시오 라모네Ignacio Ramonet가 《커뮤니케이션의 횡포La Tyrannie de la Communication》에서 말했듯이, 기자들이 처음부터 어떤 선정적 면모를 지니는 보도가 더 유리할지 미리 결정해두는 경향도 없지 않다. 그럼으로써 현실을 시나리오화하고 뉴스를 연출하며 기자들이 염두에 두고 있는 시나리오에 사건을 강제로 끼워 맞추게 된다. 그러다보면 〈워싱턴 포스트〉 기자인 재닛 쿡Janet cooke이 1980년에 쓴 '지미의 세계' 기사처럼 사건을 아예 날조하는 일까지 생긴다(이런 경향은 신문보다 TV에서 더욱 심하다).

쇼비즈니스에서 여성의 미모는 필수 품목이다. 이것이 여성의 나이와 외모에 따른 차별이 유별난 우리나라만의 문제일까. 외국에서도 사정은 비슷하다. 나이가 들수록 상황 대처 능력이 저하되는 정도가 여성에게서 특히 심하다는 통계 자료라도 있는지? 차라리 그런 이유라면 좋겠다. 그러면 이해하고 넘어갈 수 있을 테니까. 하지만 경험이 한창 쌓이고 아직은 체력도 왕성할 나이인 40대 여자 앵커도 보기 힘들지 않은가.

4번은 좀 다른 문제다. 이는 기자 개인의 자질 차원이 아닌, 통신사에 의존하는 보도 관행 전반에 관련된 일이다. 이런 현상은 우리나라만의 문제이겠지, 이 책을 읽기 전까지 나는 그렇게 생각했다. 그런데 그렇지 않은 것 같다. 전 세계적으로 획일적인 기사 작성이라는 문제는 내가 생각했던 것보다 훨씬 심한 모양이다. 저자가 말하는 '좋은 저널리즘'의 기준에서 볼 때 이것이 과연 바람직한 현상일까.

인터넷판 국내 뉴스를 보면 대개 연합뉴스발 기사가 가장 먼저 올라온 다음 일간지들의 기사가 이어지는데, 담당 기자는 기사마다 다르지만 본문은 거의 똑같다. 몇 편 비교하다보면 지루해질 지경이다. 그런 닮은꼴 기사들을 보면 과연 이렇게 이름을 올린 기자들이 취재 기자라고 자부하고 있을지 궁금해진다. 그러면서 이런 상황은 우리 나라처럼 특이한 언론 환경에서나 볼 수 있는 것이라고 생각해왔다. 정부가 내는 보도자료를 받아적는 것이 정치부 기자들의 주업무인 그런 환경 말이다. 그런데 이 책을 보니 유럽의 문명국들에서도 상황이 그리 다르지 않다! 적어도 중동이나 아프리카처럼 자국의 이해관계와 직결되지 않는 지역의 보도에서는 그런 모양이다. 아니면 직접적인 이해관계가 있더라도 그보다는 자국내 유대인 집단 등 정치 세력의 동향이 더욱 중요하고 민감한 문제일 때는 그럴지도 모른다. 이런 상황에서 언론 보도가 무슨 의미가 있을까. 객관적 보도라는 게 과연 가능한가. 자신이 본 사실이 기존 언론의 틀과 맞지 않을 때 기자는 어떻게 해야 하는가.

이 책의 내용은 두 부분으로 나뉜다. 하나는 주로 해외 뉴스가 만들어지는 방식에 대한 비판이며, 다른 하나는 중동 지역을 비롯한 독재 정권하에서의 언론 환경에 대한 비판이다. 저자는 그 속에서 객관적이고 사실에 충실한 보도가 과연 가능한가?라는 문제를 진지하고도 구체적으로 돌아본다. 어떤 중요한 이슈가 제

기되었을 때 그에 대해 의미 있는 이야기를 하는 게 얼마나 힘든 일인지를 현장 체험을 통해 보여주려는 것이다. 저자는 기존의 보도 형태가 빠뜨리고 있는 것들을 지적하고, 뉴스라는 틀로 담아내지 못하는 것을 전달하려면 어떻게 해야 하는지, 다른 방법이 혹시 있지 않는지를 생각해보려 한다.

지금까지 우리가 보아온 뉴스들이 과연 사실을 충실하게 전달하는 뉴스인가? 기자들이 직접 현장에 가서 그곳 사정을 최대한 취재하고 현실의 핵심을 포착하여 독자, 시청자들에게 포괄적인 그림을 보여주고 있는가? 적어도 독재 국가와 중동 지역에 관한 한, 저자는 그렇지 못하다고 말한다. 이유는? 지난날 군부독재 체제하에서 우리도 익히 경험한 바 있는 폭압적 현실 때문이 아니겠는가. 지금도 군부의 폭력이 아니라 거대 자본의 지배라는 점만 다를 뿐 왜곡과 편파 보도라는 현실은 여전하다. 이를테면 4대강 사업만 보더라도 건설 자본과 결탁한 언론사들은 아예 보도를 하지 않음으로써 국민의 알 권리를 원천적으로 막고 있지 않은가.

이 책에서 보는 팔레스타인의 언론 현실은 이중의 왜곡을 겪고 있다. 이스라엘과 서구에 의한 언론 통제, 그리고 팔레스타인 자치기구의 자체 검열에 의한 언론 통제라는 이중적 장치가 현실 보도를 왜곡시킨다. 여기서는 팔레스타인 관련 보도를 언론 왜곡의 한 가지 사례로 다룰 뿐, 독립적인 주제로 다루지는 않는다. 때문에 언론 보도의 편향성이라는 주제 속에서 그곳의 실상이 부분적으로 드러날 뿐이지만, 그 편향성을 극복하지 못하는 데 대해 느끼는 저자의 좌절감에서 사태의 심각함이 오히려 더 생생하게 느껴진다. 또 그럼으로써 언론과 독재 체제, 나아가서 팔레스타인의 현실이라는 문제가 하나의 맥으로 이어진다.

언론 문제는 워낙 많이 거론되는 주제지만 그래도 항상 부족한 것 같다. 억압당하고 왜곡되는 현실이 너무나 거대하기 때문일 것이다. 그렇기 때문에 언론이 채택하고 있는 고정된 틀의 맹점을 지적하고 그 바깥에 있는 현실을 어떻게든 담아내려 하는 저자의 노력이 더욱 의미가 있다. 분개하고 답답해하는 것만으로는 부족하다. 국내 언론의 상황은 여기서 굳이 지적할 필요도 없다. 우리 독자들은 어떻게 해야 할까.

1. 〈폴크스트란트〉, 1998. 11. 21

2. 〈폴크스트란트〉, 1998. 8. 7

3. 〈폴크스트란트〉, 1998. 8. 14

4. 〈폴크스트란트〉, 1998. 12. 7

5. 〈폴크스트란트〉, 1998. 10. 8

6. 〈폴크스트란트〉, 1998. 10. 6

7. 〈폴크스트란트〉, 1999. 2. 8

8. 〈알-굼후리야〉, 1999. 9. 28

9. 〈NRC 한델스블라트〉, 2001. 12. 27

10. 〈NRC 한델스블라트〉, 2001. 3. 15

11. 〈NRC 한델스블라트〉, 2002. 8. 3

12. 〈NRC 한델스블라트〉, 2002. 2. 2

13. 〈NRC 한델스블라트〉, 2002. 4. 3

14. 〈NRC 한델스블라트〉, 2003. 3. 28

15. 〈NRC 한델스블라트〉, 2003. 3. 28

16. 〈NRC 한델스블라트〉, 2003. 3. 20

17. 〈NRC 한델스블라트〉, 2003. 3. 24

18. 〈NRC 한델스블라트〉, 2003. 3. 25

19. 〈NRC 한델스블라트〉, 2003. 3. 25

웰컴 투 뉴스 비즈니스

초판 1쇄 발행 2011년 11월 18일

지은이 | 요리스 루엔데이크
옮긴이 | 김병화
발행인 | 김형보
편집 | 이경란
마케팅 | 이상호

발행처 | 도서출판 어크로스
출판신고 | 2010년 8월 30일 제 313-2010-290호
주소 | 서울시 마포구 서교동 375-32 무해빌딩 301호
전화 | 070-8724-5871(편집) 070-8724-5877(영업) 팩스 | 02-6085-7676
e-mail | acrossbook@gmail.com

번역글 ⓒ김병화 2011
한국어판 출판권 ⓒ도서출판 어크로스 2011

ISBN 978-89-965887-9-5 03300

이 도서의 국립중앙도서관 출판시도서목록(CIP)은 e-CIP홈페이지(http://www.nl.go.kr/ecip)와 국가자료공동목록시스템(http://www.nl.go.kr/kolisnet)에서 이용하실 수 있습니다.
(CIP제어번호 : CIP2011004737)

만든 사람들
편집| 이경란
교정교열 | 이원희
디자인 | 이석운, 최윤선